财政部规划教材
全国高等院校财经类专业规划教材

公共组织财务管理

廖楚晖 著

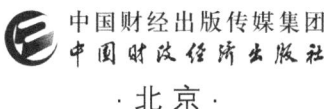

中国财经出版传媒集团
中国财政经济出版社
·北京·

图书在版编目（CIP）数据

公共组织财务管理 / 廖楚晖著. -- 北京 : 中国财政经济出版社, 2025. 1. -- ISBN 978-7-5223-3636-7

Ⅰ. F235

中国国家版本馆CIP数据核字第2025FZ9249号

责任编辑：李　静　　　　责任校对：张　凡
封面设计：卜建辰　　　　责任印制：张　健

公共组织财务管理
GONGGONG ZUZHI CAIWU GUANLI

中国财政经济出版社 出版

URL：http://www.cfeph.cn

E-mail：cfeph@cfeph.cn

（版权所有　翻印必究）

社址：北京市海淀区阜成路甲28号　邮政编码：100142

营销中心电话：010-88191522

天猫网店：中国财政经济出版社旗舰店

网址：https://zgczjjcbs.tmall.com

北京密兴印刷有限公司印刷　各地新华书店经销

成品尺寸：185mm×260mm　20.25 印张　400 000 字

2025年1月第1版　2025年1月北京第1次印刷

定价：57.00元

ISBN 978-7-5223-3636-7

（图书出现印装问题，本社负责调换，电话：010-88190548）

本社质量投诉电话：010-88190744

打击盗版举报热线：010-88191661　QQ：2242791300

序

《公共组织财务管理》(以下简称《管理》)一书于 2025 年 1 月由中国财政经济出版社正式出版发行。该书是一部融时代性、基础性和创新性于一体的力作,值得研读。

在分工交换结构的社会中,个人实际上都处于组织之中。从性质上可以把组织区分为社会组织和上层建筑组织两大类。所谓社会组织指组织相互之间没有管理关系。而上层建筑组织是凌驾于社会组织之上的组织,是社会组织的管理者。上层建筑组织本质上是处理社会公共事务的组织,属于公共组织的范畴。

社会组织可以分为两类:营利性组织和非营利性组织。营利性组织是提供私人商品的组织,是在社会的分工交换结构中能自我生存发展的组织;非营利性组织是提供公共商品的组织,是在社会分工交换结构中需要扶持才能生存发展的组织。也就是说,非营利性组织是解决公共需求问题的组织,具有公共组织的性质。

上层建筑组织即国家组织,包括政府、党派、人民代表大会等各种组织。国家组织高于社会组织,是社会的管理者。作为国家组织的具体机构运行要占用经济资源,性质上和社会组织是一样的。公共组织以国家组织为主体,以非营利性社会组织作为处理公共事务的延伸。非盈利性是公共组织的主要特征,与营利性组织在财务管理上有根本的区别。

"人"是"个人"和"公共"的统一。个人和公共是一个问题的两个方面,没有公共的个人是不存在的,同样,没有个人的公共也是不存在的。个人形成公共受两个最基本的准则制约:一是制约分工交换关系的价值准则;二是制约情感关系的道德准则。价值关系通常被理解为经济学的研究对象,财政学通常被理解为经济学的分支学科。但实际情况要复杂得多,国家组织是凌驾于社会之上的,即要以价值和道德准则为基础来处理公共事务,处理公共事务的准则是公平正义。国家公共组织就是以公平正义为准则建立起来的。虽然以国家为主体的公共组织财务管理侧重于经济分析,但要使这种管理符合公平正义,仅仅考虑价值关系是远远不够的。

传统财政理论认为财政是弥补市场缺陷而存在的，似乎公共经济和市场经济是两个并列的范畴。这种看法是很不全面的，因为只注意到国家组织的非盈利性特点，不重视甚至忽视了国家公共组织是凌驾于社会组织之上的组织，恪守的是公平正义，因此才有资格处理公共事务。也正是从这个意义上说，社会非营利性组织是国家组织公共职能的延伸。

国家公共组织是处理公共事务的表达方式。公共事务的具体形式很多，但准则只有一个，那就是提供公共服务，维持社会公平正义。这种准则性、权威性、公共性必然以法律的形式表达出来。作为国家组织的具体形式，与社会非营利性组织有极大的相似性。其存在方式和所有社会组织一样需要财力支持。这就形成国家公共组织独特的财务运行方式和管理特点。

自工业革命至今，人类社会获得了飞速发展。以蒸汽机革命为标志的第一次工业革命，以电气化为标志的第二次工业革命和以网络化为标志的信息革命都是以不可再生的能耗为代价的。自然界成了社会发展的索取对象，由此产生的不良后果也不断显现。能源问题、气候变暖问题、环境问题等，都是社会发展和自然不和谐的表现形式。所有这些问题都给社会发展带来了新的挑战，呼唤全新的第四次工业革命，更准确地说应该是全新的社会革命，涉及政治、经济、文化、国际关系等领域。这个新的挑战需要创新：创新人和自然和谐共存的可持续发展模式。从全球来看，构建人类命运共同体才能维持人和自然的和谐发展。

时代在进步，社会在发展，公共组织的准则及管理方式也必须顺应时代潮流作出相应的变化。这正是党的十八大以来，以习近平同志为核心的党中央高瞻远瞩，着眼于经济现代化向国家治理现代化的改革的重要创举。党的十九届四中全会审议通过的《中共中央关于坚持和完善中国特色社会主义制度、推进国家治理体系和治理能力现代化若干重大问题的决定》进一步深刻阐明了国家治理现代化的中国道路。党的二十大报告对树立系统观、全局性思维、完善支持绿色发展的财税政策和标准体系等，对推进中国式现代化作出战略部署。2024年7月，党的二十届三中全会通过的《中共中央关于进一步全面深化改革、推进中国式现代化的决定》提出，"建立权责清晰、财力协调、区域均衡的中央和地方财政关系"，对财政治理现代化提出了新的要求，对于指导预算改革、政府会计改革、建立现代财政制度具有重大而深远的理论和现实意义。

《管理》一书主要研究公共组织复杂多变的场域环境和诸多管理问题，该书从国家治理的高度出发，探讨了预算管理、公共收入和支出管理、政府会计管理、公共资产和财务风险管理、财政审计管理、预算绩效评价、管理责任与廉政建设等内容。其主要观点是：公共组织财务管理现代化是深化改革的重点和难点，需要坚持以供给侧结构性改革为主线，从整体观出发，避免碎片化管理方案和思维方式，关注数据信息驱动的当代方法论借鉴，致力于创新财政管理方式顶层设计的科学性，以推动实现国家治理体系和治理能力现代化的集成协同和高效推进。该书立意高、观点明确、逻辑严谨，论证有说服力。具体有以下特点：

立意高新，结构新型

《管理》一书从国家治理的高度研究该领域的问题。虽然国家组织和社会非营利性组织都归于公共组织，但在层次上是有区别的。立意是全书的灵魂，也决定了该书的深度和广度。近年来，公共组织财务管理方面的研究文献逐渐多了起来，但立意大都是把公共组织财务问题作为与营利性组织的财务问题并列的范畴来处理，内容也只是局部的、部门的，缺乏系统性，研究方法缺乏规范和实证的内在联系。《管理》一书在内容方面全面探讨了公共组织的财务问题、管理问题；方法论方面重视事物本身的内在逻辑，大大加强了实证研究的科学性、可靠性、适用性。

《管理》一书结构严谨，逻辑性强。全书按"提出问题—确立目标—建构体系—机制运行—实证检验"的路径安排体系结构，摒弃了传统教材式、政策汇编式撰写传统，建构了科学合理的公共组织财务管理基本框架。从现代管理科学集成理论和方法来综合这一领域的问题研究，希冀能更好地解释现实，并对深化国家治理改革有一定助益。

概念精准，说理透彻

概念是理论的基本构件，也是分析的基本工具。作者在《管理》中形成的概念很有特点。一是对公共组织财务管理中的现象形成概念，既反映本质，又隐含财政治理现代化的发展方向。二是充分界定概念的时效性。社会科学的每一个概念都有具体环境的限定，这不仅可以展示概念变化的条件，也可以揭示概念变化的规律。三是注意概念的可量化性。概念可量化是实证研究的内在要求。这种研究给人以新的启发。目前，公共组织财务管理的计量研究很多，但大部分属于事物外在联系之间的分析，本质上并不属于实证分析。《管理》一书中概念的方式确实给人启迪。

《管理》论证目标清晰，语言精炼、用词准确，论证有说服力。实际上，能让人一看就明白的书是好书；能把高深的问题简单化是功力。

交叉融合，志在创新

创新是社会发展的根本动力。对于社会主义市场经济体制来说，创新源于各种组织之中，包括上层建筑组织和社会组织。上层建筑组织一旦形成，一方面与社会组织一样要占用资源；另一方面又是社会组织的管理者。因此，公共组织的财务管理问题在国家治理中处于核心地位；也在创新中处于核心地位。这不仅涉及公共经济理论，还涉及政治、文化、国际关系等多领域的理论，需要交叉融合才能创新出该学科。

传统学科都是只研究某一现象的某一方面，或者说科学被学科化了。世界是一个统一的整体，学科化重新回归科学化是时代的要求。顺应这一要求，《管理》的作者进行了大胆尝试，精神可嘉，读有收获。

概言之，一项好的研究，其立意和说理也许是个人的行为，成果的展布则是社会行为。从前者到后者的转变，对理论和实践的综合化程度有着极高的要求。《管理》的出版不仅创新了国家治理能力现代化的财政基础性研究，而且作为公共经济、公共管理等专业的核心课程的教材都是完全可以的。

吴俊培

2025年1月11日于武汉武昌

目 录

第一章 绪论 …………………………………………………………………（ 1 ）
第一节 研学背景与意义 …………………………………………………（ 3 ）
第二节 研学对象与方法 …………………………………………………（ 8 ）
第三节 基本框架、技术线路与创新 ……………………………………（ 12 ）

第二章 公共组织财务管理的概念框架 ………………………………………（ 15 ）
第一节 公共组织财务管理相关概念 ……………………………………（ 17 ）
第二节 公共组织财务管理的理论基础 …………………………………（ 26 ）
第三节 公共组织财务管理的基本职能 …………………………………（ 30 ）

第三章 公共组织财务管理的改革与制度变迁 ………………………………（ 33 ）
第一节 公共组织财务管理改革的国际经验 ……………………………（ 35 ）
第二节 公共组织财务管理的制度及现行问题 …………………………（ 41 ）
第三节 公共组织财务管理的改革思路 …………………………………（ 51 ）

第四章 预算管理理论基础与制度变迁 ………………………………………（ 61 ）
第一节 预算管理相关理论 ………………………………………………（ 63 ）
第二节 中国预算管理制度的产生与发展 ………………………………（ 69 ）
第三节 国家治理现代化背景下的预算管理规范 ………………………（ 82 ）

第五章 预算管理实施概要 ……………………………………………………（ 89 ）
第一节 预算管理概述 ……………………………………………………（ 91 ）
第二节 预算准备与编制 …………………………………………………（ 95 ）
第三节 预算审批与执行 …………………………………………………（110）
第四节 预算绩效管理与评价 ……………………………………………（121）

第六章　公共组织收入与支出管理 ……………………………………………… （133）

第一节　公共组织收入与支出概述 ………………………………………… （135）
第二节　公共组织财务收入管理 …………………………………………… （145）
第三节　公共组织支出管理 ………………………………………………… （150）

第七章　公共组织会计管理 ……………………………………………………… （161）

第一节　公共组织会计概述 ………………………………………………… （163）
第二节　公共组织会计管理的理论实践 …………………………………… （179）
第三节　公共组织会计核算方式 …………………………………………… （182）
第四节　中国公共组织会计管理改革的策略分析 ………………………… （190）

第八章　公共组织财政审计管理 ………………………………………………… （195）

第一节　公共组织财政审计概述 …………………………………………… （197）
第二节　公共组织财政审计的中外比较研究 ……………………………… （203）
第三节　大数据与财政审计 ………………………………………………… （209）
第四节　完善中国现代化财政审计体系建设 ……………………………… （213）

第九章　公共组织资产管理 ……………………………………………………… （217）

第一节　公共组织财务资产管理概述 ……………………………………… （219）
第二节　公共组织资产管理的国际经验 …………………………………… （223）
第三节　中国公共组织资产管理的发展 …………………………………… （228）

第十章　公共组织财务风险管理 ………………………………………………… （235）

第一节　公共组织财务风险概述 …………………………………………… （237）
第二节　公共组织财务风险衡量与评估方法 ……………………………… （241）
第三节　公共组织财务风险控制 …………………………………………… （248）

第十一章　公共组织财务管理的数字化建设 …………………………………… （257）

第一节　公共组织财务管理数字化全局协同的实现路径 ………………… （259）
第二节　公共组织财务管理数字化的预算绩效评价支持模式 …………… （266）
第三节　公共组织财务管理数字化与资源配置协同度评价 ……………… （276）

第十二章 公共组织财务管理责任与廉政建设 …………………………… (289)

　　第一节　价值观与公共组织财务管理责任 ……………………………… (291)

　　第二节　公共组织财务管理廉政建设 …………………………………… (297)

　　第三节　中国公共组织财务廉政风险防范机制建设 …………………… (303)

主要参考文献 ……………………………………………………………………… (308)

附　件：问题与探讨 …………………………………………………………… (309)

后　记 …………………………………………………………………………… (312)

第一章
绪　论

> 公共组织财务管理是区别于企业财务管理的一项综合性经济管理工作，是服务于政府进行公共资源配置、调节经济结构、提供公共服务财政职能的主体构架和基础性保障。研究学习当前公共组织财务管理所面临的总体性问题、研学对象、研学意义与著述构架是本章的主要内容。

第一节
研学背景与意义

一、研学背景

一直以来,各国围绕各自政策目标并根据不同时期经济社会发展的需要,进行了不同程度的公共组织财务管理制度调整、管理模式和方式的转变,同时在制度设计和运行机制等方面形成一些差异,且各具特色。

改革开放以来,面对经济发展和社会治理中不断浮现的新问题,中国以政府财政职能的转变为核心,对政府财务管理制度进行了不断改革和完善,形成了与时代特征基本相适应的公共组织财务管理的制度规范和要求(见表1-1)。

表1-1 改革开放至党的十八大以前中国在政府财务管理领域的重大政策调整(部分)

年份	重要内容
1979	国务院批准财政部恢复会计制度司(1982年更名为会计事务管理司,1994年改称会计司)
1983	为适应有计划的商品经济体制和财政预算管理方式变化,财政部修订《财政机关总预算会计制度》,充实总预算会计的机构建设
1988	修订《财政机关总预算会计制度》和《行政事业单位会计制度》
1993	财政部成立预算会计改革领导小组和常务工作组,以及若干专家小组
1995	财政部发布《预算会计核算制度改革要点》
1997	财政部制定《财政总预算会计制度》《行政单位会计制度》《事业单位会计准则(试行)》《事业单位会计制度》,陆续制定事业单位分类会计制度,如高校、医院、科学事业单位等
2003	财政部成立政府会计改革领导小组,正式启动政府财务改革研究工作
2004	财政部发布了《民间非营利组织会计制度》,确立了非营利组织会计部门的制度规范
2007	政府会计改革被写入《国民经济和社会发展第十一个五年规划纲要》,目标是建立规范统一的政府会计准则制度体系和政府综合财务报告制度。同年,我国正式加入国际公共部门会计准则委员会,具有了一定的话语权
2009	中国修订了《高等学校会计制度》和《医院会计制度》,旨在配合财政预算体制改革
2011	中国制定的"十二五"纲要中首次明确提出了建立政府综合财务报告制度的构想,并遴选确定在北京、天津等部分省和直辖市开展权责发生制政府综合财务报告编制试点工作

2012年党的十八大报告中首次提出"加强对公共组织全口径预算决算的审查和监督",将"全预算管理"上升到政府财政职能转变的核心地位,围绕预算管理的公共组织财务管理制度的综合性改革也由此正式拉开序幕(见表1-2);2019年10月,党的十九届四中全会审议通过了《中共中央关于坚持和完善中国特色社会主义制度、推进国家治理体系和治理能力现代化若干重大问题的决定》(以下简称《决定》),阐明了国家治理现代化的中国道路;2022年10月,在党的二十大报告中,党中央围绕加快构建新发展格局,着力推动高质量发展,进一步提出,"健全现代预算制度,优化税制结构,完善财政转移支付体系";党的二十届三中全会提出,要深化财税体制改革,完善权责发生制政府综合财务报告制度等,对于完善以公共组织财务管理体系和机制为工作基础的财政职能转变具有重大而深远的理论和现实意义。

表1-2　　党的十八大以来中国对公共组织财务管理领域的重大政策调整(部分)

年份	重要内容
2013	党的十八届三中全会通过的《中共中央关于全面深化改革若干重大问题的决定》再一次明确了"深化财税体制改革,改进预算管理制度",提出要建立跨年度预算平衡机制,建立权责发生制的政府综合财务报告制度,建立规范合理的中央和地方政府债务管理及风险预警机制
2014	十二届全国人大常委会第十次会议通过了新《中华人民共和国预算法》,并于2015年1月1日开始实施
2014	国务院批转财政部《权责发生制政府综合财务报告制度改革方案》(国发〔2014〕63号),要求构建统一、科学、规范的政府会计核算标准体系,夯实政府财务报告的编制基础
2015	中共中央办公厅、国务院办公厅印发《关于完善审计制度若干重大问题的框架意见》明确要求坚持"党政同责、同责同审""对公共资金、国有资产、国有资源和领导干部履行经济责任情况实行审计全覆盖"
2015	按照《权责发生制政府综合财务报告制度改革方案》要求,财政部制定发布了《政府财务报告编制办法(试行)》《政府综合财务报告编制操作指南(试行)》和《政府部门财务报告编制操作指南(试行)》三项制度,初步构建起政府财务报告制度框架体系,为开展政府财务报告编制试点工作提供基本规范
2017	党的十九大报告提出建立全面规范透明、标准科学、约束有力的预算制度,其中"标准科学、约束有力"首次被明确列为该制度目标
2018	财政部提出关于贯彻落实《中共中央 国务院关于全面实施预算绩效管理的意见》的通知,将预算绩效管理作为公共组织财务管理的重中之重
2019	《政府会计制度——行政事业单位会计科目和报表》(财会〔2017〕25号)正式实施,对于提高政府会计信息质量、提升行政事业单位财务和预算管理水平、全面实施绩效管理、建立现代财政制度具有重要的政策支撑作用
2019	《关于开展2018年度政府财务报告编制试点工作的通知》(财库〔2019〕25号)将编制权责发生制综合财务报表的试点扩展到40个中央部门和36个省、自治区、直辖市、计划单列市
2019	党的十九届四中全会提出要"完善标准科学、规范透明、约束有力的预算制度",进一步明确了预算管理是公共组织财务管理的核心

续表

年份	重要内容
2019	为促进事业单位加强成本核算工作，提升单位内部管理水平和运行效率，夯实绩效管理基础，财政部制定发布了《事业单位成本核算基本指引》（财会〔2019〕25号），并于2021年1月1日开始实施
2019	为进一步推进权责发生制政府综合财务报告制度改革，财政部对当时实行的政府财务报告编制办法和操作指南进行修订，印发了《政府财务报告编制办法（试行）》（财库〔2019〕56号）、《政府部门财务报告编制操作指南（试行）》（财库〔2019〕57号）和《政府综合财务报告编制操作指南（试行）》（财库〔2019〕58号）三项制度
2020	财政部出台《关于深入推进财政法治建设的指导意见》，指出了财政法治建设对于实现全面依法治国的重要意义，强调应依法全面履行财政职能，完善财政法律制度体系，推进财政重大决策科学化、民主化、法治化，既要严格规范财政行政执法，也要强化对财政权力运行的制约和监督，利用财政来依法有效化解社会矛盾纠纷，并持续推进财政普法
2021	国务院发布《国务院关于进一步深化预算管理制度改革的意见》（国发〔2021〕5号），加强了重大决策部署的财力保障，强调了财政资源统筹与规范预算支出管理，并指出要进一步加强预算控制约束和风险防控，并继续提高预算管理信息化水平
2022	财政部修订出台《事业单位财务规则》，明确提出在各事业单位全面实施绩效管理，增加了成本核算规定与会计核算总体要求，并新添了增设国有资产台账的相关内容
2023	为加强财会监督、严肃财经纪律，财政部修订出台《行政单位财务规则》，对完善行政单位财务制度、提高行政单位财务管理水平，防范行政单位财务风险发挥了积极作用
2024	财政部发布了《关于进一步加强财政总会计核算管理有关事项的通知》（财库〔2024〕23号），强调要充分发挥财政总会计职能作用，统一财政总会计账套，提高财政总会计核算时效性，此外还增设了部分明细会计科目，也进一步规范了财政会计的重点核算事项

加快建立现代财政制度，是党的十九大以来以习近平同志为核心的党中央对财政推进国家治理体系和治理能力现代化作出的重要部署，是优化财政资源配置、提升公共服务质量的重要制度基础。公共组织财务管理作为政府财政管理体系的主体职能与基础性运转工作，责无旁贷，也大有可为。

在当前和未来一段时期内，公共组织财务管理面临的总体问题是：基础制度供给在推进国家治理体系和治理能力现代化、实现高质量发展的过程中，不能高效匹配瞬息万变的资源配置和公共服务需求结构。主要表现在：公共组织财务管理的财务规则体系和核算手段亟须调整，绩效理念尚未牢固建立，公共组织之间所掌握的公共资源的权力和利益关系固化格局还不能灵活调整以适应现代政府职能转变的要求等。因此，亟须建立以全面实施预算绩效管理为核心的政府财务制度，优化机制运行，使公共组织财务管理能适应经济社会发展的新理念、新方式和新方法，以推进创新型财政管理模式的建立和完善。

当前中国经济已经由高速增长阶段转向高质量发展阶段，正处于转变发展方式、优化经济结构、转换增长动力的时期，财政支出的结构不仅相对于改革开放之初发生了很大变化，而且也在随着国家治理形势的变化而发生了改变（见图1-1）。

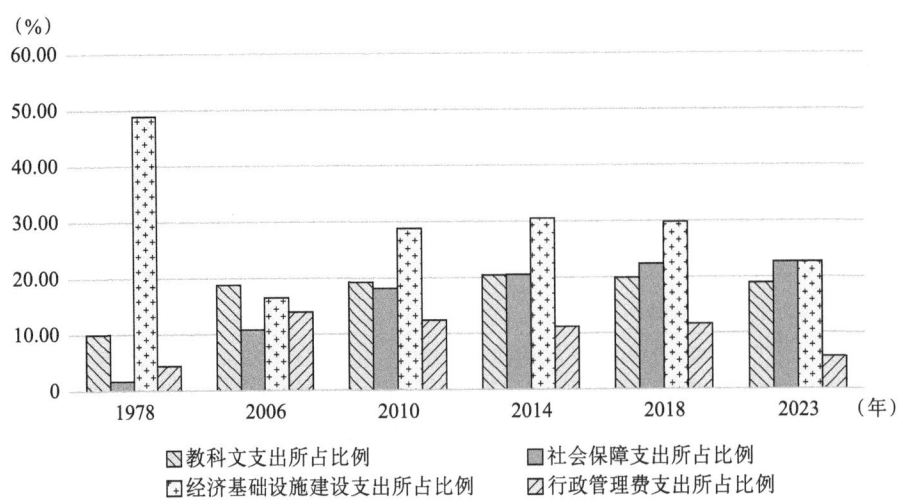

图 1-1　1978 年、2006 年、2010 年、2014 年、2018 年和 2023 年各类财政支出结构变化情况比较

数据来源：根据国库司.2023 年财政收支情况［EB/OL］.2024-02-01［2024-11-09］.https：//gks.mof.gov.cn/tongjishuju/202402/t20240201_3928009.htm. 国家统计局和国家统计局数据整理而得。

上述问题的解决，需要在习近平新时代中国特色社会主义思想指导下，全面贯彻党中央关于财政体制改革方面的有关精神，结合理论变迁、历史变迁、制度变迁中的经验总结和新形势下国家治理与社会治理关系中的实际问题，聚焦公共组织财务管理需围绕提高财政资源配置效率这一最核心的问题，树立当代公共管理集成协同与高效的理念，创新公共组织财务管理方式，使理论创新和现代财政制度能够有效支撑实践工作，为经济社会发展和国家治理的协同高效推进提供基础性保障。

二、研学意义

（一）有利于从科学认知的视角推进国家治理体系和治理能力现代化

党的十八大以来，在以习近平同志为核心的党中央坚强领导下，各地区、各有关部门认真贯彻落实党中央、国务院的决策部署，积极推进财政体制改革，完善预算管理制度并努力提高财政资金使用效率，在实践工作中进一步明确了"财政是国家治理的基础和重要支柱"这一重要职能定位。党的十九届四中全会审议通过的《决定》，进一步强调更好发挥国家作用的同时，转变政府职能，扩大和加强社会的作用，共建共治共享，国家和社会互相回应，实行国家和社会协调、协作、合作治理。但从历史和现实角度来看，中国财政体制经历了多轮次、分阶段、不同程度的改革，公共组织财务管理相关的政策和制度随之变迁，这要求公共组织财务管理相关理论体系、实施方案以及具体运行措施等方面必须具有很高的时效性。因此，在秉持系统性思维，对整体与局部的关系保持清晰的认知，坚持在科学的世界观和方法论指导下，着力研究符合中国国家治理特点的公共组织财务管理具体方案，将有利于厘清公共组织财务管理的价值观、方法论与实践工作之间的关系，确保党中央统一领导、政令畅通，维护国家政治、经济和社会和谐稳定发展，以推进国家治理体系和治理能力现代化。

(二) 为创新财政管理模式，实现高质量发展提供理论和方案支撑

随着经济社会不断发展，国家财力日益雄厚，如何高效调节和配置资源、提升国家治理现代化水平等问题将成为全社会关注的重点。公共经济学理论认为，公共财政具有保障国家机器的正常运转、进行资源配置、实现经济宏观调控等作用。公共财政的资金主要来源于税收、国有资本经营收入和各类政府性基金收入等，与全社会公众的利益息息相关。这势必要求政府加快健全政府会计管理体系机制，使每一笔公共财政资金的使用符合投入产出的公共效用最大化原则，并通过财政资金预算、收入、支出、核算、效果评估等管理手段，提高公共财政资金的使用效率和管理效能。因此，在现行财政体制框架下，遵循社会和市场发展规律，关注公共组织的财政资金配置方案、过程与政策实施效果，以公共组织财务管理理论为指导展开实践和前沿科学研究，有利于为创新财政管理模式，实现高质量发展提供理论和方案支撑。

(三) 有助于实现多学科交叉融合，是探索全面实施预算绩效管理的新努力

现代科学技术的发展和应用实践，为国家市场经济发展带来大量契机，但也对传统文化和经济产业结构产生巨大冲击，社会意识形态也随之呈现出复杂性的特点，这对国家治理体系和治理能力现代化提出了更高的要求。作为国家治理的基础和重要支柱，财政既要从整体层面满足公众对公共组织服务的多层次、多元化需求，又必须在科学规范、公开透明的原则基础上建立有效的绩效管理制度，推进预算管理中的绩效信息公开透明，接受最高权力机构和公众监督。这种多目标决策约束使财政预算的编制、审批、实施和管理工作任务更为艰巨。将马克思主义经济原理、财政学、会计学、管理科学等多学科知识方法与互联网、大数据、云计算、人工智能等现代信息技术结合，交叉应用于公共组织财务管理，致力于使该领域的研学达到理论先进、方法科学、程序规范、评价标准合理、结果真实可信等目标，将有利于实现工具理性和价值理性的和谐统一，也是探索推进全方位、全过程、全覆盖的预算绩效管理的新努力。

第二节
研学对象与方法

一、研学对象

为全面推进国家治理体系和治理能力现代化，创新财政管理方式，促进基本建成全方位、全过程、全覆盖的财政管理体系，以数据驱动为引领，着力加强系统集成、协同高效，构建全方位、全过程预算绩效管理格局，发挥财政管理职能作用，推进建立现代财政制度建设，本书在习近平新时代中国特色社会主义思想指导下，在适应当前中国财政管理制度变迁的过程中，以建立新时代公共财政制度和实现现代国家治理的要求为目标，以原理分析、方法论借鉴以及政策趋势解析为主要研究脉络，结合公共组织财务管理理论与实践的新变化，依据现行的《政府会计制度》[指2019年1月正式实施的《政府会计制度——行政事业单位会计科目和报表》（财会〔2017〕25号），下文简称《会计制度（2017）》]、《行政单位财务规则》《事业单位财务规则》和《民间非营利组织会计制度》等规范和制度，在马克思主义理论、公共经济理论、管理科学理论、会计学原理、系统理论和方法的基础上，主要运用归纳法、数理统计以及信息管理方法等，比较全面、系统地对现代公共组织财务管理进行了研究和学习。本书将绩效理念和管理方法深度融入预算和公共组织财务管理全过程，以适应财政管理环境变化、及时进行制度调整和管理方式转变，提高财政资金管理、使用和评估效能。同时也为公职人员、公共财务管理监督人员、在校专业学生等学习和了解公共部门管理、财经制度约束、廉政治理等内容提供参考，引导其自觉遵守维护财经纪律。

二、研学方法

从自然辩证法来看，现代科学方法总体上概括起来都属于归纳法[①]，但从当今

[①] F. 恩格斯. 自然辩证法 [M]. 北京：人民出版社，1979：66.

学科分支来看，公共组织财务管理的研学对象不仅包括了公共经济学、管理学（含会计管理、公共管理等）的内容，还涉及政治学、历史学、社会学、数理统计以及信息科学等方法和应用（见图1-2）。

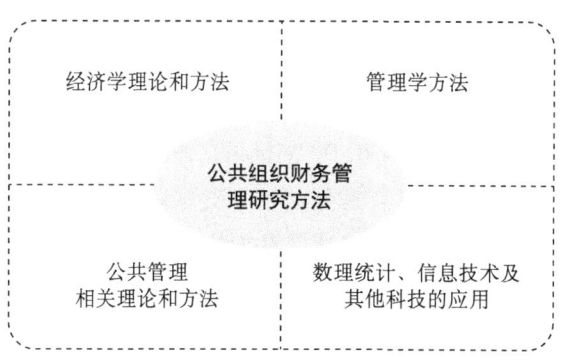

图1-2 公共组织财务管理研究方法

（一）公共经济学研究方法

根据廖楚晖（2016[①]、2022[②]），公共经济学研究方法包括：哲学影响下的财务管理研究方法、经验和抽象的分析法、唯理主义的逻辑演绎方法、逻辑实证主义分析方法、证伪主义分析方法、科学研究纲领批判以及制度分析方法等大类。其中，每个大类又有许多方法工具的分类，这里不一一赘述。结合公共组织财务管理，这里主要介绍的是公共经济学实证研究方法和制度分析方法。

逻辑实证主义是形式逻辑的框架和实验科学的基础，是现代科学最显著的特征，同时也是经济学方法论的重要哲学基础。作为经济学的重要组成部分，现代公共经济学实证研究方法在逻辑实证主义研究方法基础上，表现为强调经济学中的经验分析和估计，这种分析在很大程度上归结于其在尽可能的情况下强调数量和计量表示的思想观点。具体表现在：第一，科学理论的构成对经济学形式化的影响，集中表现在公理化方面，体现为数理经济学的发展。第二，逻辑实证主义的实证原则对经济学提出可检验性的要求，主要体现为计量经济学的发展。由于公共组织财务管理在大多数情况下只能采用历史资料和统计数据对理论涉及的有关变量进行分析，而很少能够通过控制实验的方法来进行检验，这使统计学和计量分析成为其研究方法的关键。而在某种意义上，统计学和计量经济学使经济学成为一种可检验的理论，从而大大增加了其科学性。

[①] 廖楚晖. 经济学方法论：公共经济学的应用（第二版）[M]. 北京：中国财政经济出版社，2016.
[②] 廖楚晖. 现代公共经济学[M]. 北京：中国财政经济出版社，2022.

制度分析法是指一种以公共选择与制度分析为逻辑起点，着眼于治道变革，并探索具体的公共管理、公共服务以及公共政策问题的分析方法。制度经济学家通常把制度作为变量，将集体主义和整体主义引入经济理论的研究中，建立起更为接近现实经济活动的方法论。制度分析有三种方法（道格拉斯·诺斯，Douglass C. North，2005①）。一是罗纳德·哈里·科斯（Ronald H. Coase, 1937②）、North D. C.（1990③）等的交易成本方法；二是詹姆斯·布坎南（James Buchanan，1988④）、罗伯特·托利森（R. D. Tollison，1982⑤）和戈登·塔洛克（Gordon Tullock）等提出的寻租方法；三是曼瑟尔·奥尔森（M. L. Olson，1932—1998；1965/1971⑥）的分利集团方法。通过这三种方法来分析非经济因素如何影响经济社会发展，也是本书试图阐释公共组织财务管理制度变迁和运行常用的方法之一。需要指出的是，制度分析方法经常与结构分析法、历史分析法等方法结合来研究经济管理问题。从技术角度而言，结构分析可以为制度分析提供量化的分析工具，而制度分析则可以成为进行结构分析的目标之一。

（二）管理学研究方法

管理学研究方法是研究主体认识管理这一研究对象本质和规律所采用的思路与程序，是研究主体把握管理这一研究对象的方式、法则、手段和规范的总和。根据（赵晓毅、刘家顺，2011⑦；王梦洺、方卫华，2019⑧等），如果从抽象到具体，可将管理学研究方法分为：哲学层次方法、通用研究方法等（见表1-3）。

管理学研究的对象除了具有整体性和系统性外，具体管理问题还具有复杂性、多元性、多层次性、动态化等特点，符合公共组织财务管理所涉及的社会学、政治学及心理学等的系统和微观问题的研究。

---

① [美] 道格拉斯·诺斯. 制度研究的三种方法 [A]. 见：[美] 大卫·柯兰德编：新古典政治经济学——寻租和DUP行动分析 [M]. 马春文等，译. 吉林：长春出版社，2005.

② Coase R. H.. The Nature of the Firm [J]. Economica, 1937, 4 (16): 386 - 405.

③ North D. C.. A Transaction Cost Theory of Politics [J]. Journal of Theoretical Politics, 1990, 2 (4): 355 - 367.

④ Tullock G.. Rents and Rent - Seeking [M] //The Political Economy of Rent - Seeking. 1988.

⑤ Tollison R. D.. Rent Seeking: A Surbery [J]. Kyklos, 1982, 35 (4): 575 - 602.

⑥ Olson, Mancur. The Logic of Collective Action: Public Goods and the Theory of Groups (2 nd ed) [M]. Harvard University Press, 1971.

⑦ 赵晓毅，刘家顺. 论管理学研究方法体系的形成和发展 [J]. 科技管理研究，2011, 31 (2): 212 - 215 + 205.

⑧ 王梦洺，方卫华. 案例研究方法及其在管理学领域的应用 [J]. 科技进步与对策，2019, 36 (5): 39 - 45.

表1-3　　　　　　　从抽象纵向层次划分的管理学研究方法

管理学研究方法层次	意义	研究方法举例
哲学层次方法	即方法论层次的方法，它是研究主体认识和研究管理的根本方法，从最本质的基础上揭示了管理学研究方法的特质	唯物辩证法、历史唯物主义、马克思主义认识论、"老三论"、"新三论"……
通用研究方法	是与研究主体相关的服务于研究目的的一种思维方式	工具理性思维方式、个人主义思维方式、经验实证主义分析方式……
具体研究方法	与研究对象及其性质、环境紧密相连，是对哲学层次方法和通用方法的进一步细化和具体应用	绩效目标管理法、比较法、案例分析法……

在中国，财务管理属于会计学学科分类，而会计学又属于管理学的大学科，因此，会计管理中有一些分析工具也在本书中得到体现，例如，菲斯（Fiss P C，2007①）所倡导的定性比较分析法（QCA②）和阿图·葛文德（Atul Gawande，2011③）提出的清单管理法等在本书研究中也将得到体现④。

（三）公共管理研究方法

现代公共管理理论和方法是建立在传统政治学、经济学、社会学及管理学等学科的基础之上的一门学科。虽然随着学科发展和概念的定型也产生了一些"理论"和"方法"，但随着各国政府对经济和社会的干预，以追求公平、经济、效率和效益为目标，承载着促进社会发展的重要使命，使公共管理本身也具有实现社会公平、正义、民主、人的自由全面发展的价值。为了更好地探究公共管理问题，公共管理研究者不可避免地要借助一些分析方法和工具来实现研究目的。于是公共管理

---

① Fiss P C. A Set-Theoretic Approach to Organizational Configurations [J]. The Academy of Management Review, 2007, 32 (4): 1180-1198.

② QCA可以捕获因果连接，即使小到中等，甚至N种情境因果联系都可以被捕获，主要是因为它允许以一种保持与基本情况的明确联系的方式引入简化假设——从而允许对其合理性进行实质性评估。"财务管理是一项充满突发性和不确定性的过程，QCA被引入财务管理学术界后正受到越来越多研究的认可和采用，并且为越来越多的主流期刊所接纳。随着其具体方法和软件程序的不断发展和完善，定性比较分析所能解决的财务管理问题的范围也在不断扩大。

③ Atul Gawande. The Checklist Manifesto: How to Get Things Right [M]. New York Henry and Holt Company, 2011.

④ 清单管理，就是用表单清晰处理复杂的事项，使之井然有序，其本质就是严格依照成文的规章制度组织日常运作的管理控制体制。清单管理在公共组织财务管理领域有着广泛应用，如公共组织建设及财务影响下的行政效率研究（唐亚林，2015；王向军等，2019）、公共组织在市场中的行为规范研究（孙婵等，2014）、公共组织管理会计研究（田高良等，2015）等。清单管理除了集合会计控制式管理控制、行为控制式管理控制、交互式管理控制于一体，还体现了绩效管理式管理控制思想，以上特点都与公共组织财务管理密不可分。

研究方法也包含了其他学科的所有研究方法，如系统分析法中的协同理论、层次分析法、制度分析法等，在本书中也得到了应用。

（四）数理统计、信息技术及其他科技的应用

数理统计、信息技术及其他科技的应用在本书中具体体现在大数据预算绩效评价等相关内容之中。

第三节
基本框架、技术线路与创新

一、基本框架与技术线路

本书分为四大部分共计十二章，遵循从"问题提出—体系构建—机制运行—模式检验"的逻辑思路（见图1-3）。

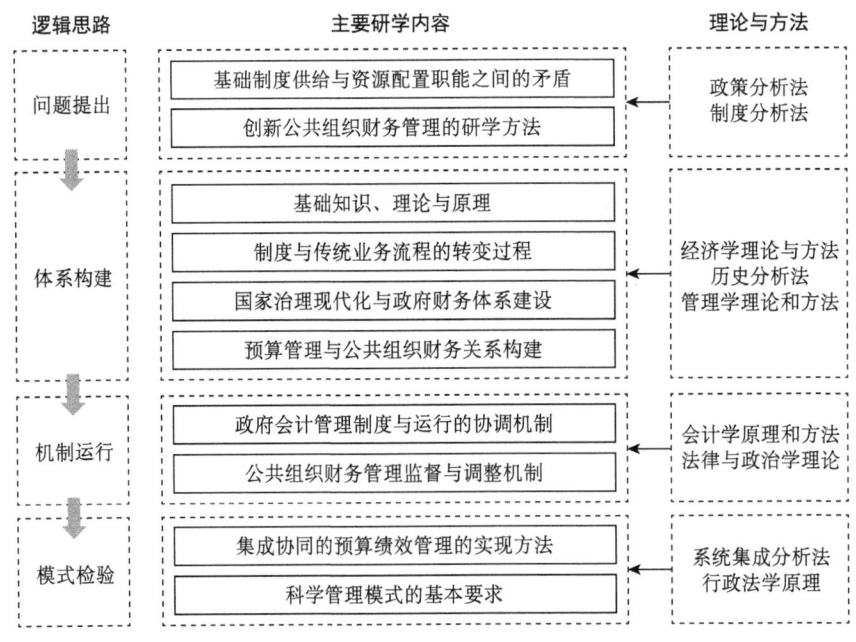

图1-3 技术线路

第一部分为基础和理论部分。包括公共组织财务管理研学的背景和意义、研究对象和公共组织财务管理基础性概念、公共组织财务管理的理论发展与制度变迁。

第二部分为公共组织预算管理体系部分。包括第四章阐述公共预算管理的相关理论基础、中国预算管理体制的改革；第五章为公共组织预算的实施与内容，包括预算准备、预算编制到最后预算评价的整个过程；第六章主要结合预算管理探讨公共收入和公共支出管理。

第三部分为公共组织财务管理机制运行所涉及的会计、审计、资产和风险管理等内容。包括第七章公共组织会计管理、第八章公共组织财政审计管理、第九章公共组织资产管理和第十章公共组织财务风险管理。

第四部分为公共组织财务管理模式检验和实现的探讨和要求。包括第十一章公共组织财务管理的数字化建设和第十二章公共组织财务管理责任与廉政建设。

二、主要创新

（一）从方法论角度诠释了公共组织财务管理的世界观

本书首先对经济学、公共经济与管理学以及公共组织财务管理中容易混淆不清的概念、范畴、方法论和分析工具等进行了辨析和界定。但正如恩格斯对马克思世界观和方法论关系所评价的那样，"马克思的整个世界观不是教义，而是方法"（《马克思恩格斯全集》第三十九卷[①]）。正因如此，在本书的撰写过程中，始终恪守中国公共组织财务管理理论和实践遵循的世界观，以有利于实现社会主义中国的全方位、全过程、全覆盖的预算绩效管理为核心，从方法论的角度，对创新财政管理体制的基本原理、制度规范及机制运行等基本准则进行了深入剖析，以期为优化公共资源配置、提升公共组织财务管理效能提供学习和工作思路。

（二）系统地阐述了公共组织财务管理体系构建的发展趋势和研学方法

在中国推进国家治理体系和治理能力现代化过程中，提高公共组织财务管理的效能，是加强预算管理、深化财税体制改革、建立现代财政制度的重要基础性环节。但由于中国财政管理绩效理念尚未牢固树立，绩效激励约束作用有待加强，绩

---

① [德]卡尔·马克思. 马克思恩格斯全集（第三十九卷）[M]. 中央编译局，译. 北京：人民出版社，1998.

效评价结果与预算安排和政策调整的挂钩机制尚未建立，相关领域的研究重点也随政策的动态变化而呈现出"碎片化"格局，相关研究结果和文献、基础教科书及政策辅助材料等，在时效性上容易与时代需求脱节。因而党和政府对公共组织的管理、改革思路及方向难以被公众广泛认知，对公共组织财务管理理论、制度、方法等的学习和思维方式也未形成规范化的"主线"。基于此，本书对当前公共组织财务管理研究和实践领域种类繁多的方法论发展脉络进行梳理，对眼花缭乱的公共财务管理制度改革内容进行高度提炼，全面总结了公共组织财务管理体系及其研究方法，系统回顾了公共组织财务管理的历史沿革与制度变迁，并对如何建立现代财政制度和提高公共组织财务管理效能进行了前瞻的研究，帮助读者抓住总纲，加深理解。

（三）提出总体性问题进行研学赋予了公共组织财务管理的可读性

我们看待任何一种方法的科学性质，都应本着谦虚的态度，从整体观、系统观的角度去加以评价，因为在整体观和系统观的指导下，才能知道有局部和要素的存在。我们相信，人类对科学进步的追求从来不会停滞，每一次的进步都是对局部和要素的部分改造。随着时代的进步和发展，互联网、大数据、云计算等现代信息科技对经济学、社会学、管理学、现代系统科学及信息科技等均产生了深刻而深远的影响，并展现出了前所未有的经济学方法前景。受到多学科的综合影响，加之全社会对政府财政管理的关注程度，似乎远远超出了会计管理和财政综合管理的研究视野，迫使政府管理理念需要进行变革，这也是撰写公共组织财务管理教材难以预估的发展趋势。本书的研究充分体现了政策趋势，提出一定时期内的总体性问题，从整体观和系统观的视角出发，提出了解决问题的思路和构想，基于当前系统集成、协同高效的发展理念，运用数理分析、大数据分析以及集成协同管理等方法，把复杂问题简单化，对公共组织财务管理主要问题进行了细化研究，以期赋予本书以时代性、长期性和可读性。

第二章
公共组织财务管理的概念框架

"概念"是构建学科体系的前提和最基础工具。同一名词在不同学科中可能属于不同的概念,在同一学科中不同的名词可能表示同一个概念。因此,对于科学研究来说界定清楚概念是非常必要的。本质上讲,科学概念没有中西方差别,在表达形式上看,具体内涵和外延上都可能存在一些差异。因此,厘清公共组织财务管理相关的概念内涵及其差异,不仅对创新公共组织财务管理具有理论价值,而且对标准化财政管理、优化职能转变具有重要的现实意义。

第一节
公共组织财务管理相关概念

公共组织财务管理区别于企业财务管理的特点是其资金来源性质不同、管理目标不同以及管理形式不同。因此,少数相关概念与企业虽然有雷同,但本节的概念界定均不等同于企业财务管理的概念。

一、组织机构类概念

(一)组织(Organization)和公共组织(Public Organization)

1. 组织

对于"组织"一词,国内外研究有些不同,从单位、系统、职能等不同角度给出了不同的解释(见表 2-1)。依据有关文献提炼并结合本书研学目的,"组织"是指在一定环境的生产生活中,不同个体为了实现相同目标而形成的拥有特定运行机制和信息传播途径的有机整体。

表 2-1　　　　　　　　国内外研究对"公共组织"一词的理解

代表人物	对组织的定义
赫伯特·斯宾塞	通过某种方式组合起来的社会或系统[1]
切斯特·I. 巴纳德	一个系统,该系统可以有意识地协调两个或两个以上个体的能量与活动[2]
理查德·H. 霍尔	有相对明确的边界、规范的秩序(规则)、权威层级(等级)、沟通系统以及成员协调系统(程序)的集合体
史蒂芬 P. 罗宾斯	管理者为了实现共同目标而对工作进行安排的过程
周三多	为了达到预定目标,对各种资源的配置过程和由此产生的权力机构
陈振明	在一定的社会环境中,人们通过相互交往而形成的具有共同心理意识,并为了实现某一特定目标而按一定方式联合起来的有机整体

---

[1] Herbert Spencer. The Study of Sociology [M]. New York: D. Appleton and Company, 1896.
[2] 转引自尼古拉斯·亨利. 公共行政与公共事务(第8版)[M]. 张昕,译. 北京:中国人民大学出版社,2002.

2. 公共组织

公共组织是社会组织中一种重要而独特的类型，是与私人组织（Private Organization）相对应区别的一个概念。

所谓"公共"（Publicness）是与"私人"（Privateness）相对应的一种理解，如从哲学的视角，"公共（的）"一词表示大家的、公众的或与某民族、国家内的人民相关的事务；"私人（的）"表示个人的或私人的事务，与公共的或政府事务相分离（涂文娟，2010[①]）；而从经济学的视角，"公共"是基于公民对社会产品或服务效用的选择行为来理解的，具有选择的一致性和共同的偏好，也即社会产品或服务的非竞争性和非排他性等。

由于政体性质、政府职能等差异，国外对于公共组织的概念和范畴的理解大相径庭（见表2-2），约瑟夫·E. 斯蒂格利兹和杰伊·K. 罗森加德（Joseph E. Stiglitz & Jay K，2015[②]）认为，公共组织是通过选举或其他政治程序产生的，有不同程度的强制力的组织。陈振明（2017[③]）认为，公共组织是以管理社会公共事务、协调社会利益关系为目的的组织，主要是指国家或政府组织（广义的公共组织还包含第三部门组织）。

表2-2   国外区别于"私人组织"的"公共组织"的划分标准

文献作者	关于公共组织的理解
约翰·杜威	公共组织是对公共利益产生巨大影响作用的组织
S. I. 本 & G. F. 高斯	活动收益、损失和服务对象属于公共类的组织则为公共组织
彼得·布劳	为全体公民服务的组织就是"公社型组织"即公共组织
约瑟夫·E. 斯蒂格利兹等	公共组织是通过选举或其他政治程序产生的，有不同程度的强制力的组织
德怀特·沃尔多	主权、合法性、福利等涉及国家政府的组织为公共组织[④]
海尔·瑞尼	公共组织是不存在产品市场，其产品和服务不存在市场价格，对责任、公平和公开化、诚实和工作表现的评估都受到价值观的影响的组织[⑤]
约翰·希克斯	公共组织是指所提供产品和服务的范围与种类是由政府或公民代表而非消费者决定的组织

[①] 涂文娟. 公共与私人：泾渭分明还是辩证融合——汉娜·阿伦特的公/私二分法 [J]. 哲学动态，2010 (4)：61-66.

[②] Joseph E. Stiglitz, Jay K. Rosengard. Economics of the Public Sector (Fourth edition) [M]. New York: W. W. Norton & Company, 2015.

[③] 陈振明. 公共管理学 [M]. 北京：中国人民大学出版社，2017.

[④] [美] 德怀特·沃尔多. 行政国家——美国公共行政的政治理论研究 [M]. 颜昌武，译. 北京：中央编译出版社，2017.

[⑤] [美] 海尔·G. 瑞尼. 理解和管理公共组织（第二版）[M]. 王孙禺，达飞译. 北京：清华大学出版社，2002.

在社会生活中，有一些组织的目的是服务于个人或私人利益，其行为不会直接地或显而易见地影响其他组织或个人，如企业等经济组织；而一些组织其目的是服务于社会公众，其行为对其他组织或个人都会产生直接的影响。

而从政府会计管理的角度来看，根据2017年1月1日正式实施的《政府会计准则——基本准则》[中华人民共和国财政部令第78号，下文简称《准则》（第78号）]的适用主体，本书"公共组织"包括：各级政府、与本级政府财政部门直接或间接发生预算拨款关系的国家机关、军队、政党组织、社会团体（包括非营利组织）、事业单位和其他单位。

结合研学目的和范畴，本书的"公共组织"是指由财政支出成本所负担的，且拥有法定的或被授予公共权力，有一定的人员、运行机制、职能范围、职权分工和技术支持并以管理社会公共事务、提供公共产品和公共服务以及维护和实现社会公共利益为目的的各级政府、各部门和各有关单位。

（二）行政机关（Govement Organs）

一般而言，"国家行政机关"是指按照国家宪法和法律组织起来的、行使国家行政权力、组织管理国家行政事务的机关。

按照《中华人民共和国宪法》（以下简称《宪法》）第八十五条规定："中华人民共和国国务院，即中央人民政府，是最高国家权力机关的执行机关，是最高国家行政机关。"《宪法》第一百零五条规定："地方各级人民政府是地方各级国家权力机关的执行机关，是地方各级国家行政机关。"可见，严格意义上的国家行政机关指各级人民政府，它既不是指人民政府以外的各种机关、组织，也不是指组成人民政府的具体行政机构，如部、委、办、厅、局、处等。

国家行政机关是整个国家机构不可缺少的重要组成部分，国家行政机关的概念在行政法上是最主要的行政管理主体（即能以自己的名义实施国家行政权，并对行为效果承担责任的组织），它既有权对管辖领域内的一切公共事务实施管理，也有权对本机关内部的行政事务或隶属于它的行政机构实施领导和监督。

（三）事业单位（Government – affiliated Institutions）

"事业单位"是具有中国特色的法人社会组织，是中国经济建设和社会发展的一支重要力量。由于事业单位职能的特殊性，其概念和界定容易随着政府职能的转变而变化。一般而言，需要在现有的宪法和法律框架内，重新统一规范这一组织。根据《事业单位登记管理暂行条例》，"事业单位"是指依法成立的，不以营利为目的的从事教育、科研、卫生、文化、体育和社会福利等公益事业单位，国家将对其实行统一的法规和政策。

但根据当前中国的实际情况，除了上述事业单位之外，由于行政机关机构编制问题，许多负有政府职能、不以营利性为管理目的的一些部门也称为事业单位，如一些称为"所""中心"及"办"等，均属于政府的事业单位。相信随着改革的深入，这些"事业单位"也会按照政事分开、非营利、多元化的原则进行相应的改革，从而建立起政府对不同类别事业单位的管理方式以及新形势下政府监管、行业自律的微观运行机制。

（四）非营利组织（Non-profit Organization）

在目前国内外立法和实践中，并没有一个完全统一的非营利组织概念。从民法的角度看，非营利组织是系私法主体主导设立的，以促进公共利益或满足特定成员非经济性需求的组织（伍治良，2014①）。而美国在《国内收入法典》（Internal Revenue Code，IRC）中以税法形式对享受免税待遇的非营利组织作出明确界定："凡是其成立宗旨、工作目标、活动范围符合 IRC 第 501 条或第 521 条规定的组织，称为非营利组织。"美国的非营利部门分为两大部分，其一是为公众服务或使公众受益的部门，即公益性组织，不仅其本身免税，向其提供捐赠者也享有法定的扣除税金的待遇；其二是为会员服务或相互受益的部门，即互益性组织，仅其本身可免税，向其提供捐赠者不享有扣除税金的待遇。而中国税收法律法规及政策中对非营利组织的优惠规定相对较少，所以很少有"免税部门"这种说法。

根据本书的研学目的，我们认为，所谓"非营利组织"是不以营利为目的，依法登记并享受政府财政的成本负担或税式支出②的组织机构。所谓享受政府财政的成本负担，即这类组织得到过财政资助并接受政府财政制度管理，如中国的各级红十字会机构等；而所谓享受税式支出，即这类组织享有不同形式的经营税收优惠并接受政府财政制度管理，如一些民间公益基金等。

二、公共经济与管理类概念

（一）公共支出（Public Expenditure/Fiscal Cost）

"公共支出"简称"政府性支出""财政支出""国家财政性支出"等，一般

---

① 伍治良. 我国非营利组织内涵及分类之民法定位[J]. 法学评论，2014（6）：77-84.
② 税式支出是国家为增强对某些经济行为的调控，以减少收入为代价的间接支出，属于财政补贴性支出。其形式主要有起征点、税收扣除、税额减免、优惠退税、优惠税率、盈亏互抵、税收抵免、税收饶让、税收递延和加速折旧等。

指在国家和政府控制下的一切由国家财政所负担的各类维持公共组织运行的经费支出或项目支出。在中国,按照支出范围,公共支出包括各级政府的经常性支出、资本性支出、专项支出以及其他公共法人组织的费用性支出和补贴性支出。

(二) 公共收入类

1. 公共收入 (Public Revenue/Government Revenue)

"公共收入"也称"财政性收入""财政收入""政府收入",是政府为履行其职能而筹集的一切资金的总和。公共收入主要由税收收入和非税收入构成,其中,税收收入包括直接税和间接税。

2. 税收收入 (Taxation Revenue)

所谓"税收",一般而言是国家为满足社会公共需要,凭借公共权力,按照法律所规定的标准和程序,参与国民收入分配,强制取得财政收入所形成的一种特殊分配关系。税收具有强制性、无偿性、固定性等特点。

3. 非税收入 (Non-taxation Revenue)

"非税收入"是与"税收收入"相对应并且与其征收的类别和范围相关的一个概念。一些研究如黄恒学(2009[①])从经济学视角、余斌(2016[②])从推进马克思主义政治经济学的创新发展的视角对公共收入内容进行了清晰界定;还有一些研究如傅娟(2019[③])等则在国际比较基础上进行界定等,各说纷纭。根据中国财政部《政府非税收入管理办法》(财税〔2016〕33号),非税收入包括:行政事业性收费、政府性基金、国有资源有偿使用收入、国有资产有偿使用收入、国有资本经营收益、彩票公益金、罚没收入、以政府名义接受的捐赠收入、主管部门集中收入以及政府财政资金产生的利息收入等12项,社保基金始终被排斥在"非税收入"的统计中。而结合目前全面实施预算管理的会计核算基础《会计制度(2017)》,本书将非税收入的构成界定为已经纳入或未来需要纳入预算管理的政府性基金、罚没收入、捐赠收入、国有资产经营收入、政府性收费及特许权收入、公共资产收入、基金收入、政府性收费(规费、使用费)、公债收入、政府性捐赠收入等。

[①] 黄恒学. 公共经济学: 第二版 [M]. 北京: 北京大学出版社, 2009.
[②] 余斌. 厘清公共收入的概念与形式 [J]. 经济纵横, 2016 (4): 9-14.
[③] 傅娟. 非税收入的概念辨析及中美比较的可行性研究 [J]. 财贸经济, 2019 (3): 39-52.

(三) 公共预算类

1. 政府预算与政府预算管理 (Government Budget & Government Budget Management)

"政府预算"也称"公共预算",是与"企业预算"及"家庭预算"等相对应的一个概念,指经法定程序审核批准并接受权力机构监督的、具有预算时点和时长约束的财政收支计划。它规定政府或政府部门财政收入的来源和数量、财政支出的各项用途和数量,反映着政府公共政策、政府活动的范围和方向,因而从广义上讲,预算也是一种管理形式,也称为"预算管理"。

2. 政府预算绩效评价类

(1) 政府预算绩效 (Government Budget Performance)。世界经合组织 (OECD) 将绩效 (Performance) 定义为,未达到某项目标而产生的活动中的经济性、效率和效力 (OECD[1])。"政府预算绩效"(本书中也简称"预算绩效")一词较早见于 1949 年美国行政管理和预算局 (OMB),主要指预测拟定耗费的财政资金数额是否达到了预期效果。而李红霞、刘天琦 (2019[2]) 认为,在中国,政府预算绩效可追溯到尧舜和西周时期,绩效理念在中国古而有之,从尧舜时期的"三载考绩""五载一巡守",到西周的"上计制度",都是对当时财政收支活动及政府的政绩进行管理监督的重要方式。本书认为,"政府预算绩效"则指政府通过预算管理所达到的效果。

(2) 政府绩效预算评价 (Performance Evaluation of Government Budget)。关于"政府预算绩效评价",虽然有很多研究在概念界定、体系建立以及评价方法等方面进行了研究 (Park, 2008[3]; Trevor Shaw, 2015[4] 等),但很显然,"政府预算绩效评价"首先是一种政府预算管理活动,这种活动是以绩效管理为核心对财政资金的分配、使用及效益实施管理 (白景明, 2018[5])。目前,发达国家政府预算绩

---

[1] 资料来源: https://www.oecd.org/。

[2] 李红霞, 刘天琦. 预算绩效与政府治理: 契合性与协同性视角 [J]. 中央财经大学学报, 2019 (6): 11-19.

[3] Park N. Performance-Oriented Budgeting in Korea: Evidence and Lessons [J]. Korea Institute of Public Finance, 2008, 71 (3): 3-13.

[4] Trevor Shaw. Performance Budgeting Practices and Procedures [J]. OECD Journal on Budgeting, 2015 (3): 31-32.

[5] 白景明. 全面实施预算绩效管理须实现四大突破 [N]. 中国经济时报, 2018-02-13.

效评价早已不停留在政府工作效率领域，而且更多地涵盖了社会效应评价的内容。

（3）绩效"3E原则"（the Principles of "3E"）。20世纪60年代美国会计总署建立了绩效评价的"3E"指标，主要包括：经济性（Economy）、效率性（Efficiency）和效果性（Effectiveness）①；20世纪80年代初，英国的效率小组在财务管理新方案中也提出了设立经济性（Economy）、效率性（Efficiency）和效果性（Effectiveness）的"3E"标准体系的建议。不久，英国审计委员会就将"3E"标准纳入绩效审计的框架中，并运用于地方政府以及国家健康服务的管理实践中。1997年，美国会计总署将公平（Equity）指标加入"3E"指标，发展为"4E"绩效评价法。"4E"绩效评价的范围、内涵更加多样，不仅可以对经济效益高的项目考察其是否有利于社会公正，同时也使指标体系可以对公共服务类的社会公益项目进行更为全面的评价②。

（四）一般性支出（General Expenditure）

"一般性支出"是指国家权力机关和行政机关的经费支出，主要包括各级党委、人大及人大常委会、政治协商会议的活动费用，各级人民政府及其职能部门的活动费用。具体支出费用主要包括：差旅费、会议费、接待费用、日常办公、购车及车辆运行费、楼堂馆所及装修支出等。

（五）转移支付（Transfer Payment）

"转移支付"也称"负税收"（Negative Income Tax；米尔顿·弗里德曼，Milton Friedman，1912—2006；1962③），是指上级政府无偿地支付给各级政府或部门的资助，以增加下一级政府的收入和购买力的费用（吴俊培，2009④；2019⑤），是公共资金的一种收入再分配形式。由于政府的转移支付等于把财政收入还给个人，故有的西方经济学家称其为负税收。政府的转移支付大都带有特定指向，用于平衡各级政府和部门的财力，也多用于如社会福利和事业，如教育、津贴、抚恤金、养老金、失业补助、救济金及各种扶贫补助费等。

---

① 李金珊，王倩倩. 财政支出绩效评价体系刍议：3E维度的引入与改进 [J]. 财政研究，2018（3）：14-23.

② 徐建中，夏杰，吕希琛，邹浩. 基于"4E"原则的我国政府预算绩效评价框架构建 [J]. 社会科学辑刊，2013（3）：132-137.

③ Friedman M. Capitalism and freedom [M]. Chicago：University of Chicago Press，1962.

④ 吴俊培. 公共经济学 [M]. 武汉：武汉大学出版社，2009.

⑤ 吴俊培. 分税制财政管理体制下的税收问题研究 [J]. 税务研究，2019（9）：5-10.

（六）专项资金（Special Fund）

"专项资金"也称"专项支出""项目支出""专款"等，是国家有关部门或上级部门下拨给行政事业单位具有专门指定用途或特殊用途的资金。这种资金都会要求进行单独核算，专款专用，不能挪作他用的特点，是需要单独报账结算接受审计和绩效评价的资金。在当前各种制度和规定中，专项资金有着不同的名称，如专项支出、项目支出、专款等，并且在包括的具体内容上也有一定的差别。但从总体来看，其含义又是基本一致的。专项资金有上级拨付、单独核算、特定事项专款专用的特点。专项资金按其形成来源主要可分为专用基金、专用拨款和专项借款三类。

三、财务管理类概念

（一）政府会计制度（Government Accounting System）和政府会计准则（Government Accounting Standards）

"政府会计制度"是以公共组织为对象，着重对会计科目的设置、使用和会计报表的格式及其编制加以详细说明的规范，是政府会计管理的制度顶层设计。"政府会计准则"以特定的公共事务或以特定的会计报表为对象，详细分析公共事务或项目的特点，规定所必须引用概念的定义，然后以确认与标准化计量为中心，同时兼顾披露，对围绕该公共事务或项目有可能发生的各种会计问题作出处理。

可以看出，政府会计制度和政府会计准则的主要区别在于：一是规范的对象不同。具体准则按公共组织的事务或项目；而制度则是对公共组织而言的制度规范。二是规范的重点不同。准则侧重于确认和计量，确认和计量的内容有机地体现在政府会计科目及使用说明中；制度则侧重于记录和报告。

（二）收付实现制（Cash Basis）和权责发生制（Accrual Basis）

"收付实现制"也称"收付实现基础""现收现付制"。是以各类款项是否已经收到或付出作为计算标准，来确定本期收益和费用的一种方法。凡在本期内实际收到或付出的一切款项，无论其发生时间早晚是否应该由本期承担，均作为本期的收益和费用处理。"权责发生制"也称"应收应付制",是以权利和责任的发生来决定收入和费用归属期的一项原则。指凡是在本期内已经收到和已经发生或应当负担的一切费用,无论其款项是否收到或付出,都作为本期的收入和费用处理;反之,凡不属于本期的收入和费用,即使款项在本期收到或付出,也不应作为本期的收入和费用处理。

(三) 财政审计 (Financial Audit) 和财政监督 (Financial Audit)

"财政审计"是指国家审计机关根据公共财政职能和覆盖范围的变化,依法对各级、各类财政性收入和财政性支出的事前、事中和事后进行审计监督。财政审计范围主要包括:经常性(一般性)预算及审计;建设性(含债务)预算及审计;政府性基金预算及审计;社会保险预算及审计;国有资本经营(收益)预算及审计;各种专项资金及审计;政府投资建设项目及审计等。

"财政监督"也称"财政监管",依据中央财政部署调查研究属地经济发展形势和财政运行状况,对属地财政预算、风险防控、国有资产配置、处置、会计信息、受托机构执业质量以及财政部委托办理的其他事务进行监督和检查。

四、资产和债务

(一) 资产管理 (Asset Management)

公共组织财务管理领域的"资产管理",是指为保障和促进各项公共事业发展,政府依据相应的会计管理制度和资产管理制度,直接或委托资产管理部门,对国家所有的公共组织资产,包括流动资产、固定资产、无形资产和对外投资等进行分级、分类监管,包括资产的投资监管、会计核算监管、资产运营和处置监管等。

(二) 债务管理 (Debt Management)

债务管理是由三个方面组成:利息率水平、债务所有权类型以及债务的到期时间表,也包括政府用新的债务筹措资金以及用新的证券更换到期的债务。

第二节
公共组织财务管理的理论基础

一、公共组织财务管理的内涵

一般而言,"财务管理(Financial Management)"是指对一个组织的货币资源的计划、指挥、监督、组织和控制的过程。但随着时代发展,各国发展管理目标及学科分类不同,有关研学资料对于"财务管理"一词的认识在法律体系变化、管理性质、管理范畴等方面也各有差异。

对于公共组织财务管理的理解,Schiavo-Campo S 等(1999[①])认为,公共组织财务管理是指一套法定的行政系统和程序,用来约束公共部门与机构并引导其活动,确保对公共资金的正确使用符合被界定规制标准,包括收入征集、支出管理与控制、财务会计与报告和某些情形的资产管理。国际会计师联合会(International Federation of Accountants,IFAC,2001[②])从目标与内容给出如下定义:公共组织财务管理系统是对有限的资源进行配置和使用的管理活动,以期在提供产出中确保经济性和效率,并实现期望的能满足公共需要的成果。从公共预算和财务管理的角度,王雍君(2019[③])认为,公共预算覆盖下的财务管理的对象可概括为六个方面:公共收入管理、公共支出管理、预算授权(Budget Authorization)[④] 管理、公共组织资产管理、公共债务管理、政府现金管理。

尽管公共组织财务管理概念的外延和内涵的文献和资料目前已不少见,但其基本内涵其实并不模糊:第一,这一概念指出了公共组织财务管理是在以预算为核心的公共政策导向下,围绕政府预算安排总体思路并体现财政资源配置和国家治理结构变化的基本方向下进行的活动;第二,公共组织财务管理的具体制度框架是政府会计管理制度,而运行管理的具体依据是政府会计核算标准体系,包括政府会计基本准则、具体准则及应用指南等;第三,从管理的具体范围来看,公共组织财务管理的范围是除了市场企业和以营利性为目的其他机构之外的公共部门和组织。

---

① Salvatore Schiavo-Campo and Daniel Tommasi. Managing government expenditure [M]. Manila: Asian Development Bank, 1999.
② IFAC Public Sector Committee. Governance in the public sector: a governing body perspective [J]. International Public Sector Study, 2001 (8): 47.
③ 王雍君. 公共预算与财务管理 [M]. 北京:科学出版社,2019.
④ Matthew A. What would ideal public management sys look like? //Shar A. Buadgetary Institutions [M]. Washington D. C.: The World Bank Publication, 2007.

因此，为了清晰界定公共组织财务管理的内涵，考虑到公共组织、预算收支以及政府会计管理制度等，本书中的"公共组织财务管理"被界定为：在公共政策导向下，以政府财务管理相关制度为框架，依据政府会计管理具体细则或条款，对公共组织所有的经济活动进行财务管理。

二、公共组织财务管理的特征

公共组织是以管理社会公共事务、协调社会公共利益关系为目的的组织，是人民权利的行使者，是为满足社会公共需要而成立的组织。因为公共组织区别于企业等私人组织，它不以营利为目的，是财税的成本负担，主要从事一些非营利性的活动的组织，所以公共组织财务管理除了企业财务管理的特征外还有其自身的特色。

（一）制度安排的统一性

公共组织作为国家职能的承担者，其各项活动对实现人民对美好生活的向往有举足轻重的影响，与建设社会主义现代化强国和提高人民群众的物质文化生活密切相关。公共财务管理是公共财政管理在微观领域的反映，是公共部门依据国家公共财政政策对资金收支进行的管理、决策等活动的总和[①]。如中国自 2019 年 1 月 1 日起，开始在全国各级各类行政事业单位全面实施政府会计准则后，执行政府会计准则制度的单位，不再执行《事业单位会计准则》、《行政单位会计制度》（财库〔2013〕218 号）、《事业单位会计制度》（财会〔2012〕22 号）、《医院会计制度》（财会〔2010〕27 号）、《基层医疗卫生机构会计制度》（财会〔2010〕26 号）、《高等学校会计制度》（财会〔2013〕30 号）、《中小学校会计制度》（财会〔2013〕28 号）、《科学事业单位会计制度》（财会〔2013〕29 号）、《彩票机构会计制度》（财会〔2013〕23 号）、《地质勘查单位会计制度》（财会字〔1996〕15 号）、《测绘事业单位会计制度》（财会字〔1999〕1 号）、《国有林场与苗圃会计制度（暂行）》（财农字〔1994〕第 371 号）、《国有建设单位会计制度》（财会字〔1995〕45 号）等制度。以上充分说明了制度统一性是公共组织财务管理的内在特质。

（二）改革方向的预算总领性

预算是经法定程序审核批准的国家年度集中性财政收支计划。随着经济社会发

---

① 刘笑霞. 论公共财务管理［J］. 生产力研究，2008（17）：150-152.

展和国家财政职能的变化,中国现阶段的预算为公共财政预算,需更多地考虑公共产品和服务的社会需求,而非依据传统的"财政分配论"应用简单的因素法来进行预决算。这就需要根据国家战略发展目标的动态调整,制定公共组织财务管理的方略,包括中国未来会计管理改革由收付实现制向权责发生制改革等。因此,预算的改革方向变化,势必要求财务管理体系、制度、方式方法、准则等进行相应调整,以体现公共管理体系的健全和完善。

(三) 绩效管理的引领性

党的十九大报告提出"全面实施绩效管理",2018年9月1日,中共中央、国务院印发《全面实施预算绩效管理的意见》(中发〔2018〕34号),要求完善"全覆盖预算绩效管理体系",将各级政府收支预算全面纳入绩效管理。具有绩效引领性特征的公共组织财务管理是公共组织效能建设、增强公共组织公信力的重要保障(莫罗·S.G; Mauro et al.,2018[1]; 李红霞、刘天琦,2019[2])。公共组织财务管理不仅要算政治账还要算经济账,不仅要考虑其收支活动的合法合规性,还要考虑公共财物资源的使用是否于民有利[3]。除公众舆论好坏和公共项目的实施与效果之外,公共产品和服务的提供数量及其成本耗费情况等是评估公共组织财务管理绩效的重要指标。

(四) 管理形式多样性

公共组织种类繁多、类型复杂,适用的准则和制度、监督管理部门较多。如从管理标准的多样性来看,虽然如前所述,自2019年1月1日起,中国各级各类行政事业单位开始全面实施政府会计准则,执行政府会计准则制度的单位,不再执行以往《事业单位会计准则》《行政单位会计制度》《事业单位会计制度》《医院会计制度》等制度,但军队、已纳入企业财务管理体系执行企业会计准则的事业单位和执行《民间非营利组织会计制度》的社会团体,不执行政府会计准则制度。再如,从监督主体来看,公共组织财务除了需要接受纳税人监督之外,在中国,还

---

[1] Mauro S G, Cinquini L, Grossi G. External Pressures and Internal Dynamics in the Institutionalization of Performance–Based Budgeting: An Endless Process? [J]. Public Performance & Management Review, 2018, 41 (2): 415 – 437.

[2] 李红霞,刘天琦. 预算绩效与政府治理:契合性与协同性视角 [J]. 中央财经大学学报,2019 (6): 11 – 19.

[3] 李明月,张顺瑶,李艳. 预算绩效管理视野的土地财政收入绩效评价 [J]. 中国行政管理,2019, 405 (3): 128 – 134.

需要接受审计监督、人民代表大会机构监督以及财政监督等。又如，从公共资金来源的管理角度看，公共组织，比如事业单位和非营利组织，这些组织的全部或部分不是直接来源于财政拨款的资金，以及一些非税收入和政府性基金还未纳入全预算管理，对这些资金的管理费提取、固定资产折旧、是否享受税收优惠等都还没有进行统一的管理。

三、公共组织财务管理理论及应用

较之于会计学（通常指企业会计），公共组织财务管理诞生的时间并不长，用于支撑这门学科的理论从起源、脉络梳理和全面研究的工作也起步较晚。随着经济社会的发展，政府的财务管理和国家治理被逐渐提上了日程。一方面，社会治理要求从公共资金的结构上进行适时调整，会计作为资金分配的标准和规则需要适应国家对社会结构性改革和管理的要求；另一方面，公共财政资金也要讲求公共效益，应用规则指标体系对公共财政资金的使用效率进行管理。

为了适应公共组织财务管理理论和方法的发展需要，针对该领域的理论和方法的研究和探讨逐渐多了起来（见表2-3），并在不断创新中取得了多方面的发展。例如，早期的王化成等（2010[①]）将公共组织财务管理理论分为：基础理论、通用业务理论、特殊业务理论和其他理论；李心合（2012[②]）将公共组织财务管理理论分为以筹资为主要内容的传统财务理论阶段、以资金决策为主要内容的新财务理论阶段和以资本资产定价模型（Capital Asset Pricing Model，CAPM）的诞生为标志的现代财务理论三个部分等。

表2-3　　　　　　　　　公共组织相关的财务管理理论及应用

相关理论	理论支撑
价值观念	在货币的时间价值、投资风险偏好性、公共利益最大化研究实践过程中所形成的观念
代理理论	公共组织预算绩效评价、公务员激励制度等
市场效率	如政府采购与政府招标，借助市场力量提升公共组织运行效率
治理结构	公共组织治理机制和治理模式研究，如税务系统改革
筹资理论	筹资理论主要用于研究：资本结构、资本成本、融资方式的选择、控制权收益、融资风险等。具体应用如地方政府债务问题
投资理论	投资理论主要用于研究政府项目投资问题，如桥梁、铁路等公共工程建设

---

① 王化成，李志华，卿小权等. 中国财务管理理论研究的历史沿革与未来展望——《会计研究》三十年中刊载的财务理论文献述评 [J]. 会计研究，2010（12）：19-25.

② 李心合. 制度财务学研究 [M]. 大连：大连出版社，2012.

续表

相关理论	理论支撑
分配理论	分配理论主要研究组织运营成果分配的问题，在公共组织财务管理中它不仅涉及各有关单位的财政拨款金额、组织人员工资分配问题，还包括社会保险资金的使用等问题

注：本表内容根据有关文献整理而得。

本书认为，公共组织财务管理研学的理论基础已经从以政府会计管理制度为核心的范畴，延伸到公共经济学原理、公共管理理论以及管理科学原理，并涵盖了经济理论、决策科学、统计学理论以及信息管理等理论和方法。

第三节 公共组织财务管理的基本职能

财务管理的职能是指财务管理本身所具有的特定功能。对于财务管理的职能，不同的研究提出了不同的见解。一种看法认为：财务管理的职能包括促进经济发展速度与效益相统一，调动各层面的积极性以及促进国民经济向好发展，等等[1]；另有研究指出，财务管理的职能是：科学安排组织的资金活动、正确处理组织与有关方面的资金联系、提高资金使用效益[2]；还有一种观点将社会主义财务管理的职能概括：资金筹集、资金垫付、价值实现、价值增值、价值分配和财务监督六个方面[3]；许义生（2008）从管理角度归纳了财务管理的几大职能：规划职能、调控职能、考核和评价职能以及组织职能。以上对于财务管理职能的理解多是基于企业管理的角度，结合公共组织的性质和特征，我们将公共组织财务管理的基本职能归为以下三个方面。

一、强化财务监督的职能

公共组织财务管理是一项综合性的处理本单位财务活动、处理财务关系的经济管理工作，在公共组织管理中起到重要的监督作用。刘笑霞（2008）指出在公共

---

[1] 郭复初. 财务通论 [M]. 上海：立信会计出版社，1997.
[2] 吴水澎. 略论财务的本质及其他 [J]. 中国经济问题，1987（3）：35-39.
[3] 耿汉斌，谷行素. 社会主义财务理论研究 [M]. 北京：中国财政经济出版社，1991.

管理下,公共组织进行公共事务管理所需资金主要来源于公共资金,且其经费预算也需要与公家的公共财政政策相一致,不能由公共管理人员任意支配,而必须公开化,接受社会公众的监督①。戚学祥等(2011)指出财务监督则是公共组织财务管理工作的重中之重,同时也是国家财政监督的基础。李红霞、刘天琦(2019)认为在公共组织财务管理的环节中,预算绩效是实现低成本与高效率的最佳组合。绩效评价机制的建设与实施可以促进公共组织目标如期实现,建立绩效问责机制可以加强对公共组织运行过程合规性的监督,强化政府的责任追究,提高政府的公信力。此外,各种财务分析方法的运用有助于对公共组织财务活动的各个方面进行全面分析,以找出差距,提出改进意见和措施。

二、促进组织任务落实的职能

公共组织财务管理体系中的公共组织预算是各公共组织根据国家的方针、政策,按照国家规定的工作任务和事业计划,编制的计划期内的财务收支计划,是公共组织开展各项活动的基本指南,有助于公共组织事务的贯彻落实。2016年国务院印发的《"十三五"深化医药卫生体制改革规划》指出,到2017年"全国公立医院医疗费用增长幅度力争降到10%以下",这就需要医院财务管理加强对药品、卫生材料的使用控制,实施动态跟踪,对医疗的均次费用进行监督,同时完善医院绩效考核机制,改善医院财务补偿机制。Lu等(2015)认为,绩效导向的公共组织财务管理在很大程度上提升了政府整体的工作效率②。可见,加强公共组织财务管理水平建设,有利于国家有关方针、政策的贯彻执行。

三、促进公共资源配置的职能

公共组织财务管理具有促进和优化公共资源配置的职能。根据2019年中央和地方预算报告(以下简称预算报告)中指出了本年度财政支出的重点投入领域,同时提高支出精准度,重点增加对脱贫攻坚、"三农"、结构调整、科技创新、生态环保、民生等领域的投入。为了响应公共预算,公共组织需要根据预算报告调整自身的财务管理体系,从本组织所得的财政拨款,结合公共资金使用途径需要作出

---

① 刘笑霞. 论公共财务管理 [J]. 生产力研究, 2008 (17): 150-152.
② Lu E Y, Mohr Z, Ho A T. Taking Stock: Assessing and Improving Performance Budgeting Theory and Practice [J]. Public Performance & Management Review, 2015, 38 (3): 426-458.

调整,从而将资金配置到合理的领域当中。章贵桥、李增泉(2018①)也表示从政府会计角度看,公共组织财务管理在预算软约束的影响下能提高公共资源的配置效率。对公共组织来说,其财务管理职能是对公共资源进行配置的有效手段。

2020年初,全球暴发新冠疫情,中国政府为此采取了积极的应对策略,财政系统迅速作出反应,迅速出台了一系列文件,促进防疫期间公共资源的合理配置,如《关于疫情防控期间切实做好会计服务工作的通知》(财会〔2020〕2号)、《关于疫情防控期间开展政府采购活动有关事项的通知》(财办库〔2020〕29号);《关于支持新冠疫情防控有关税收政策的公告》(财政部 税务总局公告2020年第8号)、《关于支持新冠疫情防控有关个人所得税政策的公告》(财政部 税务总局公告2020年第10号)以及《关于新冠疫情防控期间免征部分行政事业性收费和政府性基金的公告》(财政部 国家发展改革委公告2020年第11号)等。在突发性紧急事件中,合理借助公共组织财务管理的有关政策和手段有效促进了公共资源应急防控配置,积极配合并参与了国家治理体系和能力现代化的"大考",有效保障了防疫期间社会面的有序流动和生产生活的正常运行。

从公共组织财务管理的特征和职能来看,公共组织财务管理在社会发展中起到重要的作用,发展和优化公共组织财务管理职能,对于落实中央财政政策、国家建设的大政方针、提高公共组织公信力、促进公共利益都有着重要意义。

---

① 章贵桥,李增泉. 财政预算软约束、棘轮效应与政府会计治理效能 [J]. 会计研究,2018(12):41-47.

第三章
公共组织财务管理的改革与制度变迁

从整体性质来看，公共组织具有非营利性的特点，所需经费在很大程度上依靠国家财政供给，其主要任务在于通过财务管理体现一国的财政职能。从历史上看，一国财政职能并非一成不变的，需要随着国家社会发展所驱动的国家治理结构的变化而变化。因此，国家财政职能的变化不仅有其特定的改革背景，也势必要求作为管理手段的公共组织财务管理体系和运行机制发生相应变化。了解发达国家改革的成功经验，结合自身的背景和特点，找到适合本国财政体制改革之路，对于建立完善中国公共组织财务管理制度，优化运行机制将具有重要的借鉴意义。

第一节
公共组织财务管理改革的国际经验

随着经济全球化的不断发展,公共组织面临着更加复杂的环境,财务管理受到了世界各国的广泛关注。近年来,一些西方发达国家根据自身公共政策改革需要,进行了相应的财务管理改革,取得了一些成效,中国也可以从中汲取一些有益的经验。

一、基于资源会计与预算的英国政府会计改革

第二次世界大战以后,英国的基础设施和国民经济遭受了严重损失,国民对改善公共服务的需求与日俱增,而降低税收的政治压力越来越大,满足公共部门的资金需求变得越来越难,财政赤字非常严重。20世纪中后期,以传统收付实现制为基础的会计体系在核算和反映政府资源时暴露出诸多局限性,增加了对资金支出全过程管理的需要。20世纪后期,英国政府引入市场化管理模式,对公共部门进行大力改革,强调公共产出与服务的效率与效果,促使政府部门更多地关注如何完整地披露产出与结果方面的财务信息,建立成本核算系统,并披露政府控制资源的价值与消耗等资产管理信息[①]。传统的基于现金收付的会计与预算制度已经不能满足公共部门改革的需要。这些现实压力和公共部门管理领域的改革成为英国政府会计改革的直接动因。

英国政府分为中央政府和地方政府两级,地方政府隶属于中央政府,但地方政府又相对独立。因此,英国的政府会计改革在中央层面与地方层面都进行了相应的改革。在中央政府层面,着力推行基于资源会计与预算的改革,引入权责发生制作为政府会计核算基础。

资源会计与预算(Resource Accounting and Budget,RAB)是一种以权责发生制为核算基础的中央政府会计与预算,即采用权责发生制基础进行政府预算的编制、预算执行的会计处理和政府财务报告的编制,以更全面、系统地反映公共部门

---

① Seal W. Accounting and Competitive Tendering in UK Local Government: An Institutionalist Interpretation of the New Public Management [J]. Financial Accountability & Management, 1999, 15 (3–4): 309–327.

运行的成本或资源耗费的成本。主要经历了三个阶段[①]：一是20世纪20年代初期至20世纪90年代中期，英国中央政府在会计核算与财务报告披露过程中逐步引入并运用权责发生制基础；二是20世纪90年代中期至21世纪初，英国中央政府开始尝试在政府部门使用资源会计概念，并逐步运用权责发生制进行会计核算并编制财务报告；三是21世纪初至今，英国中央政府全面应用权责发生制会计与预算。英国政府资源会计与预算改革的历程及重要事件见表3-1。

表3-1　英国资源会计与预算改革：权责发生制的改革历程（部分）

阶段	主要事件
1921年	《财政与审计部门法案》被视为英国中央政府在其会计系统中应用权责发生制基础的起点
1991年	英国财政部开始研究讨论在政府部门中采用权责发生制会计
1994年	发布了关于在政府部门采用权责发生制会计与预算的绿皮书《更好地核算纳税人的钱——政府资源会计和预算》，被视为英国中央政府全面使用权责发生制会计基础的标志性事件
1995年	英国财政部发布了关于在政府部门采用权责发生制会计与预算的白皮书，正式声明准备在政府部门采用权责发生制会计与预算
1996年	开始启动采用权责发生制会计的准备工作，主要是制定相关的会计制度、评估各部门资产等工作，并成立了财务报告咨询委员会（Financial Reporting Advisory Board, FRAB）
1996—1997财年	英国部分政府部门开始试行编制以权责发生制为基础的资源报告
1997—1998财年	英国所有政府部门都试行编制权责发生制基础的资源会计报告
1998年	发布了《财政稳定法则（Code for Fiscal Stability 1998）》，明确要求政府编制权责发生制的合并报表；公布《资源会计手册（第一版）》（Resource Accounting Manual, RAM）
2000年	议会通过且正式颁布了《政府资源与会计法案2000》（The Government Resources and Accounts Act 2000），标志着英国中央政府准备在会计与预算中同步全面应用权责发生制基础；部分中央部门发布了首份基于权责发生制的政府财务报告
2001—2002财年	英国首次在中央政府部门预算中采用权责发生制

从时间范围来看，地方政府采用权责发生制的历史要早于中央政府。与中央政府会计改革从现金收付制直接到完全的权责发生制改革不同，英国地方政府会计改革是渐进式的。从权责发生制会计核算基础的变革来看，地方政府会计变化是一种自下而上的变革，其主要推动力量来自会计职业团体，权责发生制的应用范围也是逐步扩展的。[②] 从地方政府会计改革历程来看，政府会计改革伴随着会计与预算分离的过程，大致经历了三个阶段：一是20世纪70年代以前。1974年前的传统观点认为，预算的形式和内容与会计及财务报告的形式和内容是不可分离的，地方政

[①] 李宗彦，郝书辰. 财政治理视角下的政府财务报告改革——英国的经验与启示 [J]. 财政研究，2017（9）：27-39.

[②] 陈璐璐. 英国政府会计管理与改革情况及对我国的启示 [J]. 会计研究，2007（10）：24-30.

府会计是为反映预算服务的。二是20世纪70年代至90年代中期。地方政府会计由反映预算向逐步披露地方政府整体财务信息转换,尤其是1982年颁布的《地方政府财政法案》,建立了地方政府会计框架,为地方政府提供整体性财务信息提供了法律支持。三是20世纪90年代中期至今。随着中央政府资源会计与预算的改革进一步深入,要求地方政府编制政府整体的财务报告,并将会计系统与预算系统分离。① 目前,英国地方政府会计和预算已采用了完全的权责发生制。

伴随着资源会计与预算的改革历程,英国政府同时进行政府整体层面财务报告体系的建立,旨在编制一套整体性财务报告(Whole of Government Accounts, WGA)。WGA是指覆盖英国所有公共部门的一组合并财务报表,合并范围包括英格兰、苏格兰、威尔士、北爱尔兰四个地域的,以及涵盖中央政府、地方当局、公营企业等各种类型的1 300多个公共实体。它借鉴商业会计方法,为整个公共部门制作一套基于通用会计准则(GAAP)的、统一的合并财务报表②,其目的在于提供质量更高的、更透明的信息,以支持财政政策的发展,更好地管理公共服务和更有效地分配资源。③ 自1998年7月,英国财政部首次提出编制政府整体报告(WGA)的具体规划,到2011年发布了第一份经审计的政府整体报告,英国政府经历了一系列不断的探索和实践(见表3-2)。到2016年,英国已经发布了6份政府整体报告。

表3-2　　　　　　　　英国政府整体财务报告编制实践历程(部分)

阶段	主要事件
1998年	首次提出编制政府整体报告(WGA)的具体规划;财政部发布WGA可行性报告
1997—1998年	《政府财政规则》(the Government's fiscal rules)、《经济和财政战略报告》、《财政稳定法则》(Code for Fiscal Stability)等多个法规及报告中都开始涉及WGA的内容
2000年	《政府资源与会计法案2000》建立了WGA的法律框架,具体的合并范围包括英格兰、苏格兰、威尔士、北爱尔兰四个地域的、各种类型的1 300多个公共实体
2001年	公布基于统计的WGA
2002年	该财年未经审计的、基于GAAP的政府统一账户(CGA)模拟运行
2002—2003年	首次试编中央政府整体报告(WCGA)
2003—2004年	发布未经审计的中央政府整体报告;试编政府整体报告
2007年	公共部门决定采纳国际财务报告准则(IFRS),重新规划2008—2009财年发布第一份经过审计的政府整体报告
2010年	议会发布法令,要求在2011年12月31日之前必须发布经过审计后的政府整体报告
2011年	发布第一份经审计的政府整体报告

---

① 张娟. 英国政府会计改革的回顾及启示[J]. 中南财经政法大学学报, 2010 (2): 105 - 109.
② HM Treasury. Whole of Government Accounts [EB/OL]. 1998, http://www.hm-treasury.gov.uk.
③ 郭俊华. 英国政府会计改革:政府统一账户的最新发展及评价[J]. 国际经贸探索, 2008 (5): 79 - 84.

基于资源会计与预算的英国政府会计改革以权责发生制会计核算基础建立为中心，在此基础上逐步实现政府整体报告的编制，其政府整体报告涵盖了中央与地方两级政府，全面反映了各种类型的公共实体的财务信息。经过多年的改革与实践，英国政府会计在财政风险控制、财政透明度的提高以及可持续财政体系的建立等方面发挥了积极作用①。

二、基于绩效预算和政府会计的美国政府财务改革

美国是最先进行绩效预算改革的国家，也是目前改革最成功的国家。自20世纪初开始，美国政府就已经开始在政府会计、预算和绩效管理领域进行改革。在新公共管理改革的影响下，美国政府部门进行了深刻的转型，开始重塑政府地位和功能。将政府视为不以追求利润为主要目标，但追求高效率的组织。对美国政府部门而言，除了传统的项目预算和公共支出管理内容，还采用越来越多的管理工具，如绩效管理、管理控制、成本管理与控制、费用跟踪等，将这些工具综合运用于政府预算和会计改革以追求更高的效率。

在政府预算改革领域，美国政府自20世纪70年代以来，较重要的预算管理改革主要包括以下内容：70年代开始进行的计划—项目——预算系统（PPBS）和零基预算（ZBB）改革；美国国会1990年通过的《财务总监（CFO）法案》；1993年通过的《政府绩效与成果法案》，被认为是绩效预算体系的起点。90年代开始州和地方政府将预算安排和管理决策与绩效测量联系起来进行结果导向型改革；2001年布什政府管理和预算局（OMB）推动"项目级别评定工具"（PART），在预算过程中利用GPRA的绩效记录和绩效信息；2003年政府会计准则委员会制定的绩效公开报告机制标准等②。

在政府会计改革方面，主要集中在联邦政府和州及地方政府的政府会计准则的变化上。陈立奇（2004③）概括了美国政府会计的原则和重大变化，主要体现为：财务报告实体从个别基金上升到整个政府；财务状况表的计量重点从短期的财务资源和债务，扩大到所有经济资源及长期负债；会计基础从收付实现制转移到不同程度的权责发生制；会计从遵守预算观念到质疑一些预算的做法等。萨杰·塞缪尔等

---

① 李宗彦，郝书辰. 财政治理视角下的政府财务报告改革——英国的经验与启示 [J]. 财政研究，2017（9）：27-39.

② 何晴. 政府预算与政府会计研究述评——中美文献比较 [J]. 首都经济贸易大学学报，2011，13（4）：102-108.

③ 陈立齐. 美国政府会计的原则和重大变化简介 [J]. 会计研究，2004（9）：28-30.

(Sajay Samuel et al., 2008)① 进一步指出，在政府会计与预算体制改革过程中，财务人员应当更加关注以下几个方面的问题：一是采用类似于企业的会计准则和财务报告制度是否能够提高政府会计信息的质量；二是对成本的估计是否会影响政府决策；三是采用统一标准的预算数据是否能够影响部门的决策；四是财务报告和绩效评价是否有助于提高政府管理和决策的水平；五是政府会计制度的完善是否有助于政府债务的管理；六是如何科学设置政府绩效管理体系中的具体指标；七是政府的项目预算如何保证项目收入和成本预期的可靠性；等等。

从美国进行绩效预算改革的发展进程来看，其成功的经验在于以下几个方面：一是国家的主导作用和法律体系的完善，每次绩效预算的改革都有国家相应的法律作支撑，为推进改革提供了法律依据和强有力的支持；二是采取循序渐进的改革推进，采用先从地方试点，总结经验再在全国范围内推广；三是国会以及政府机构的重视和积极参与，这也是美国实行绩效预算改革并取得成功的一个重要因素；四是建立有效的监督约束机制，虽然GPRA给予了联邦政府部门很大的权力和灵活性，但政府又通过PART的绩效评价作为问责的依据，建立强有效的问责机制，通过奖惩机制提高财政人员工作的积极性。在这些条件和优势下，美国的绩效预算改革取得了良好的成效。

三、基于权责发生制的澳大利亚联邦政府预算改革

作为世界范围内政府预算改革的先锋，澳大利亚以权责发生制为基础的绩效预算改革可以追溯到20世纪70年代。1975—1983年，为抗击通货膨胀的影响，约翰·马尔科姆·弗雷泽（Malcolm Fraser）主政澳大利亚联邦政府期间，对财政预算制度进行了较大力度的改革，具体措施包括强力推行自上而下的总额控制、实施公共支出的追回和全面削减计划。1983年，澳大利亚推出了财务管理改进计划和项目管理及预算制度，通过削减总体支出来减少预算赤字，提高预算管理流程的效率，总预算和政府支出的规模受到严格控制。同时引入新的预算管理范式，提供了灵活的激励措施以提高预算管理的效率，并将更多的财务决策权力委托给部门一级的预算管理人员。预算管理人员对组织绩效负责，使以结果为导向的绩效管理系统得到牢固确立。

1987年，澳大利亚启动计划管理和预算编制（PMB），将绩效管理的重点转向

---

① Sajay Samuel, Mark A. Covaleski, Mark W. Dirsmith. Accounting in and for US Governments and Non-profit Organizations: a Review of Research and a Call to Further Inquiry [J]. Handbooks of Management Accounting Research, 2008, 3 (7): 1299-1322.

结果和成果。在部门层面建立绩效目标，开发衡量计划绩效的工具，以及发布包含绩效目标和绩效指标的年度预算报告。自 1996 年保守派政府成立以后，引入基于权责发生制原则的预算和会计制度，并引入新的绩效评估制度，标志着澳大利亚开始全面实施绩效预算制度。

为指导各部门进行有效的绩效评估，澳大利亚财务和行政部（DOFA）出版了名为"绩效管理良好实践原则"的手册，要求每个政府部门都要管理自己的绩效信息、绩效评估以及绩效报告。霍华德政府主政（1996—2007 年）期间，进一步确立了两个预算管理框架：一是以结果为导向的绩效预算管理框架；二是预算管理的中期和长期支出框架，并通过 1998 年颁布的《诚信章程》来落实。据此回应国家审计委员会要求国家财政更具责任性、更加公开透明的要求。①

澳大利亚在预算改革过程中，建立了一个预算管理系统，该系统的参与者主要由财政和行政部（DOFA）、澳大利亚国家审计局（ANAO）、澳大利亚议会组成，并具有强大的法律基础。主要包括 1997 年《财务管理和问责法》、1997 年《联邦机构和公司法》、1997 年《审计总法》和 2000 年《公共服务法》。② 在澳大利亚政治体制和法律框架下，联邦预算是一份全面的政府报告，阐明了联邦政府在随后的财政年度里预计的财务绩效，以及未来几年的财政政策。

伴随着公共服务改革的浪潮，澳大利亚政府逐步形成目前特有的预算组织架构，预算管理呈现出鲜明的特色，主要体现在完全的权责发生制预算和报告、结果为导向的绩效框架、均等化的转移支付制度、分类详细的政府财政统计体系，以及功能全面的预算信息管理系统③。经过几十年持续不断的财政预算制度改革，澳大利亚探索出了维持经济稳定和财政稳健的经验，对其他国家的财务管理改革具有重要的借鉴意义④。

四、公共组织财务管理改革国际经验的启示

纵观国外公共组织财务管理改革的发展，英国、美国、澳大利亚等发达国家早在 20 世纪 70 年代就开始了公共组织财务管理改革实践，各国无论是在哪个会计核

---

① 赵早早. 澳大利亚政府预算改革与财政可持续 [J]. 公共行政评论，2014，7（1）：4 - 22 + 178.
② 王宏武. 澳大利亚中期预算和绩效预算管理的启示 [J]. 财政研究，2015（7）：105 - 108.
③ 卢真，陈莹. 澳大利亚政府预算制度 [M]. 北京：经济科学出版社，2015.
④ 刘力云. 澳大利亚联邦预算管理、政府会计和决算（财务报表）审计 [M]. 北京：中国时代经济出版社，2015.

算还是政府财务报告的功能发挥方面,都有显著的国别差异①②。但这些国家的公共组织财务管理改革均取得了良好的成效,为中国的公共组织财务管理提供了一些有益的经验借鉴:

第一,进行财务管理相关领域的改革,如绩效预算、政府会计制度改革等,必须得到国家的支持。由国家作为主导,各部门、单位积极地参与并推动财务管理改革。在这一过程中,不能一蹴而就,可以采取财务循序渐进的策略,先进行试点工作,在总结成功经验和失败教训的基础上,完善改革措施和方案,再全面推行。

第二,要适时制定或修订法律条文,以支持财务管理改革。从英国、美国、澳大利亚等改革的经验来看,法律条文对财务管理改革提供了法律依据和强有力的约束作用,为改革方案和措施的推行提供法律保障。

第三,要完善会计核算和审计体系,引入权责发生制作为会计基础是发达国家财务改革的重要方向之一,能够更加及时、准确地反映经济活动及成效。同时,建立全过程的审计制度,对公共管理支出进行事前审计以控制支出,进行事后审计以反映支出情况和真实效果。

需要指出的是,虽然许多发达国家在公共组织财务管理领域的相关制度改革取得了成功,但每个国家进行改革的背景和环境都有较大差异,驱动一国政府会计改革的因素既包括提高财政透明度、强化政府问责等内在动因③,也包括经济发展水平、民主政治制度等外在因素④。因此,在借鉴西方发达国家成功经验的基础上,应根据中国公共组织财务管理的环境特点及现实需要,选择适合的方式作为财务改革的方向。

第二节
公共组织财务管理的制度及现行问题

公共组织财务管理制度是贯穿于公共组织财务管理整个过程的基本组织制度。中

---

① Irwin, Timothy C. Dispelling fiscal illusions: How much progress have governments made in getting assets and liabilities on balance sheet? [J]. Public Money & Management, 2016, 36 (3): 219 - 226.

② Christiaens, J., Reyniers, B., Rollé, C. Impact of IPSAS on reforming governmental financial information systems: Acomparative study [J]. International Review of Administrative Sciences, 2010 (3): 537 - 554.

③ 张琦. 经济危机催生政府会计权责发生制改革——基于中美政府会计改革动因的比较 [J]. 中南财经政法大学学报, 2009 (6): 45 - 50.

④ 张曾莲, 高姗. 政府会计准则改革环境动因的实证研究——国际经验数据与中国符合性检验 [J]. 财经问题研究, 2016 (10): 85 - 92.

国的财务管理制度体系，按照公共组织类型的不同，大致可以分为行政单位、事业单位和民间非营利组织财务管理制度。但执行上都按照行政单位会计、事业单位会计的标准执行。从效力层次和所属关系来看，又可分为法律、财务管理规章、行业财务管理制度以及单位内部财务管理相关规定等层次。近年来，中国在公共组织财务管理、会计制度等方面经过了一系列的改革，形成了当前的公共组织财务管理的制度体系。

一、公共组织财务管理制度体系

（一）《会计法》和《预算法》

1985年，中国首次颁布施行《中华人民共和国会计法》（以下简称《会计法》）。《会计法》是为了规范会计行为，保证会计资料真实、完整，加强经济管理和财务管理，提高经济效益，维护社会主义市场经济秩序的法律，是会计法律制度中层次最高的法律规范，是制定其他会计法规的依据，也是指导会计工作的最高准则。自《会计法》颁布以来，1993年、1999年和2017年进行了几次修订，以适应形势的变化和时代发展的需要。现行有效的《会计法》是经过2017年修订以后颁布的，其适用范围包括国家机关、社会团体、公司、企业、事业单位和其他组织，内容包括：会计核算、会计监督、会计机构和人员、法律责任等。

1995年1月1日中国颁布实施《中华人民共和国预算法》（以下简称《预算法》）。《预算法》是由国家权力机关按照一定程序制定的，用于维持、调整和确认各种财政关系，规范和约束国家预算资金分配及国家预算管理过程的法律，居于第一层次，于2014年进行修订。此外，1995年还制定了《中华人民共和国预算法实施条例》并于2020年8月进行了修订。《预算法》在整个公共组织财务管理制度中处于核心和主导地位，是国家预算管理办法的法律规范，是组织和管理国家预算的法律依据。

（二）政府会计准则制度

中国现行政府会计核算标准体系基本上形成于1998年前后，主要涵盖财政总预算会计、行政单位会计与事业单位会计，包括《财政总预算会计制度》《行政单位会计制度》《事业单位会计准则》《事业单位会计制度》，以及医院、基层医疗卫生机构、高等学校、中小学校、科学事业单位、彩票机构等行业事业单位会计制度和国有建设单位会计制度等有关制度。2010年以来，为适应公共财政管理的需要，财政部先后对上述部分会计标准进行了修订,基本满足了现行部门预算管理的需要。

2013年,党的十八届三中全会提出了"建立权责发生制政府综合财务报告制度"的重大改革举措。2014年,新修订的《预算法》对各级政府提出按年度编制以权责发生制为基础的政府综合财务报告的新要求。由于之前的政府会计标准体系一般采用收付实现制,主要以提供反映预算收支执行情况的决算报告为目的,无法准确、完整反映政府资产和负债,以及政府的运行成本等情况,难以满足编制权责发生制政府综合财务报告的信息需求。且因政府会计领域多项制度并存,体系繁杂、内容交叉、核算口径不一等问题,造成不同部门、单位的会计信息可比性不高,通过汇总、调整编制的政府财务报告信息质量较低。因此,在新的形势下,必须对现行政府会计标准体系进行改革。

2014年12月,《国务院关于批转财政部权责发生制政府综合财务报告制度改革方案的通知》(国发〔2014〕63号,以下简称《改革方案》)发布,要求构建统一、科学、规范的政府会计核算标准体系,夯实政府财务报告的编制基础。为积极贯彻落实党的十八届三中全会精神和《改革方案》等的要求,2015年以来,财政部按照《改革方案》要求,相继出台了《政府会计准则——基本准则》(财政部令第78号)(以下简称《基本准则》)和存货、投资、固定资产、无形资产、公共基础设施、政府储备物资6项政府会计具体准则,以及固定资产准则应用指南,政府会计准则体系建设取得积极进展。

为了适应权责发生制政府综合财务报告制度改革需要,规范行政事业单位会计核算,提高会计信息质量,根据《会计法》《预算法》《基本准则》等法律、行政法规和规章,2017年10月,财政部印发了《政府会计制度——行政事业单位会计科目和报表》(财会〔2017〕25号)(以下简称《政府会计制度》),自2019年1月1日起施行,鼓励行政事业单位提前执行。《政府会计制度》适用于各级各类行政单位和事业单位(以下简称单位)。

《政府会计制度》借鉴了多年来中国行政事业单位会计改革的有益经验,反映了当前政府会计改革发展的内在需要和发展方向,统一了现行各类行政事业单位会计标准,夯实了部门和单位编制权责发生制财务报告和全面反映运行成本并同时反映预算执行情况的核算基础,是当前适用于各级各类行政事业单位的统一的会计制度。与之前的制度相比,《政府会计制度》具有较大变化与创新。主要表现为:

一是构建了"财务会计和预算会计适度分离并相互衔接"的会计核算模式。所谓"适度分离",是指适度分离政府预算会计和财务会计功能,决算报告和财务报告功能,全面反映政府会计主体的预算执行信息和财务信息。

二是统一了现行各单位会计制度。将多个行政、事业单位等行业事业单位会计制度内容进行有机整合,在科目设置和报表项目说明中,不再区分行政、事业单位和行业事业单位。

三是强化了财务会计功能。全面引入权责发生制,如增加了收入、费用、应收款项、应付款项等核算内容,在原则上按照权责发生制进行核算,着力强化财务会计功能,为科学编制权责发生制财务报告,准确反映单位财务状况和运行成本等情况提供保证。

四是扩大了政府资产负债核算范围。如增加公共基础设施、政府储备物资、文物文化遗产、研发支出、预计负债、委托代理负债等核算内容,有利于全面规范政府单位各项经济业务和事项的会计处理,准确反映政府"家底"信息,为相关决策提供更加有用的信息。

五是改进了预算会计功能。对预算会计科目及核算内容进行了调整和优化,如在核算内容上,预算会计仅需核算预算收入、支出和结余;在核算基础上,预算会计除按照《预算法》要求的权责发生制事项外,均采用收付实现制核算;在核算范围上,将依法纳入预算管理的现金收支均纳入会计核算范围;等等。调整后,能更加准确地反映部门和单位预算收支情况。

六是整合了基建会计核算。单位对基本建设投资按照本制度规定统一进行会计核算,不再单独建账,大大简化了单位基本建设业务的会计核算,有利于提高单位会计信息的有效性。

七是完善了报表体系和结构。将报表分为预算会计报表和财务报表两大类,并针对新的核算内容和要求对报表结构进行了调整和优化,对报表附注应当披露的内容进行了细化,有利于全面反映单位财务信息和预算执行信息,提高部门、单位会计信息的透明度和决策有用性。

八是增强了制度的可操作性。在附录中采用列表方式,对每一个会计科目,对单位通用业务或共性业务和事项的账务处理进行了举例说明,并对同一项业务或事项,在表格中列出财务会计分录的同时,平行列出相对应的预算会计分录(如果有)。这些内容充分反映《政府会计制度》所要求的财务会计和预算会计"平行记账"的核算要求,有利于会计人员学习和理解政府会计要素的记账规则,有利于单位会计核算信息系统的开发或升级改造。

(三)行政事业单位财务规则

1. 行政单位财务规则

为规范行政单位财务行为,加强行政单位的财务管理,保障行政单位工作任务的完成,1998年中国财政部首次发布了《行政单位财务规则》(财政部令第9号),明确了行政单位财务管理的基本原则、基本任务、管理办法、预算编制和审批、收入管理、支出管理、行政单位划转撤并的财务处理、结余管理、资产管理、应缴款项和暂存款项的管理、财务报告、财务分析、财务监督等主要内容。自1998年发布之日起实施以来，对规范和加强行政单位财务管理发挥了重要作用。

随着部门预算、国库集中收付制度、政府采购、非税收入管理、政府收支分类等各项财政改革的深入推进，行政单位财务管理的内容和形式不断丰富和创新，原规则已经不能完全适应新形势的需要，亟须加以修订。

为了进一步适应财政改革和发展的新要求，新的《行政单位财务规则》（财政部令第71号）于2012年12月5日由财政部审议通过，自2013年1月1日起施行，1998年发布《行政单位财务规则》（财政部令第9号）同时废止。2012年新的《行政单位财务规则》在基本维持1998年《行政单位财务规则》结构的基础上，做了全面修改补充。

新的《行政单位财务规则》强调控制行政成本、提高资金的使用效益理念，主要遵循了三大原则：一是坚持厉行节约，降低行政成本；二是反映财政改革成果，体现财政改革方向；三是保持原有的框架体系，充实完善相关内容。在新时期，行政单位财务规则的调整仍需要与财政改革的要求相适应，使行政单位财务制度能够与时俱进。

2. 事业单位财务规则

早在1989年，中国财政部就已经发布《关于事业单位财务管理的若干规定》（财政部令1989年第2号），确定了事业单位预算管理形式，并建立基金制度、事业周转金制度等事项。1996年财政部发布《事业单位财务规则》（财政部令1996年第8号），对事业单位财务管理的基本原则、主要任务、预算管理、收入管理、支出管理、结余及分配、专用基金管理、资产管理、事业单位清算、财务报告和财务分析等原则进行了明确。在实践中，事业单位财务管理政策不断变化调整。

现行的《事业单位财务规则》（财政部令〔2012〕68号）是对《事业单位财务规则》（财政部令〔1996〕8号）的全面修订。此次改革突出反映了事业单位的公益属性、财政改革成果和科学化精细化管理的要求，对规范和加强事业单位财务管理，提高资金使用效益，促进事业单位改革和发展起到了一定的积极作用。但需要注意的是，这些法规、规章均不可避免地存在一定的局限性，需要根据时代的发展和现实需要适时进行调整。

（四）行业事业单位财务制度

《事业单位财务规则》是事业单位财务制度体系中的基本制度，明确规定了事业单位从事财务活动应遵循的基本原则、管理方式，是制定行业财务制度及事业单位内部财务管理办法的依据，一般事业单位都可以直接遵照执行。由于中国某些行业的事业单位如学校、科学、文化、文物、医院、体育、监狱等特点突出，情况非常复杂。而《事业单位财务规则》不可能涵盖所有事业单位的财务活动，需要在《事业单位财务规则》的指导下，单独制定适用于这些特点突出的行业事业单位财务管理办法，在财务制度体系中属于第二个层次。

在2012年新的《事业单位财务规则》颁布之前，中国已经颁布了文化、科学、高等学校、中小学校、医院、监狱等行业事业单位财务管理办法及制度，如1992年颁布的《文化事业单位财务管理办法》，1997年颁布的《科学事业单位财务制度》《高等学校财务制度》《中小学校财务制度》《监狱财务制度》，1998年颁布的《医院财务制度》等。在2012年新的《事业单位财务规则》颁布之后，为实现对行政事业单位财务管理的进一步规范化，许多行业事业单位财务制度均根据新的《事业单位财务规则》进行了相应的修订完善，部分行业根据成本核算和绩效管理的需要，可以在行业事业单位财务管理制度中引入权责发生制，形成行业事业单位财务管理基本制度体系（见表3-3）。

表3-3　　　　　　　　　行业事业单位财务管理制度（部分）

行政事业单位	已颁布的制度
医院	《医院财务制度》《医院会计制度》《医院财务报表审计指引》
基层医疗卫生机构	《基层医疗卫生机构财务制度》《基层医疗卫生机构会计制度》
文化事业单位	《文化事业单位财务制度》
广播电视事业单位	《广播电视事业单位财务制度》
体育事业单位	《体育事业单位财务制度》
文物事业单位	《文物事业单位财务制度》
人口和计划生育事业单位	《人口和计划生育事业单位财务制度》
科学事业单位	《科学事业单位财务制度》
高等学校	《高等学校财务制度》
中小学校	《中小学校财务制度》
基层医疗卫生机构	《基层医疗卫生机构财务制度》《基层医疗卫生机构会计制度》
地质事业单位	《地质事业单位财务制度》
测绘事业单位	《测绘事业单位财务制度》
农业事业单位	《农业事业单位财务制度》
监狱事业单位	《监狱事业单位财务制度》

现行的行业事业单位财务管理制度在制度适用范围、完善财务管理体制、规范事业收入分类、强化经济核算、加强资产管理、健全财务分析指标体系等方面，做了更为明确和清晰的规定。为进一步加强财务管理，提高财务部门地位，防范财务风险，促进行业事业单位管理和决策的科学性发挥了重要的指导意义。需要注意的是，行业事业单位的财务管理办法是在《事业单位财务规则》统领和指导下的，

并与其他财务管理制度相辅相成，需要根据事业单位财务管理制度和管理体制的变化进行动态调整。

（五）《民间非营利组织会计制度》

在2005年以前，中国尚未实施统一的民间非营利组织会计制度，民间非营利组织执行的大部分是《事业单位会计制度》。在民间非营利组织有关的行业也出现了一些管理办法或条例，对其财务管理制度方面的部分内容提出了要求。如《基金会管理条例》（国务院令第400号）、《民办教育促进法》（2002年首次颁布，后分别于2013年、2016年、2018年经过三次修订）要求基金会和民办学校要按照国家统一的会计制度编制财务报告，并委托注册会计师进行审计；《社会团体登记管理条例》（1998年首次发布，2016年修订）要求社会团体必须对外提供包括财务信息在内的年度工作报告等。

为了规范民间非营利组织的会计核算，保证会计信息的真实、完整，根据《会计法》及国家其他有关法律、行政法规的规定，财政部于2004年发布《民间非营利组织会计制度》（财会〔2004〕7号），并于2005年1月1日起执行。该制度适用于在中华人民共和国境内依法设立的符合该制度规定特征的民间非营利组织，包括依照国家法律、行政法规登记的社会团体、基金会、民办非企业单位和寺院、宫观、清真寺、教堂等。

《民间非营利组织会计制度》提出了民间非营利组织会计核算的会计主体、持续经营、会计分析和货币计量4个基本假设，并规定民间非营利组织应当以权责发生制为会计核算基础，明确规定了民间非营利组织会计核算必须遵循的一般原则（如客观性、相关性、实质重于形式、一致性等），对各会计要素如资产、负债、净资产、收入、费用等的确认和计量做了具体规定，对财务会计报告的内容以及使用的会计科目、会计报表格式等进行了明确规定。

《民间非营利组织会计制度》的实施，有利于提高其会计信息质量和透明度，促进民间非营利组织的健康发展。但随着民间非营利组织的改革，民间非营利组织财务管理不断面临着新的问题和各种状况，其有关的财务管理制度也将进行相应的修改，以适应新的发展需要。

（六）单位内部财务管理规定

由于种种原因，各事业单位内部的具体职责、收入和支出等具体情况还有较大差异，国家制定的行政事业单位财务管理办法也不可能对事业单位的每项财务活动都作出明确、具体的规定，包括2019年12月17日财政部颁布的《事业单位成本核算基本指引》（以下简称《基本指引》）。因此，需要行政事业单位在执行《会计法》《预算法》《政府会计制度》《基本准则》《行政单位财务规则》《事业单位财务规则》以及行业事业单位财务管理办法等的前提下，根据行政事业单位内部的具体情况和实际需要，制定出适应本单位需求的财务管理办法和规定。为了适应现实，一方面有利于建立健全行政事业单位内部的财务约束机制，提高资金的使用效率；另一方面有助于完善公共组织财务管理工作，推进公共组织的健康、有序发展。

二、公共组织财务管理制度运行存在的问题

（一）公共组织财务管理工作不规范

公共组织财务管理制度的目标之一就在于规范财务管理工作。但实际上，在制度运行过程中，管理的不规范现象屡见不鲜。比如在经费支出过程中经费支出标准和范围无章可循，缺乏明确规定或者有明确规定，但有些单位并未严格执行，单位巧立名目开支、超标准开支的情况时有发生；资产管理、收入管理流程不严谨、不完整，造成很多资产流失，去向不明；财务管理有关原始凭证填报不合规范，无法反映和追踪经济业务的实际轨迹；在财务报表管理方面，编制信息不全，缺少相应的会计报表附注及财务状况说明书等，很少组织相关人员对各单位的财务报表进行专业分析，无法为单位管理者及时、全面地掌握实际财务状况提供科学有效的财务依据等。这些问题导致公共组织财务管理工作还不规范。

（二）预算执行与约束力不强

自《预算法》颁布实施以来，为了更好地贯彻预算法原则，中国先后进行了部门预算、项目预算、零基预算等预算管理改革。然而，预算法的规定并未得到切实有效的执行。许多部门和单位并没有建立预算管理的专门机构，在预算改革过程中难以执行新的预算方法，无法跟上时代改革的浪潮。预算编制不科学、不合理、数字不准确、管理方式粗放，导致预算无法真正符合实际支出的需要，在预算的执行过程中实际数字与预算数相差较大，扩大支出范围、改变资金用途等现象时有发生，预算缺乏执行力度。

同时，由于预算控制管理不到位，在实际执行预算时对执行情况缺乏有效的监督，预算执行过程中的随意性太大，预算约束的软化状况相当严重，预算管理流于形式，预算的约束力大大减弱。

（三）公共组织财务管理水平有待提升

当前公共组织财务管理还处于相对传统的管理模式下，新的预算管理方法、会计核算方法以及数据分析技术等，还没有被熟练掌握和普遍采纳，财务管理水平相对滞后。尤其是随着现代信息技术的不断发展，对传统的公共组织财务管理方式提出了巨大挑战。

但在目前的公共组织财务管理过程中，现代信息技术还未普及和广泛应用，导致上下级部门之间、政府与单位之间、单位与单位之间，甚至在部门和单位的内部信息不畅通，形成了各个信息孤岛，财务资料的管理相对分散和割裂，下级单位的财务资料需层层上报、汇总，信息沟通和反馈迟缓，行政成本居高不下。各部门、单位之间沟通困难，信息的真实性、准确性也无从保证，工作难以进行有效协同。由此导致上级对部门、单位的财务监控措施很难有效落实，公共组织财务管理缺乏强有力的监督和控制，财务管理水平很难提高，财务风险扩大。

（四）财务管理的责任意识有待提高

在市场经济条件下，公共组织财务管理要促进财政资金分配和使用效率的不断优化和提高，这需要各部门、单位要积极参与进来，树立强大的责任意识，根据相关的信息作出正确的决策，并为决策后果承担相应的责任。但许多部门、单位参与预算管理的意识薄弱，新的财政体制改革主要由财政部门推动，各接受财政拨款的行政事业单位参与程度较低，大部分情况下只是被动地接受信息和遵照执行，并未积极主动寻求提高自身内部财务管理水平，在财务管理工作中，更多考虑的是如何完成任务，而不是考虑行政成本和财务管理创新。在财务决策方面，对相关财务信息的收集、整理缺乏能动性，导致会计核算和单位内部信息化建设能力不足，无法为相关决策提供财务信息支撑。

（五）公共组织财务管理创新能力不足

新形势下，经济的全球化不断加深，生产要素、组织方式等发生了重大变化，公共组织改革不断深入，公共组织财务管理面临的环境将更加复杂多变，必然要求公共组织财务管理进行不断创新。但许多部门和单位在面对组织机构改革、体制变革时，可能由于触及自身利益问题，创新的主动性和积极性不高。且中国当前财务管理制度基础薄弱，财务人员整体素质较低，管理观念陈旧，缺乏市场竞争观念和风险防范意识，财政审计和监督作用不能得到有效发挥，在变革时不能作出正确的应对和处理，创新不足问题日益凸显，难以适应新形势的需要。

三、公共组织财务管理问题的原因

(一) 公共组织财务改革具有滞后性

中国在公共组织财务管理制度方面建立了相关的法律、规章和制度，对保障事业单位财务管理工作的正常运行起到一定作用。尽管公共组织财务管理随着公共财政体制改革进行相应的调整，但仍存在一定的滞后性，改革的步伐未能全面满足财政体制发展的需要，在新旧制度更替之间出现管理混乱的局面。财务部门对经费的管理常常是在事后核算的基础上进行，对资金使用前的预测控制不足，这也导致了公共组织财务支出管理出现不规范的现象。需要进一步完善公共组织财务管理制度，以适应财政发展和深化改革的需要。

(二) 缺乏有效的财务管理监督机制

新财政体制要求各级行政、事业单位在其管理范围内提供相应的公共产品和公共服务，以满足公共需要，实现财政资金的配置。公共组织履行职能所需的财政资金，取之于民，用之于民，人民群众对公共组织资金预算、使用、分配等情况有监督权，需要公共组织对财政管理信息进行公开。目前，行政、事业单位的预算和决算等，均直接由财政主管部门、人大等进行审批和审查，没有公开行政、事业单位等使用财政资金的过程、操作程序，社会公众无法对公共组织财务管理相关内容进行有效的监督。而公共组织财务管理问责机制不完善，监管乏力，财政、人大、主管部门多重监督管理，缺乏绩效考评，导致内部监督机制无法有效运转，公共组织财务管理绩效水平底下，需要进一步探索有效的公共组织财务管理内部、外部和第三方监督机制。

(三) 公共组织财务管理技术手段的挑战

公共组织并非专门的金融机构，缺少财务运作管理的专业知识和实际经验，因而在财务运作管理过程中往往表现为"规则"多于"技术"支撑。因此，公共组织在财务管理方面的能力有限，受到一些诸如会计核算等方面技术的挑战。随着信息化、网络化的不断发展，产生了会计电算化、部门预算软件等新兴技术手段，财政和公共组织之间信息共享程度提升，减少了单位和财政的工作量，使公共组织财务管理的手段发生了革命性的变化，对公共组织财务管理水平、预算管理以及制度创新等方面提出了更高的要求。

(四) 公共组织财务管理目标多元化的矛盾

公共组织以寻求公共利益的最大化为目标，但公共组织财务管理不同于公共财政管理，也有别于企业财务管理，既要符合满足公共利益需求，又要努力提高财政资金的使用效率。公共组织的财务管理又具有多重目标，不仅要考虑经济领域的投融资及收支平衡，而且要考虑政治目标、社会稳定、上级机关的认同等，其财务管理的目标不是单一的，而是一个范围很广的目标体系，实现难度更大，甚至在很多时候是矛盾的。公共组织财务管理需要在多重目标之间找到平衡点。因此，公共组织财务管理目标定位必须非常清晰，如果按照公共财政管理方式，进行公共组织财务管理，就可能助长不计成本、不讲效益、不顾风险等不良风气，造成经费超支、资金浪费、资金使用效率低下、公共财政风险加大等问题。而如果按照企业财务管理方式进行公共组织财务管理，又会失去公共组织的非营利组织特征。

(五) 公共组织财务管理人员素质有待提高

目前，中国公共组织财务人员整体素质不高，主要原因在于：一是由于理财观念落后保守，简单地认为财务工作仅局限于做好日常会计核算、预算编制，缺乏面向市场的观念、依法理财的观念和财务风险意识，管理能力和处理财务风险的能力也较弱。二是专业技能水平有待提高，有些财务人员知识结构趋于老化，与外界学习、交流的机会也不多，在财务管理创新能力和创新意识方面不足。三是长期以来的财政供给造成部分公共组织的财务管理人员耽于进取，不注意提高资金使用效率和控制成本，由此，为更好地进行预算管理、核算、资产管理，需要进一步提高公共组织财务管理人员整体素质。

第三节
公共组织财务管理的改革思路

新形势下，为适应内外部环境的变化，中国公共财务管理需要进行新的变革，以提高组织绩效。随着财政体制变革的不断深化，公共组织面临着一些新的变革，包括政府职能转型、事业单位分类改革以及民间非营利组织的改革等。为适应这些新的变革,需要进一步强化预算约束、绩效考评、管理会计等公共组织财务管理新理念,从意识形态、管理制度、财务管理内容和职能、新技术的应用以及人才队伍建设等方面,寻求新形势下公共组织财务管理变革的新策略,不断提高公共组织财务管理水平和创新能力。

一、公共组织体系的改革

(一) 政府职能的转型

新中国成立后,为满足人民群众日益增长的物质文化的需要,中国逐步形成了以经济建设为中心的"经济建设型政府",政府长期主导资源配置,充当经济建设和投资主体的角色。随着社会经济的不断发展和改革开放政策的推进,这种资源分配方式在经济发展中的弊端日益凸显。因此,经济发展方式必须由"政府主导型"向"市场主导型"转变,政府的职能也必然从"经济建设型政府"转向"公共服务型政府"。与西方国家政府职能从"小政府"逐步放宽到适度干预经济的演化路径不同,中国政府职能转变是在中国国情需要的基础上提出的,是一条经济建设职能不断压缩和公共服务职能不断扩张并重的结构调整之路①。

经过近几十年的不断深化改革,中国在转变政府职能方面取得了显著的成就。政府职能重心从政治事务调整到社会公共事务,政府职能的方式从以人治方式、行政手段为主转变为以法治方式、经济手段、法律手段、教育手段为主,政府职能关系经历了从"守夜人"到"万能政府"再到"有限政府"的转变。

政府的职能直接体现在财政支出结构之中。国内外经济发展的实践和理论证明,政府财政支出结构与政府职能、经济社会发展阶段密切相关。② 也体现了政权、财政与经济发展在政府职能转型过程中的内在逻辑。实证研究表明,关于晋升、财政激励和财政供养人员的理性追求主导着政府向服务型政府转型③。奥利维尔·布兰特哈特和安德烈·施莱弗(Blanchard、Blanchard,2001④)通过对比较研

---

① 陈继明. 政府职能转型与公共支出的相关分析 [J]. 经济管理,2007 (6):80-85.
② 刘俊英,冯海龙. 政府转型、公共支出调整与中国经济发展 [M]. 北京:中国社会科学出版社,2011:12.
③ 姚金伟,孟庆国. 地方政府职能转型的行为逻辑分析 [J]. 中国特色社会主义研究,2014 (6):35-40.
④ Blanchard, O. and A. Shleifer. Federalism with and without Political Centralization: China versus Russia [J]. IMF Staff Papers, 2001 (48).

究发现，对转型国家而言，经济分权是必要的，但经济分权更需要以政治集权为前提，中国政治集权下采取恰当的地方经济分权，地方政府间的相互竞争有效促进了地方经济快速发展。因此，政府职能转变需要与经济领域的改革相适应。

党的十八大和十八届二中、三中、四中全会精神均提出深入推进简政放权、放管结合，加快政府职能转变。为抓好落实这一工作，2015年，国务院办公厅下发《关于成立国务院推进职能转变协调小组的通知》（国办发〔2015〕29号）。党的十九大报告提出，"转变政府职能，深化简政放权，创新监管方式，增强政府公信力和执行力，建设人民满意的服务型政府"。为满足改革的需要，2018年国务院办公厅发布《关于成立国务院推进政府职能转变和"放管服"改革协调小组的通知》（国办发〔2018〕65号）。

协调小组的主要职责是以习近平新时代中国特色社会主义思想为指导，深入贯彻落实党中央、国务院决策部署，围绕推动高质量发展，加快推进政府职能深刻转变，在各地区各部门深化"放管服"改革的基础上，统筹研究推进政府职能转变和"放管服"改革重要领域、关键环节的重大政策措施。

在中国特色社会主义进入新时代、改革开放全面深入推进的新形势下，继续加快转变政府职能对中国经济社会发展具有重大的现实意义。与此同时，在公共组织财务管理领域也将进行新一轮的改革，以适应当前政府职能转型对财政结构、预算管理等领域提出的新要求。

（二）事业单位分类改革

改革开放以来，随着中国经济和行政体制改革的不断深化，事业单位改革也逐步开展，以适应时代发展的需要。在学术界探讨和改革实践中，对事业单位分类主要采用行业分类法、经费分类法、功能分类法、行政隶属分类法、行政级别分类法、性质分类法等[①]。其中，行业分类法、经费分类法、功能分类法是最为常见的。行业分类法即根据国家的行业标准，按事业单位的属性进行分类，如将事业单位分成教育事业、科研事业、文化事业、卫生事业等类别；经费分类法即依据经费来源的形式，将事业单位分为全额拨款、差额拨款、自收自支三类；功能分类法即按照事业单位的功能进行分类，这种分类法对事业单位分类改革意义更为重大，明确的功能划分是对事业单位进行科学管理的前提[②]。这也是当前事业单位分类改革的主线。

---

① 曹鲲. 事业单位改革的战略调整与框架重构[J]. 中州学刊，2010（2）：6-9.
② 改革杂志社专题研究部，罗重谱. 中国事业单位分类改革轨迹及走向判断[J]. 改革，2012（4）：5-15.

自20世纪90年代起,中国即开启了事业单位改革的进程,出台了一系列的政策文件,通过不断调整事业单位分类,明确不同类型的职业单位的职能定位。

从当前的政策文件可以看出(见表3-4),事业单位分类改革将现有事业单位按照社会功能划分为承担行政职能、从事生产经营活动和从事公益服务三个类别。对承担行政职能的,逐步将其行政职能划为行政机构或转为行政机构;对从事生产经营活动的,逐步将其转为企业;对从事公益服务的,继续将其保留在事业单位序列,强化其公益属性。又根据职责任务、服务对象和资源配置等情况,将从事公益服务的事业单位划分为两类:承担义务教育、基础性科研、公共文化、公共卫生及基层的基本医疗服务等基本公益服务,不能或不宜由市场配置资源的,划入公益一类。承担高等教育、非营利性医疗等公益服务,可部分由市场配置资源的,划入公益一类。

表3-4　　　　　　　　　　事业单位分类改革相关政策(部分)

年份	文件	分类改革主要内容
1996	《中央机构编制委员会关于事业单位改革若干问题的意见》	首个关于事业单位改革的专门文件,提出要"合理划分党政机关与事业单位的职责","事业单位承担的行政管理职责原则上交归行政机关","党政机关分离出来的一些辅助性、技术性工作由事业单位承担"
2006	《关于事业单位分类及相关改革的试点方案》	根据事业单位的社会功能,将其划分为承担行政职能的、从事公益服务的和从事生产经营活动的三个大类
2008	《关于深化行政管理体制改革的意见》	按照政事分开、事企分开和管办分离的原则,对现有事业单位分三类进行改革
2008	《关于事业单位分类试点的意见》	对从事公益服务的事业单位做了进一步的细分,分为公益一类、公益二类、公益三类
2011	《中共中央　国务院关于分类推进事业单位改革的指导意见》	在细分从事公益服务的事业单位时,根据职责任务、服务对象和资源配置方式等情况,将从事公益服务的事业单位分为两类:一是承担义务教育、基础性科研、公共文化、公共卫生及基层的基本医疗服务等基本公益服务,不能或不宜由市场配置资源的,划入公益一类;二是承担高等教育、非营利医疗等公益服务,可部分实现由市场配置资源的,划入公益二类

新一轮的事业单位分类改革的主要思路是政事分开、事企分开和管办分离,以科学分类为基础,以深化机制体制改革为核心,总体设计、分类指导、因地制宜、先行试点、稳步推进,进一步增强事业单位活力,不断满足人民群众和经济社会发展对公益服务的需求。

(三) 非营利组织的改革

21世纪以来,在全球经济多样化的格局中,无论是西方发达国家还是发展中国家,非营利组织数量均日益庞大,中国也不例外。

中国民间非营利组织的范畴非常广,涉及面很宽。但与西方发达国家非营利组织不同的是,当前中国的大部分非营利组织都在政府主导下运营,行政化程度非常高,其资金预算在国家预算之内,行使的都是国家权利,其运作方式与行政事业单位极其相似。目前,中国的非营利组织虽未进行体制性的彻底变革,但在管理方式和环节上,不断有细节性的创新和改革。主要表现为以下几个方面:

(1) 公益性观念的转变。随着新公共管理思想不断渗透,竞争、绩效、成本、顾客导向、战略等观念逐步引入非营利组织领域,人们的公益观念也发生显著变化,尤其是民间组织的资金来源已不限于社会捐赠、政府资助、会费和服务对象缴费而呈现多元化趋势,其中,营利性行为[1]产生的资金来源正逐年增长。[2]

(2) 运作平台的创新。借助电子商务、信息网络和移动互联等新技术,民间非营利组织开始注重电子平台的建设,如建立微信公众号,搭建淘宝平台,借助移动互联开展"指尖上的电子公益活动"等网银捐款[3]。

(3) 财务管理制度改革。随着《事业单位财务规则》的修订,非营利组织的财务管理也进行相应的变革。2004年,财政部《关于印发〈民间非营利组织会计制度〉的通知》(财会〔2004〕7号),明确规定自2005年起实施《民间非营利组织会计制度》,以全面反映非营利和营利行为及结果。在实践中,民间非营利组织不断进行财务管理创新,如在电子捐款渠道中,将电子转款和相应凭证均纳入会计核算范围,加强财务管理。同时,加强财务信息的公开,逐步推进向公众披露基金、捐款及资金支出等信息工作,加强民众对民间非营利组织的财务监督。并在2020年制定了《〈民间非营利组织会计制度〉若干问题的解释》进一步明确民间非营利组织有关经济业务或事项的会计处理,提高会计信息质量。在未来,民间非营利组织的财务管理需要进一步向合理化、规范化和科学化方向转变。

二、公共组织财务管理变革的新理念

公共组织财务管理是一个动态的概念和过程,新形势下,公共组织进行财务管理必须要与时俱进,结合实际需要不断创新。经过一系列改革和政策调整,公共组

---

[1] 国内媒体曾相继披露中华医学会在学术会议中用广告展位、医生通讯录和注册信息等作为回报收取医药企业赞助费、中国红十字会将备灾仓库进行商业租赁等信息,都属于非营利组织的营利性行为。

[2] 张思强,邹楠. 基于营利性行为的民间非营利组织会计制度变革 [J]. 财务与金融,2014 (6): 47-50.

[3] 张晓杰,徐涛,于静霞. 公共组织财务管理与组织治理实 [M]. 北京:经济科学出版社,2015.

织的财务管理效果得到了优化,但与财务管理的最终目标之间还有一定的距离。公共组织财务管理还需要进一步借鉴国内外改革的成功经验,转换财务管理理念,形成财务管理的新理念,以适应职能转型、财政体制变革的需要。具体如下:

(一) 强化预算约束理念

预算管理是公共组织财务管理中的重要主体,既要实现为公众提供公共服务的目标,也要考虑资金使用的经济效益,预算管理可以视为"战略执行工具"和"约束工具"。中国《财务制度(2019)》的出台,对于提高政府会计信息质量、提升行政事业单位财务和预算管理水平起到了积极作用,但公共组织的预算更多时候要服从国家大的安排,预算编制需要经过层层审批,在审批后不能随意调整,贯穿于公共组织财务收入、支出和考评等活动整个过程,并具有较强的约束力,政府会计制度和准则的安排仍需要进一步强化预算约束这一理念。

(二) 强化绩效评价理念

强化公共组织财务管理绩效评价理念,不仅要求按照预算确定的项目总金额执行,还要求在预算编制、预算执行,预算评价过程中全面引入绩效理念,让每一笔财政资金都用在刀刃上,都体现出最大的绩效性,而且要对预算执行和财务管理的效果进行评价。还要把预算执行工作的责任落实到人,明确考核指标,并与个人的绩效考核挂钩,形成与责任人利益相关的全面的预算执行责任体系。

(三) 强化管理会计理念

王华、李扬子(2015[①])认为,有效的管理会计可以为公共组织绩效预算管理提供有效的信息支持与制度支撑,发展管理会计是建立现代财政制度的内在要求和推进国家治理的现实需要。主要体现为:管理会计中的预算编制理念,可以广泛适用于财政预算编制和执行过程;管理会计中的成本控制理念,可以广泛应用于公共组织成本核算与管理过程;管理会计中的绩效评价理念,可以广泛运用于公共组织绩效评价过程。因此,在公共组织财务管理过程中,要强化管理会计理念,倡导管理会计强化预算绩效和价值创造的功能,不断提高公共组织财务管理水平和创新能力。

---

① 王华,李扬子. 管理会计在财政治理中的应用现状与思路 [J]. 财政研究,2015 (10):92-94.

三、公共组织财务管理的改革策略

(一) 树立正确的财务管理意识形态

要从世界观和方法论层面加强对公共组织财务管理的认识,从系统整体观的角度看待问题,意识到公共组织财务管理是一个系统工程,不仅是财务部门的工作,而是整个系统的内部的各项资源的最优整合,需要各个职能部门的共同参与。可以从以下几个方面树立财务管理意识形态:

一是要树立依法理财的意识,严格执行公共组织财务管理有关法律、法规和制度,在法规的规范下做好财务管理和会计工作;二是要树立市场竞争意识,关注市场需求,根据市场需求合理调整资金配置,提高资金的使用效率;三是树立财务风险意识,提高财务人员的风险控制能力,建立财务风险预警机制,保障国家财政资金安全;四是要树立"以人为本"的理念,围绕人的价值管理展开公共组织财务管理活动,充分调动人的积极能动性和创造性,为财务管理目标的实现提供保证;五是树立合作意识,加强公共组织内部与外部的沟通合作,灵活处理和协调各部门、单位之间的合作关系,提高工作效率,降低行政成本。

(二) 完善公共组织财务管理制度及运行

1. 完善会计处理制度

对会计核算范围、基础、科目,以及会计记账方法、年终清理结算和结账财务会计报表等作出明确规定,这是做好会计核算和财务管理工作的基础。由于权责发生制会计具有信息披露充分、有利于防范和控制财政风险、确认时点与国民账户体系对经济活动的定义高度一致以及能为量化计划活动效率、科学评价政府绩效做好工作基础等特点,成为当今许多发达国家政府会计与报告发展的大趋势(余应敏,2014[①])。推行以权责发生制为基础的政府会计改革,按一定的标准确认和反映政府的资产与负债,有利于揭示风险,全面、准确反映公共组织财务状况和执行管理情况,为合理制订公共组织负债的偿付计划、防范风险、避免隐患提供基础信息支

---

① 余应敏. 推行应计制(权责发生制)政府会计是防范财政风险的重要举措:由欧债危机谈起[J]. 财政研究,2014(2):35-40.

持；也为各阶段发生的财政交易进行追踪和记录，彻底改变政府会计体系出现相互分割的局面。

2. 完善政府预算会计与财务会计相结合的管理模式

政府预算会计和政府财务会计在履行政府财务受托责任时相互补充，尽管研究讨论时分开，但它们是政府会计整体的有机组成部分。两者通过信息的协同，实现功能的协同。两者协调的取向应包括：

第一，会计基础的协调。根据政府会计的目标，政府会计应提供以财政资金收支信息为主，同时提供财务活动和结果方面的信息。

第二，会计要素的协调。由于政府财务会计和政府预算会计的基本原理不同，两者会计要素的设置也不同，预算会计服务于政府预算管理，关注预算资源流量，而政府财务会计不但关注资源流量，更关注资源的存量及其状态，因此需要对两者共同部分加以协调。

第三，会计科目的协调。即从会计科目的设置原则、核算范围、分类、提供会计信息的详细程度以及核算口径等方面，使两个子系统所提供的会计信息具有协调性，有利于两个系统会计信息的可比，从两个不同的侧面反映政府各项活动的综合信息。

第四，会计报告的协调。对于中期报告来说，政府财务会计报告主要满足于公共财务管理的需要，而政府预算会计报告主要满足监督和控制政府预算的需要，两者之间不必协调；而对于年度报告来说，政府财务会计主要提供政府的财务状况、财务业绩、现金流量等财务报表，而政府预算会计报告主要提供收支的预算和实际比较报表以及预算资源状态表。

3. 完善政府会计准则的执行机制

各级、各类公共组织有效地执行统一的政府会计准则，是建立和实施权责发生制政府综合财务报告制度的关键。虽然乌拉斯韦尔塔·拉塞（Oulasvirta Lasse, 2014[①]）等从理论和实践角度探讨了制定和执行政府会计准则方面所积累的经验，在实施政府会计准则的过程中，各国政府均遇到诸多困难，只有建立恰当机制才能在一定程度上确保准则执行效果（陈·詹姆斯；Chan, James L., 2016[②]）。党的十八届三中全会以来，一系列法律法规奠定了中国基于政府会计准则、制度变迁的权责发生制政府综合财务报告制度改革的战略方向和蓝图。在改革过程中，一个完善

---

① Oulasvirta, Lasse. The reluctance of a developed country to choose International Public Sector Accounting Standards of the IFAC. A critical case study [J]. Critical Perspectives on Accounting, 2014, 25 (3): 272-285.

② Chan, James L. Government accounting with Chinese characteristics and challenges [J]. Public Money & Management, 2016, 36 (3): 201-208.

的政府会计准则执行机制的建立,需要从执行方式、制度压力机制、管理和组织机制以及优化机制等方面着手,做好顶层设计,采取全国统一强制、分步骤进行实施和改进。

(三) 创新财务管理内容和职能

新形势下,公共组织财务管理的内容和职能不断变化,要根据组织面临的职责不断创新财务管理的内容和职能。主要包括以下几个方面。

1. 创新财务审核监督职能

严格财务支出管理。通过集中核算方式对公共组织的财务严格把关,节约行政管理成本,对部门预算、政府采购、国库集中支付和"收支两条线管理"以及财务会计实施进行全过程的监督,遏制财务管理中各种违法乱纪的行为。

2. 创新资本运营职能

按照组织价值最大化、相关利益主体最大化等目标的要求,合理配置资源,通过资本运营将组织内部的各类资源、资本与组织外部其他主体进行流动和重组,实现生产要素的优化配置和产业结构的调整升级,提高资本的运营效率,实现组织资本的不断增值。

3. 创新完善财务决策职能

运用各种合法手段和方法,制订资金的筹措、使用方案,对方案进行择优选取,通过调节资源配置,控制财务风险,以达到公共组织的财务决策的合理性。

(四) 重视财务管理新技术的应用

随着部门预算制度、国库集中支付制度等的改革,公共组织财务管理模式由传统的分散模式向集中管理模式转变,对信息的收集、处理和分析提出了巨大的挑战,需要采用新技术以满足公共组织财务管理的需要。主要包括两个方面的技术:
一是财务管理技术的应用。如财务决策目录及技术、可行性分析技术、预算编制协调及管控技术、决算编报及财务分析技术、税务核算及纳税筹划技术、成本核算及成本管理技术、Excel及数据透视等财务管理信息技术、资产台账管理技术、公共服务收费定价技术等。
二是信息化技术的应用,如计算机技术、通信技术、多媒体技术、移动互联网技术、大数据处理技术、智能化技术、虚拟化技术等。

这些技术为公共组织管理提供了强大的数据和信息支持,对于强化财务管理工作中的计划、控制职能,优化和规范财务管理手段,提高公共组织财务管理决策的科学性,推动财务管理的信息共享具有重要作用,有利于形成体现自身特色的管理监控模式,实现对财务管理预算、决算、监督和评价等全过程的监督。

(五) 加强财务管理人员队伍建设

公共组织财务管理目标具有多元化特征,财务管理要从管理内容、管理要素、管理层次上适应新形势,这要求公共组织财务人员不断提高专业素质,才能够满足公共组织财务管理工作的需要。可以从以下几个方面进行推进。

1. 全面提升财务人员素质

从人力资源管理的各个环节,对财务人员的素质进行全面的把控。在财务人员选用时,对其专业知识、业务能力等方面进行全面考察;不符合本岗位需求的人员不予录用;加强对财务人员的职业道德教育,形成财务管理人员良好的职业道德风尚;加强财务人员职业继续教育,使财务人员能够及时掌握新的法律、规章、制度和国家政策变化,不断更新知识结构和专业技能,做到与时俱进。

2. 加快培养高级财务管理人员

公共组织财务管理目标多元化和决策环境日益复杂化,公共组织对高级财务管理人员的需求不断增加,但目前中国公共组织中高级财务管理人员稀缺。高级财务管理人员需要熟悉掌握专业的财务会计知识,还要了解和熟悉其他部门和领域的专业知识。应提倡在中高等教育和职业技术教育中,增加与公共组织财务管理相关领域的专业知识,如财政学、公共管理学、公共经济学等,以及增加对当前财政体制改革方面知识、信息技术等的学习。同时,拓宽知识面,强化多学科知识的交叉应用,努力扩大高级财务管理人员队伍。

3. 注重培养财务人员各方面的能力

培养职业判断能力、沟通协调能力、钻研业务能力等,使财务人员能够具备完善的知识结构,熟练的工作技能,以及良好的创新能力,以应对新形势下遇到的新情况和新问题。

第四章
预算管理理论基础与制度变迁

　　党的十八届四中全会明确了"财政是国家治理的基础和重要支柱"。2020年10月,党的十九届五中全会《中共中央关于制定国民经济和社会发展第十四个五年规划和二〇三五年远景目标的建议》又提出了建立现代财税金融体制,建设高标准市场体系,加快转变政府职能,这些对于全面实施预算绩效管理、建立现代财政制度具有重大而深远的理论和现实意义。因此,本章首先对预算管理理论进行简要概括,然后以财政体制改革为主线,对中国预算管理体制机制的运行及现状进行概要性介绍。

第一节
预算管理相关理论

政府预算配置领域的经典问题是科伊·V.O（Key, V.O, 1908—1963[①]）提出的"应该在什么基础上决定将资金 X 分配给 A 活动，而不是 B 活动"，即政府预算决策由谁作出、怎样决策、决策的机制如何。针对这一问题，不同的研究者从不同的视角进行了探索，并由此形成了多元化的预算理论。目前，影响较大的主要有渐进主义预算理论、公共选择预算理论、政策过程理论以及预算支出增长理论等。

一、渐进主义预算理论

渐进预算理论形成于 20 世纪 60 年代中期，通常认为，艾伦·瓦尔达沃夫斯基（Aaron Wildavsky, 1964[②]）的经典著作《预算过程的政治》（The Politics of the Budgetary Process）以及理查德·F. 芬诺（Richard F. Fenno, 1966[③]）的《预算的力量》（The Power of the Purse）是渐进预算理论的代表著作。渐进主义预算理论主要观点有以下几个方面：一是公共预算及其改革不可避免地包含了诸多政治因素如宪法、利益集团的压力、政治党派的立场等将对预算决策产生影响，因此预算具有政治性；二是渐进预算理论将预算过程看作是在原基数上递增的政治模型，政府预算是渐进性的；三是由于人的智力、能力是有限的，而决策是一个非常复杂的过程，预算参与者通常会采用一些策略使预算相对简化；四是政治对预算目标的实现具有重要影响，预算只有通过改变政治过程，从而改变预算份额在不同预算项目之间的分配，才能真正对预算结果产生相应的影响[④]。

一些研究如亚伦·威尔达夫斯基（Wildavsky, 1975[⑤]）证实了渐进主义预算理

[①] Key, V. O. The Lack of a Budgetary Theory [J]. American Political Science Review, 1940, 34 (6): 1137.

[②] Aaron Wildavsky. The Politics of the Budgetary Process [M]. Boston: Little, Brown & Co., 1964.

[③] Richard F. Fenno. The Power of the Purse [M]. Boston: Little, Brown & Co., 1966.

[④] Aaron Wildavsky. The Politics of the Budgetary Process [M]. Boston: Little, Brown & Co., 1964: 529-531.

[⑤] Wildavsky, Aaron B. Budgeting: A Comparative Theory of Budgetary Process [M]. Boston: Little Brown and Company, 1975.

论的有效性,发现渐进预算模型具备非常有效的预测能力。但兰斯·T. 勒卢普 (LeLoup L T.,1978①) 指出,虽然有研究证实了联合国、世界卫生组织、国际劳工组织等这些国际组织的预算过程都遵循着渐进决策的规则,但渐进主义预算模型没有对预算数据进行正确的解释,渐进主义主要建立在一系列分析性选择基础上,而这些分析性选择会影响渐进主义本身的有效性和适用性。还有研究(袁星侯,2003②) 认为,忽视各级政府不同级次预算的差别,以及环境因素对预算过程的影响,导致渐进主义理论的解释力有限。

约翰·J. 贝利和罗伯特·J. 奥康纳 (John J. Bailey & Robert J. O'Connor, 1975③) 认为,渐进主义不仅是一种用来界定决策制定特征的方法,而且也是一种用来描述和解释预算产出特点的方法。渐进预算理论开启了公共预算研究的一个新时代,并为公共预算的理论建构带来了突破性进展。渐进预算理论使复杂难懂的预算过程第一次得以从政治学研究视角来描述和解释。几十年来,渐进预算理论一直活跃在公共预算研究舞台上,并随着公共预算实践的变迁而展开和深化(於莉,2012④)。虽然渐进主义预算理论存在诸多缺陷,但其在推进公共预算研究发展中的作用和意义依然深远。

二、公共选择中的预算理论

(一) 中位投票人模型

中位投票人模型是一个关于公共产出需求的模型,同时也是政府预算决策机制模型。该模型最早是由美国经济学家安东尼·唐斯 (Anthony Downs, 1957⑤) 提出的。中位投票人定理指出,在简单多数的规则之下,中位投票人的偏好决定了公共产品的均衡产出水平。可见,在中位投票人理论中,预算决策就被转化为中位投票人的效用最大化问题。这种转化大大简化了预算支出的分析。自20世纪60年代

---

① Leloup L T. The Myth of Incrementalism: Analytical Choices in Budgetary Theory [J]. Polity, 1978, 10 (4): 488.
② 袁星侯. 政府预算渐进主义及其改革评述 [J]. 经济学家, 2003 (6): 93 – 100.
③ Bailey, John J, O'Connor. Operationalizing Incrementalism: Measuring the Muddles [J]. Public Administration Review, 1975, 35 (1): 60.
④ 於莉. 渐进预算理论50年: 成就、论争与发展 [J]. 武汉大学学报 (哲学社会科学版), 2012, 65 (6): 92 – 99.
⑤ Anthony Downs. An Economic Theory of Political Action in a Democracy [J]. Journal of Political Economy, 1957, 65 (2): 135 – 150.

后期，该模型被广泛应用于预测和解释公共产品的需求，公共支出和政府预算决策过程。

该模型得到一些研究的支持，如罗伯特·英曼（Robert Inman，1978[①]）认为在很多情况下，中位投票人模型假定中等收入水平的人就是中位投票人。但有研究质疑该模型的有效性，如安东尼·巴恩斯·阿特金森（Anthony Barnes Atkinson）和约瑟夫·E.斯蒂格利兹（Joseph E. Stiglitz）发现，中位投票人就是拥有中位收入的个人的这种假定（Atkinson & Stiglitz，1980[②]），其前提一是投票人拥有一致的偏好，且收入与期望的公共支出之间存在一种单调的函数关系。但假如这两个前提有一个不成立，那么就不能用这种方法来界定中位投票人。二是中位投票人模型只能用于解释和预测运用投票程序进行决策时的预算结果，它的解释范围远远没有渐进主义模型广泛。三是该模型是建立在一维决策、单峰偏好、无议程设置、所有投票人均参与投票等假设前提之下的，但在现实中，这些假设条件很难满足。四是中位投票人只考虑了中位投票人的收入、税收价格和偏好特征，忽略了制度结构、政治决策程序等因素，而这些变量对于政府预算的研究恰恰非常重要。以上这些原因共同导致该模型分析结果不全面。

（二）官僚预算最大化模型

官僚预算最大化模型是一个关于公共产品供给的模型，由威廉姆·A.尼斯坎南（William A. Niskanen，1933—2011）在其著作《官僚与代议制政府》中提出的（Niskanen，1971[③]），该模型指出官僚们关注官位的特权、公共声誉、权利和管制，这些与官僚的预算规模大小成正比，所以官僚们的目标是追求预算规模的最大化。后来，布莱斯·安德烈和迪翁·斯蒂芬（Blais, Andre & Dion, Stephane，1991[④]）根据尼斯坎南的观点总结了官僚预算最大化模型的两个基本假设：一是官僚们总是试图争取预算最大化。尼斯坎南认为，薪水、奖金、荣誉、权力、资助、产出、改革和管理官僚机构的容易度等变量都可以影响官僚效用，上述大部分变量都是预算的一个正的单调函数。因此预算越大，官僚效用越大。二是官僚通常能实现预算最大化。尼斯坎南认为，官僚机构与资助人之间的关系是一种双边垄断的关系。在这

[①] Robert Inman. Testing political economy's 'as if' proposition: is the median income voter really decisive? [J]. Public Choice, 1978, 33 (4): 45–65.

[②] Atkinson, Anthony & Stiglitz, Joseph. Lectures on Public Economics [M]. New York: McGraw-Hill Book Company, 1980: 322.

[③] Niskanen, William A. Bureaucracy and representative government [M]. Chicago: Aldine Atherton, 1971.

[④] Blais, Andre & Dion, Stephane. Eds. The budget-maximizing bureaucrat: Appraisals and evidence [M]. Pittsburgh: University of Pittsburgh Press, 1991.

种关系中，官僚机构通过提供产出来换取预算。但由于政治家缺少动机去运用潜在的权力，以及缺乏有关政府的产出过程的必要知识和信息等原因，在政治家与官僚机构之间存在着信息不对称的问题。基于上述假设，尼斯坎南建立了官僚预算最大化模型。但是他自己并没有提供相应的、足够的经验证据来支持这个模型的基本假设与结论。米格·简和洛克杰拉德·贝兰格米格和柏兰格（Migue & Belanger, 1974①）对该模型进行了修正，认为官僚追求的是自由裁量的预算（即收入超过最低成本的部分）最大化。尼斯坎南后来也认为（Niskanen, 1991②），官僚的效用是自由裁量的预算和产出的函数。

官僚预算最大化模型是第一个在公共选择框架下对官僚预算行为进行系统性研究的重要理论。但大量对尼斯坎南模型主要假设与结论进行的经验研究都没有为该模型提供支持（Blais & Dion, 1991③）。关于这一点，唐莱威·P（Dunlevy P, 1991④）认为，尼斯坎南模型没有分析官僚机构预算构成的复杂性，也没有分析官僚机构的复杂性，因而是不准确的；此外，詹姆斯·维尔斯的研究发现（Wilson James, 1989⑤），官僚预算最大化的理论的前提假设是其他条件不变，然而事实上官僚及官僚机构的自主权问题通常是变化的。

三、政策过程理论

由于渐进主义预算理论和公共选择预算理论都存在一些局限性，一些研究开始从政策过程的角度来解释预算过程与结果。这一理论的代表人物鲁宾 I. S.（Rubin, I. S., 1997⑥）认为，公共预算是一个特别的、有数量众多参与者的政治决策过程，预算参与者的目标具有多样性，政府预算对经济和政治环境是开放的，必须能对外部环境的变化作出适当反应。因此他提出了实时预算模型，该模型将宏观预算与微观预算结合在一起，预算被分成收入、过程、支出、平衡和执行这5个相互

---

① Migue, Jean – Luc & Belanger, Gerard. Towards a general theory of managerial discretion [J]. Public Choice, 1974, Vol. 17: 27 – 43.

② Niskanen, William A. A reflection on bureaucracy and representative government [A]. Blais, Andre & Stephane Dion. (Eds.). The budget – maximizing bureaucrat: Appraisals and evidence [C]. Pittsburgh: University of Pittsburgh Press, 1991.

③ Blais, Andre & Dion, Stephane. Eds. The budget – maximizing bureaucrat: Appraisals and evidence [M]. Pittsburgh: University of Pittsburgh Press, 1991.

④ Dunlevy, P. Democracy, bureaucracy and public choice [M]. New York: Prentice Hall, 1991.

⑤ Wilson, James Q. Bureaucracy [M]. New York: Basic Book, 1989.

⑥ Rubin, Irene. Politics of Public Budgeting (Third Edition) [M]. Chatham: Chatham House, Inc., 1997.

独立而又前后相继的决策束。在每个决策束中,单个预算行动者的策略、预算过程和预算环境这些因素对预算结果的影响都需要考虑。每一个预算决策束都需要根据其他决策束中的决策和信息以及政治和经济环境的变化,作出连续不断的调整。

鲁宾的政策过程预算模型建立了一套理论框架。该模型的特点是聚焦政策,因而实质上是一个预算领域中的政策过程模型,对于未来预算理论的发展来说具有很重要的意义。但该模型主要限制在对实证观察的分析上,尽管她相信这种描述性理论可能会提出可取的或有效的改革。此外,该模型主要关注公共预算的政治方面,而不是技术或管理方面的问题(凯文・纳奥米;Caiden、Naomi,2003[①])。

四、预算支出增长理论

(一)瓦格纳法则

在世界上的许多国家,政府预算支出无论是绝对量还是相对量,都呈不断增长的趋势。为了解释这一现象,德国经济学家阿道夫・瓦格纳(Adolph Wagner,1958[②])通过对19世纪的许多国家,包括英国、美国、法国、德国、日本等的公共支出增长情况进行考察,提出了"公共支出增长法则"(理查德・A. 马斯格雷、佩吉・B. 马斯格查夫;Musgrave、Richard A.、Peggy B. Musgrave,1989[③])。他认为,随着现代工业社会的发展,"对社会进步的政治压力"的增大,以及在工业化经营方面因"社会考虑"会要求增加政府财政支出。这一公共支出增长法则后来被人们称为"瓦格纳法则"。瓦格纳同时指出公共活动范围扩大的三点理由:一是随着法律关系和沟通的日益复杂,以及城市化和人口的集中,国家的管理和保护职能将不断扩张,需要更多公共支出;二是由于人们对公共提供物品(如教育)的收入需求弹性大于1,随着人均收入的增加,人们对上述服务的需求增加得更快,政府要为此增加支出;三是由于私人无法满足工业化社会的科技所需要的庞大资本量,政府必须提供必要的资本为大型资本支出项目融资(郑春荣,2008[④])。

---

① Caiden, Naomi. Politics of Public Budgeting [J]. Public Administration Review, 1990, 50 (4): 460 -461.

② Wagner A. Three Extracts on Public Finance [M] //Classics in the Theory of Public Finance. Palgrave Macmillan UK, 1958.

③ Musgrave, Richard A. & Peggy B. Musgrave. Public Finance in Theory and Practice [M]. McGrawHill, 1989: 114.

④ 郑春荣. 瓦格纳法则的检验及在中国的适用性研究 [J]. 理论探讨, 2008 (5): 91-94.

但是由于研究的国家不同，使用的数据和方法不同等原因，"瓦格纳法则"在实证验证得出了不同结论。如有研究如 Abizadeh 等（1985[1]）发现，只有富裕国家的数据检验结果支持瓦格纳法则，贫穷国家的检验结果则不支持该法则；Ram（1986[2]）、Afxentiou 等（1991[3]）、Ansari 等（1997[4]）通过对不同国家的进行了考察，结果发现瓦格纳法则的解释非常有限，一些国家的数据并不支持瓦格纳法则。但也有研究（吴凯，2006[5]；王小利、张永正[6]等）表明，虽然公共支出和国民收入之间都不存在长期协整关系[7]，但瓦格纳法则在中国依然成立。

（二）梯度渐进增长理论

英国经济学家皮科克·A 和怀斯曼·J（Peacock & Wiseman，1961[8]）提出了"梯度渐进增长理论"，其研究角度是政府支出的增长模式，认为公共财政支出的增长是在不断稳定增长的过程中不时出现一种跳跃式的发展过程。在正常年份财政支出显现一种渐进的上升趋势，但当社会经历"激变"时，财政支出会急剧上涨，当这种"激变"时期过后，财政支出会下降，但不会低于原来的趋势水平。梯度渐进增长理论实质阐明了财政支出增长的内在因素和外在因素（Peacock & Wiseman，1979）[9]。内在因素是指公民可以忍受的税收水平的提高是由于国民生产总值增长带来的收入增长，导致税收上升和预算支出的增长，外在因素是指社会危机的发生对财政支出造成的压力（阎坤，2002）[10]。

---

[1] Abizadeh, S. and J. Gray. Wagner's Law: a pooled times series cross-section comparison [J]. National Tax Journal, 1985 (8): 209–218.

[2] Ram, R. Causality between income and government expenditure: a broad international perspective [J]. Public Finance, 1986 (41): 393–413.

[3] Afxentiou, P. C. and A. Serletis. A time-series analysis of the relationship between government expenditure and GDP in Canada [J]. Public Finance Quarterly, 1991 (19): 316–333.

[4] Ansari, M. I., D. V. Gordon, and C. Akuamoah. Keynes versus Wagner: public expenditure and national income for three African countries [J]. Applied Economics, 1997 (29): 543–550.

[5] 吴凯. 浅论瓦格纳法则在中国的适用性 [J]. 财经论丛（浙江财经学院学报），2006（3）：36–42.

[6] 王小利，张永正. Gibbs 抽样条件下瓦格纳法则的中国有效性研究 [J]. 统计研究，2009，26（1）：78–82.

[7] 由于许多经济问题的时间序列数据是非平稳的，需要采取协整理论和方法，使序列平稳化后建立模型来加以处理，使变换后平稳序列所建立的时间序列模型能用于解释变量之间是否存在长期的相关关系。

[8] Peacock, A. and J. Wiseman. The Growth of Public Expenditures in the United Kingdom [M]. Princeton NJ: Princeton University Press, 1961.

[9] Peacock, A. T. and J. Wiseman. Approaches to the Analysis of Government Expenditure Growth [J]. Public Finance Quarterly, 1979, 7 (1): 3–23.

[10] 阎坤. 财政支出的理论框架及前沿问题 [J]. 财政研究，2002（7）：11–19.

这种增长趋势主要通过三个方面发生作用：一是替代效应。由于危机，公共支出激增，同时危机会改变人们对政府正常支出水平的态度，可能会提高公民的税收容忍度。政府支出暂时增加，危机结束后的政府支出和收入将维持在新的水平上（郭婧，2017）①。二是检查效应。危机过后，迫使政府和公民重新重视过去被忽略的问题，政府需要解决这些问题，因而导致预算支出的增加。而公民能容忍较高的政府支出水平和税收水平。三是集中效应。在社会动荡的非常时期中，中央政府往往会集中较多的财力以应付猛增的支出需求，中央政府职能的显著扩大增加了公共收支的规模。

（三）经济发展阶段论

理查德·A. 马斯格雷夫（Richard A. Musgrave, 1910—2007）和沃特·惠特曼·罗斯托（Walt Whitman Rostow, 1916—2003）从经济发展阶段来研究公共支出增长的原因，提出了"经济发展阶段论"，并对不同经济发展阶段的不同财政支出结构做了说明（Musgrave, 1966②）。他们认为，在一国不同的经济发展阶段，公共支出的增长是必然的，但增长的结构和速度不同。一是在经济发展的早期阶段，人们的生活水平不高，主要是满足基本需要，对政府的公共性消费支出需求不大；二是在经济发展中期阶段，人们满足基本生活需要的需求增加了，相应地，政府用于教育、卫生和安全等方面的消费性支出就要增加；三是在经济发展的成熟阶段，人均收入水平有了很大的提高，用于教育、保健和福利等方面的政府支出增长将大大超过其他方面的支出增长，同时用于解决社会公平的转移性支出将会大幅增加（顾露华，2018③）。这一理论有利于帮助我们从经济发展阶段的视角，认识政府预算支出的增长变化趋势。

第二节
中国预算管理制度的产生与发展

中国是一个历史悠久的国家，较早就出现了国家预算制度和国家预算思想。从

---

① 郭婧，岳希明. 财政收支因果关系研究文献综述 [J]. 金融研究，2017 (2): 179-196.
② Musgrave, R. Principles of Budget Determination, in H. Cameron and W. Henderson (eds) Public finance: Selected readings [M]. New York: Random House, 1966.
③ 顾露华. 中国行政支出的供需驱动因素研究 [J]. 经济社会体制比较，2018 (2): 184-191.

历史角度来看，早在新中国成立以前，清末时期中国真正意义上的政府现代预算制度开始萌芽，并在民国时期进行初步发展。新中国成立后，政府预算管理技术规范初步形成，而1994年的分税制改革，初步确立了与市场经济相适应的税制体系和财政管理体制。1998年提出"构建公共财政的基本框架"的目标，预算改革逐渐转向支出结构调整和管理领域。此后，政府预算制度从预算管理体系到预算收入一翼、预算支出一翼的各个领域都进行了深化改革，随着现代信息技术的发展以及中国国家治理现代化目标的提出，预算管理制度逐步向现代预算制度迈进。本节主要就中国预算制度的发展和演变过程进行梳理。

一、新中国成立前的预算制度

关于中国预算制度的产生时间，学术界尚未形成一致看法，有研究认为可追溯到夏代（刘汉屏，1986①），有研究认为预算制度产生于周代（许毅、陈宝森，1984②），还有一些研究认为从战国开始就有了预算制度的雏形（孙翊刚，2003③）。但主流的观点较为认同中国现代预算制度思想和预算制度不是从中国内部自发产生的，而是在伴随着近代西方思想潮流的涌入而进入中国，是从西方舶来的。

随着西方预算制度改革实践的影响扩大，清末时期，在福建道监察御史赵炳麟及其他朝野人士的共同呼吁下，1906年清政府决定清理财政并正式办预算。1910年清政府在清查各省财政收支的基础上，仿效西方财政制定预算的新型财政体制，决定试办全国财政预算。1911年，度支部上奏宣统四年（1912年）全国预算草案。虽然这场改革因清政府的覆灭而中断，但它开启了中国现代预算制度的先河。

民国初年，北洋政府于1914年公布了《会计条例》，对预算制度做了进一步规定，包括预算制度采用跨年制进行、各年度预算经费严格按照年度结算、严格执行预算总额度、按照经常预算和临时预算并分项编制总预算、设立预备金，等等。1931年，国民政府公布《预算章程》及《办理预算收支分类标准》等条例。1932年正式颁布《预算法》，确立了一整套预算制度、主计制度和审计制度，标志着中国预算制度经历20多年发展已经初步成型。决算方面，1932—1941年，国民政府先后公布了《暂行决算章程》《国库收支结算办法》《决算法》《决算法实施细则》等，法律制度使预算制度初步具有计划性、法制性和民主性等特征。总的来看，

---

① 刘汉屏. 也谈中国预（决）算制度起源问题［J］. 江西财经学院学报，1986（2）：87-91.
② 许毅，陈宝森. 财政学［M］. 北京：中国财政经济出版社，1984.
③ 孙翊刚. 中国财政史［M］. 北京：中国社会科学出版社，2003.

在新中国成立以前，中国预算制度在借鉴西方近代文明的基础上取得了重要进展。

二、中国预算制度的形成与发展

（一）中国预算制度的形成阶段（1949—1951 年）

新中国成立初期，中国国民经济遭到严重打击，财政出现严重赤字。为挽救这种困难局面，中国政府于 1950 年对财政收支体制进行了变革，实行高度集中的统收统支办法，于 1951—1952 年实行初步分级的财政管理体制。1951 年政务院颁发《关于一九五一年财政收支系统划分的决定》，实行财政收支高度集中的财政体制，将财政划分为中央、大行政区、省（市）三级财政。随着财政体制的构建，经过系列预算制度相关政策文件的发布，较为系统的政府预算制度也逐步形成。

（二）预算改革的稳定发展阶段（1952—1993 年）

中国预算制度形成后的 40 年，尽管经济体制、财政体制经过多次变革，但预算制度从总体上而言保持较稳定的状态。这主要是由于在此期间，中国的预算收支规模比较有限，国家经济管理实行计划经济体制，强调计划，而不是市场在资源配置中的作用，预算主要定位于服务于国家总体的经济管理布局，预算成为政府收支管理的一个工具。主要在以下几个方面进行了改革①。

一是行政单位预算管理，采取"统收统支"的形式，各级行政单位所需经费全部由政府预算拨款；于 1955 年实行职务等级工资制度，1960 年起试行工资基金管理制度；对"三公"经费等支出制定报销标准等。

二是事业单位预算管理，根据事业单位的具体情况，采用全额预算、差额预算、专项经费补助及事业单位企业化管理等不同形式进行预算管理。1978 年后，又试行单位预算包干法、支持事业单位合理组织收入以及促进科教事业发展等系列改革措施，以调动事业单位增收节支的积极性。

三是健全国库管理制度，1985 年发布《中华人民共和国国家金库条例》，对国库体制、国库职责权限、库款收纳、退付、支付及国库会计核算等作出明确规定，1990 年开始开办分国库试点。

---

① 财政部干部教育中心.现代政府预算制度［M］.北京：经济科学出版社，2017.

四是基本建设支出预算管理。计划经济体制下，基本建设支出在预算支出中占有相当大的比重，在1980年以前，基本建设投资全部实行政府无偿拨款，助长了部门和单位向国家争投资、争项目的风气，投资效益低等问题严峻。改革开放后，推行和完善预算内基本建设投资拨改贷的制度，几经改革后对有偿还能力和无偿还能力的建设项目采取区别对待的办法施行。1988年，实行基本投资建设基金制，基本建设投资由建设银行按照计划管理，专款专用，年终结转、在财政预算中列收列支。

五是预算外资金的管理。计划经济时期的预算外资金规模较小，这一时期还没有一套完整的预算外资金管理制度。改革开放后，中国先后制定了系列预算外资金相关的管理办法、条例，初步实现了对预算外资金的系统化、规范化管理。

1992年，党的十四大报告确立了"建立社会主义市场经济体制"的改革目标，标志着中国的改革开放进入一个新的时期。为了适应社会主义市场经济发展的要求，中国开始对传统的预算制度进行改革。国务院于1991年发布《国家预算管理条例》，从1992年1月1日起施行，将各项财政收支按照经济性质分解为经常性预算和建设性预算两大部分，规定从1992年开始采用复式预算的方法，改变了过去实行单式预算的做法，对于加强预算管理，强化预算管理职能发挥了重要法律规范作用。

三、经济现代化过程中的预算制度改革[①]

1999年以前，中国预算管理和预算科目是按功能设置的，按照政府职能和经费性质对开支加以分类进行预算编制，随着政府职能的转换和公共财政框架的建立，这种功能预算方式无法对部门的所有收支进行全面反映：一是对资金进行切块管理，各部门没有一本统一的预算；二是预算编制方法简单，实行"基数加增长"的预算编制方法，固化了原有的不合理的预算分配格局，严重影响政府施政目标的实现；三是预算约束力不强，导致预算严肃性差，随意性强，追加频繁，不利于对预算单位经费整体使用情况的监督和控制。

20世纪90年代以来，中国进入经济高速增长向经济现代化发展的阶段。为了适应这一时期的形势，各地区各部门也进行了相应的财税体制改革，对当时经济社会发展发挥了重要支持作用。但预算改革是综合性的，需要其他财政管理措施也相应改革。而在当时财政管理体制中，由于传统分散性国库收付制度出现诸多弊端、政府分散采购模式不规范、政府收支分类科目设置不科学以及投入预算对预

---

① 财政部干部教育中心.现代政府预算制度 [M].北京：经济科学出版社，2017：89-93.

算绩效的关注度不足等，亟须对预算管理体制进行新的调整。这一阶段的改革措施包括以下几个方面。

（一）预算管理体制的改革

1. 财政税收体制的改革

预算作为国家管理社会经济事务，实施宏观经济调控的重要管理手段之一，它涉及社会政治经济的各个领域。从纵向关系上看，涉及中央与地方及地方各级政府之间事权和财权的正确划分，从横向关系上看，则涉及各预算单位之间及社会成员之间物质利益的正确处理（刘立国，2019①）。20世纪80年代以前，中国处于计划经济时期，采取高度集中的统收统支的财政资金管理办法。改革开放以后，中国由计划经济向社会主义市场经济过渡，财税体制经过几次变革，大体上沿着"包干制"的思路进行调整，由强调中央、地方政府的分成转向强调财政收入增量的变化，在形式上逐步向分税制靠拢，到1994年后，中国开始实行分税制。

1994年分税制改革是中国财税体制改革历程的"分水岭"，初步构建了较为规范的税收制度、财政收入与支出划分、转移支付体系框架，理顺了中央与地方之间的财政分配关系。然而分税制改革并不彻底，支出端的改革滞后于收入端改革，政府事权划分不清晰，政府预算外资金乱象百出，政府间财政收支矛盾日益凸显（杨志勇，2019②）。2013年，党的十八届三中全会通过的《中共中央关于全面深化改革若干重大问题的决定》，指出现代政府预算制度是现代财政制度的基础，提出要继续深化财税体制改革，拉开了建立现代财政制度序幕。随后，中央政府出台了多个规范性文件（见表4-1），从税制改革、政府债务管理、中央和地方的事权与支出责任划分、转移支付改革方面进行了深化改革。

表4-1　　　　中国深化财政体制改革的主要措施（2013年至今）（部分）

改革领域	年份	主要事件及影响
转移支付制度改革	2014	《国务院关于改革和完善中央对地方转移支付制度的意见》（国发〔2014〕71号），完善一般性转移支付、规范专项转移支付分配和使用、逐步取消竞争性领域专项转移支付、强化转移支付预算管理等
税制改革	2014	中共中央政治局会议通过《深化财税体制改革总体方案》明确了经济发展新常态下的财税体制改革工作部署，启动了全方位、多层次、纵向化改革

---

① 刘立国. 中外财政预算制度比较研究[M]. 北京：北京理工大学出版社，2019.
② 杨志勇. 中央和地方事权划分思路的转变：历史与比较的视角[J]. 财政研究，2016（9）：2-10.

续表

改革领域	年份	主要事件及影响
税制改革	2016	财政部、国家税务总局发布《关于全面推开营业税改征增值税试点的通知》（财税〔2016〕36号），"营改增"的全面实施；《国务院关于印发全面推开营改增试点后调整中央与地方增值税收入划分过渡方案的通知》（国发〔2016〕26号），提出过渡期增值税收入划分实行五五分成，基本保持现有的财力分配格局
	2018	中共中央印发《深化党和国家机构改革方案》，要求将省级和省级以下国税、地税机构合并，实施以国家税务总局为主和省级政府双重领导管理体制
政府债务管理	2014	国务院印发《国务院关于加强地方政府性债务管理的意见》（国发〔2014〕43号），要求要对地方政府债务实行规模控制和预算管理，控制和化解地方政府性债务风险等
	2016	国务院印发《地方政府性债务风险应急处置预案》（国办函〔2016〕88号），要求建立健全地方政府性债务风险应急处置工作机制，切实防范和化解财政金融风险
	2017	财政部等6部委印发《关于进一步规范地方政府举债融资行为的通知》（财预〔2017〕50号），提出要建立规范的地方政府举债融资机制、债务限额管理等，防范化解重大风险
中央和地方的事权与支出责任划分	2013	党的十八届三中全会通过的《中共中央关于全面深化改革若干重大问题的决定》，对中央和地方的事权与支出责任做了原则性划分
	2016	国务院发布《国务院关于推进中央与地方财政事权和支出责任划分改革的指导意见》（国发〔2016〕49号），首次较为系统地提出政府间事权与支出责任划分，进一步明确了财政事权改革方向，细化政府间的财政事权与支出责任
	2018	国务院发布《基本公共服务领域中央与地方共同财政事权和支出责任划分改革方案》（国办发〔2018〕6号）和《医疗卫生领域中央与地方财政事权和支出责任划分改革方案》（国办发〔2018〕67号），将事权和支出责任的划分进一步科学化和精细化的落实
	2020	党的十九届五中全会通过的《中共中央关于制定国民经济和社会发展第十四个五年规划和二〇三五年远景目标的建议》提出"十四五"时期，要着力建立权责清晰、财力协调、区域均衡的中央和地方财政关系，推动形成稳定的各级政府事权、支出责任和财力相适应的制度

2. 预算体系的改革

自新中国成立到1992年以前，中国实行的是单式预算，将预算年度内全部政府预算收支汇总编制在一个预算平衡表内。随着中国由计划经济体制向社会主义市场经济体制转轨，1992年国务院发布《国家预算管理条例》，规定中国国家预算按照复式预算编制，并分为经常性预算和建设性预算两个部分。随着社会主义市场经济体制逐渐完善，政府与市场关系逐渐明晰，政府职能更加明确，政府预算体系改革的总方向定位于"全面规范、公开透明"。

2003年，党的十六届三中全会通过的《中共中央关于完善社会主义市场经济体制若干问题的决定》提出"实行全口径预算"，积极构建公共财政体制框架并致力于将所有财政收支纳入预算管理，规范政府收支，重构政府预算体系。此后，中国的预算体系经过不断调整和完善,到 2010 年,已经形成了当前预算体系的基本框架。中国政府预算体系的改革历程如表 4-2 所示。

表 4-2　　　　　　　　　　中国政府预算体系的改革历程(部分)

阶段	时间	预算体系组成
单式预算	1992 年以前	国家预算
复式预算初现	1992 年	经常性预算 + 建设性预算
复式预算改进	1993—1994 年	政府公共预算 + 国有资本经营预算,并可根据需要建立社会保障预算和其他预算
	1995 年	政府公共预算 + 国有资产经营预算 + 社会保障预算 + 其他预算
	1998 年	政府公共预算 + 国有资本金预算 + 社会保障预算
复式预算逐步健全	2007 年	开始编制国有资本经营预算
	2009 年	全面编制中央和地方政府性基金预算
	2010 年	试行编制社会保险基金预算
	2010 年及以后	一般公共预算 + 政府性基金预算 + 国有资本经营预算 + 社会保险基金预算

2014 年 11 月,《财政部关于完善政府预算体系有关问题的通知》等文件相继发布,进一步细化了预算体系的范围、内容等。中国的政府预算形式经历了从单式预算到复式预算的转变,预算体系逐渐完善,至今中国已经形成包含一般公共预算、政府性基金预算、国有资本经营预算和社会保险基金预算的政府预算体系,预算体系的完整程度大幅提升,但与现代化预算体系还有一定的差距。

3. 政府收支经济分类及科目改革

政府收支分类是政府预算管理全过程中统一使用的基础性核算工具,以其独特的地位支配预算事务,作为政府部门和单位进行具体预算决策的载体,是汇编预算和决算的前提及实施预算和强化预算管理的基础。财政部从 1999 年底开始启动政府收支分类改革的研究工作,在认真研究了国际上政府收支分类经验的基础上,结合公共财政部门预算巩固集中收付等财政改革,于 2004 年底形成了《政府收支分类改革方案》,定于 2007 年 1 月 1 日在全国范围内开始实施。将政府收支分类体系划分为"收入分类""支出功能分类""支出经济分类"三部分。

随着国家治理现代化要求的提出,为实施全面规范、公开透明的预算制度,2016 年 10 月,财政部印发了《支出经济分类科目改革试行方案》,从 2018 年 1 月 1 日起实施,原支出经济分类科目变为"政府预算支出经济分类 + 部门预算支出经济分类"。至 2018 年,政府收支分类科目由一般公共预算收支科目、政府性基金收支科目、国有资本经营预算收支科目、社会保险基金预算收支科目、预算支出经济分类科目、部门预算支出经济分类科目构成。已经形成一套比较完善的政府收支分类科目体系,基本实现了"体系完整、反映全面、分类明晰、口径可比、便于操作"的改革目标,充分体现了国际通行做法与国内实际的有机结合,以及市场经济条件下建立健全中国公共财政制度的总体要求,为中国预算管理制度的完善提供了良好的基础。

(二) 预算管理一体两翼的改革

1. 预算收入一翼改革

(1) 预算外资金纳入预算管理。预算外资金一直是困扰中国政府预算体系全面性和完整性的重大因素。预算外资金形成于新中国成立初期。1996年,国务院颁布《国务院关于加强预算外资金管理的规定》规定,禁止将预算资金转移到预算外,将部分预算外资金纳入财政预算管理。2001年,国务院办公厅转发财政部《关于深化收支两条线改革,进一步加强财政管理的意见》,将各部门预算外收入纳入财政专户管理。进一步地,2004年,《财政部关于加强政府非税收入管理的通知》提出,要实行"收支两条线"管理,以非税收入取代预算外资金。到2010年,财政部发布的《关于将按预算外资金管理的收入纳入预算管理的通知》规定,将预算外资金收入纳入预算管理,全面取消预算外资金。

随着预算外收入资金逐步纳入预算内管理,预算外资金这一概念逐渐被政府非税收入的概念所取代。但政府非税收入不仅包含预算外资金,还包括纳入预算管理的一些非税收入。2011年,所有预算外资金事实上被取消,政府非税收入管理体系建立起来,有利于解决财政非税收入体制外循环的弊端问题,有效促进了财政管理制度的进步。为进一步完善政府非税收入的管理,财政部2016年印发《政府非税收入管理办法》,明确指出政府非税收入是政府财政收入的重要组成部分应当纳入财政预算管理,对政府非税收入的内涵、管理原则、管理办法等进行了详细规定。

(2) 超收收入使用改革。超收收入是指收入预算的实际执行结果超过经人民代表大会批准的预算收入,是预算执行结果超过预算数的差额。由于预算只是一种预计安排,预算的执行结果不一定等于预算数,通常存在超收或者短收现象。1999年第九届全国人民代表大会常务委员会第十三次会议通过的《全国人大常委会关于加强中央预算审查监督的决定》,规定中央预算超收收入可以用于弥补中央财政赤字和其他必要支出。

由于在编制预算时就强调要留有一定余地,因此在实践中,常常出现故意低报预算收入的现象,导致超收的情况非常普遍。至1985年,预算外收入占预算收入的比重高达76.32%。[1] 自1994年分税制改革以来,中国财政收入能力稳步提高,

---

[1] 中华人民共和国财政部. 预算外资金的历史沿革 [EB/OL]. [2018-01-16]. http://yss.mof.gov.cn/zhengwuxinxi/lilunyanjiu/200809/t20080925_78407.html.

财政超预算收入由个别年度的偶然现象逐渐向常态化发展。数据显示,从1994年至2007年这14年中,每年的财政收入决算数均超过预算数,有11个年份的预算、决算偏差率超过了5%,全国累计实现财政超预算收入2.32万亿元,占累计财政收入决算的比重为9%,可见财政超预算收入的规模偏大,比重偏高[①](王秀芝,2018)。

对于如何合理安排超收收入的使用,更加科学合理地编制预算,中国政府进行了逐步探索。自2007年开始,设立中央预算稳定调节基金,从2008年起,年度执行中如有超收,除按照有关规定允许用于支出的项目以外,都列入中央预算稳定调节基金,转到以后年度,经过预算安排使用。改革后,预算超收收入常年偏大的局面逐渐扭转,尤其是2014年新修订的《预算法》规定,各级一般公共预算年度执行中如有超收收入的,只能用于冲减赤字或补充预算稳定调节基金。新《预算法》实施后,2015年的预算收入出现了短收情况,此后的几年间,预算收入偏差得以控制,2023年收入偏差率降到最低,为-0.24%(见表4-3)。

表4-3　　　　　　　　　2008—2023年全国财政超预算收入情况

年份	财政收入预算数（亿元）	财政收入决算数（亿元）	超预算收入数（亿元）	收入偏差率（％）
2008	58 486	61 330.35	2 844.35	4.86
2009	66 230	68 518.3	2 288.3	3.46
2010	73 930	83 101.51	9 171.51	12.41
2011	89 720	103 874.43	14 154.43	15.78
2012	113 600	117 253.52	3 653.52	3.22
2013	126 630	129 209.64	2 579.64	2.04
2014	139 530	140 349.7	819.7	0.59
2015	154 300	152 216.65	-2 083.35	-1.35
2016	157 200	159 552.08	2 352.08	1.50
2017	168 630	172 566.57	3 936.57	2.33
2018	183 177	183 351.84	174.84	0.10
2019	192 500	190 382	-2 118	-1.1
2020	180 270	182 913.88	2 643.88	1.47
2021	197 650	202 554.64	4 904.64	2.48
2022	210 140	203 649.29	-6 490.71	-3.09
2023	217 300	216 784.37	-515.63	-0.24

注：收入偏差率＝超预算收入数/财政预算收入数×100%。

数据来源：根据《中国财政年鉴》（2008—2023）预算报告和财政部．关于2022年中央和地方预算执行情况与2023年中央和地方预算草案的报告［EB/OL］．2023-03-16［2024-11-09］．https：//www.mof.gov.cn/gkml/caizhengshuju/202303/t20230316_3872867.htm. 数据综合整理而得。

[①] 王秀芝. 中国预算管理制度改革［M］. 北京：经济科学出版社，2018：127.

2018年3月,财政部发布《预算稳定调节基金管理暂行办法》规定,一般公共预算的超收收入除用于冲减赤字外,应当用于设置或补充预算稳定调节基金,为超收收入在预算管理中的规范管理指明了方向。然而,要从根本上解决财政超收问题,必须进一步改革和完善预算管理,提高预算编制的准确性,强化预算执行过程中的约束性。

2. 预算支出一翼的改革

(1)部门预算改革。部门预算改革是预算编制模式的改革,其核心内容是以预算部门为预算编制单元和依托,一个部门编制一本预算,在编制内容上涵盖了部门或单位所有收入和支出,强调政府收支的全口径管理。2000年,中国开始在中央部门实施部门预算改革,并出台了系列政策措施(见表4-4),全面推进按基本支出和项目支出编制部门预算,规范部门预算管理工作。

表4-4 部门预算支出改革历程(部分)

改革方向	年份	主要内容
基本支出改革	2001	开始对基本支出试点定员定额管理方式,选择了农业部的10个部门试点,制定了中央部门的人均支出标准
	2002	财政部颁布《中央本级基本支出预算管理办法(试行)》,在中央部门全面推开基本支出定员定额试点
	2004	从编制2004年部门预算起,财政部选择了5个中央部门进行实物费用定额试点,实行虚转的运行方式,以后年度试点范围逐步扩大
	2005	进一步完善基金支出定额管理工作,扩大实物费用定额试点工作,研究制定部门预算绩效考评管理办法等
	2007	财政部重新修订印发了《中央本级基本支出预算管理办法》,进一步完善基本支出财政拨款结转和结余资金管理规定、基本支出预算编制管理规程
	2009	财政部启动了中央部门基础信息数据库建设工作,实现了规范津贴补贴经费测算的自动化,提高了基本支出预算的科学性精细化
	2012	从编制2012年部门预算开始,将实物费用定额试点扩大到所有中央部门本级,进一步提高基本支出预算分配的科学性
项目支出改革	2001	财政部颁布《中央部门项目支出预算管理试行办法》,对项目设置、项目库、项目申请、审核等基本内容作出了规定
	2002	财政部印发《中央本级项目预算管理办法(试行)》,同时还制定了《中央本级项目库管理规定(试行)》,规范项目库的管理工作
	2004	财政部将《中央本级项目支出预算管理办法(试行)》和《中央本级项目库管理规定(试行)》合并为《中央本级项目支出预算管理办法(试行)》,并对一些跨年度的重大支出项目进行绩效评价试点
	2007	对项目支出预算管理办法进行第3次修订,印发了《中央本级项目支出预算管理办法》,健全了项目支出预算管理体系,部门预算已经在中央机关全面推行

续表

改革方向	年份	主要内容
项目支出改革	2015	围绕项目支出密集出台系列制度规范以指导改革的落实，包括《于加强和改进中央部门项目支出预算管理的通知》《财政部关于加强中央部门预算评审工作的通知》《关于印发中央部门预算绩效目标管理办法的通知》《关于加快推进中央本级项目支出定额标准体系建设的通知》，等等，以实现预算安排库（项目库）中取、项目立项先入库、项目入库先评审、项目评审有依据的规范目标
	2016	财政部制定了《关于进一步落实中央部门预算项目库的意见》，推进项目管理各项改革措施落地
	2017	财政部颁布《关于进一步完善中央部门项目支出预算管理的通知》，就进一步完善项目支出预算管理提出了要求

（2）国库集中收付制度改革。所谓国库集中收付制度，是指对预算资金实行集中收缴和支付的制度，其核心是通过国库单一账户对现金进行集中管理。中国的国库集中收付制度改革始于1998年，正式启动于2001年3月。截至2012年底，中央166个部门及所属1.5万多个基层预算单位，全国36个省、自治区、直辖市以及计划单列市51万多个地方预算单位实行了国库集中收付制度。国库集中收付制度加强了财政资金收付的全过程监控，提高了财政资金收支和使用的安全性、规范性、完整性、准确性和及时性，增加了预算执行信息的透明度，有利于提升财政资金的运行效率和使用效益。同时，增强了国库资金的控制和统一调度，为实施财政政策和管理提供了资金保障。

（3）政府采购制度改革。政府采购是指依照公开透明、公平竞争、公正和诚实信用原则，对国家机关、事业单位和团体组织，使用财政性资金采购依法制定的细则。1996年，中国在上海市开始进行政府采购制度改革的试点工作，1999年开始在中央国家机关推行。2003年，《政府采购法》正式生效，成为新发展时期政府采购的新起点，标志着政府采购已经全面实行。2014年全国人大常委会颁布《中华人民共和国政府采购法》（2014新近修订），以进一步规范政府采购行为，强化财政支出管理。此次改革围绕"推动政府采购管理从程序导向型向结果导向型的重大变革思路"，不断向纵深推进。

近20年来，中国政府采购规模总体上呈扩张趋势。截至2023年底，中国政府采购规模约3.39万亿元，同比下降约3.1%，政府采购规模占全国财政支出和GDP的比重分别为7.09%和2.69%[①]。2002—2023年全国政府采购规模占全国财

---

① 数据来源：根据中华人民共和国财政部．财政部．关于2023年中央和地方预算执行情况与2024年中央和地方预算草案的报告［EB/OL］．2024-03-14［2024-11-09］．https：//www.mof.gov.cn/zhengwuxinxi/caizhengxinwen/202403/t20240314_3930581.htm．和国库司．2023年全国政府采购简要情况［EB/OL］．2024-09-14［2024-11-09］．https：//m.mof.gov.cn/czsj/202409/t20240913_3943796.htm．相关数据整理而得。

政支出和GDP的比重自2020年起分别有所下降（见图4-1）。

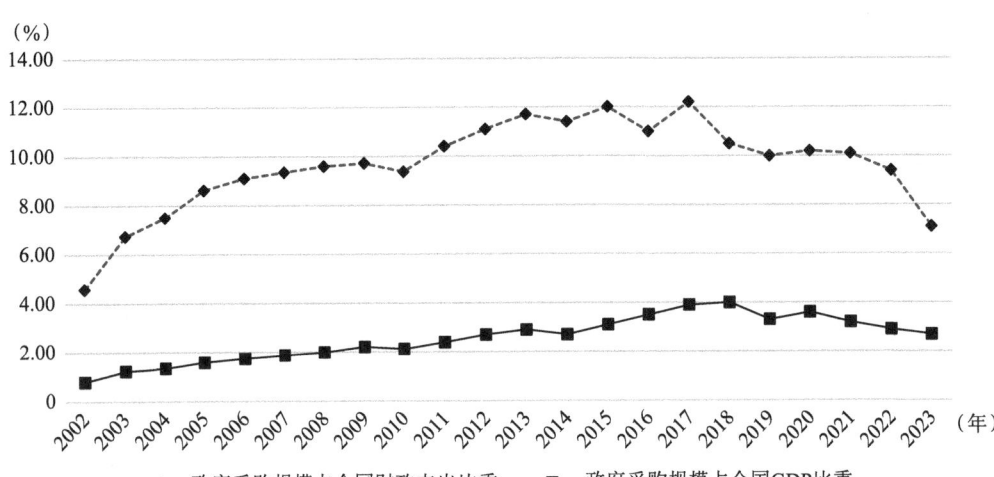

图4-1 2002—2023年全国政府采购规模占全国财政支出、GDP的比重

政府采购制度是提高财政资金的有效手段，同时在促进党风廉政建设方面也发挥了巨大的作用。特别是党的十八届五中全会之后，在"创新、协调、绿色、开放、共享"的新发展理念指导下，政府采购应更加注重采购物品的科技含量，推进绿色采购、联合采购、全球采购、电子采购的比例提高。从政府采购制度改革的研究来看，有建议认为（沈小静等，2019①），未来可以从以下几个方面进一步推进政府采购管理工作：一是构建政府采购相关法律制度体系，注重完善采购需求、结果等管理链条；二是在完善政府采购政策体系的同时，更加注重政策的实施效果；三是完善政府采购执行机制，推动采购活动更加规范、高效、透明，注重采购结果绩效评价；四是创新政府采购监督模式，创新监督手段，如引进第三方力量进行监管等。

（4）"收支两条线"改革。"收支两条线"，是指中央对地方年度预算，采取收支脱钩，分别计算收入留解比例和支出指标的办法。从"收"的角度看，主要是收缴分离，收入全部上缴国库或财政专户，规范预算外收入收缴和减少部门、单位资金占用；从"支"的角度看，主要是收支脱钩，单位上缴的收费和罚没收入不再与本单位的支出挂钩，支出采用零基预算的方法，由财政部门按单位履行职能的需要核定。国家财政资金"收支两条线"管理制度的改革历程（部分）见表4-5。

---

① 沈小静，刘若阳，姜旭. 新中国70年采购管理发展历程、阶段特征及未来展望［J］. 管理世界，2019，35（10）：39-49.

表4-5　　　　国家财政资金"收支两条线"管理制度的改革历程（部分）

年份	政策文件	与行政单位相关的主要内容
1993	《关于转发财政部〈关于治理乱收费的规定〉的通知》（中办发〔1993〕18号）	规定对行政性收费和罚没收入要实行"收支两条线"管理
1996	《关于加强预算外资金管理的决定》（国发〔1996〕29号）	指出"预算外资金是国家财政性资金，不是单位、部门自有资金，必须上缴财政专户，实行收支两条线管理"
1999	《关于1999年落实行政事业性收费和罚没收入"收支两条线"规定工作的意见》（中办发〔1999〕21号）	财政部门安排预算时将执收执罚部门上缴的行政事业性收费和罚没收入与其支出脱钩，所有行政事业性收费收入都要及时、足额缴入国库或预算外资金财政专户，连同罚没收入都要纳入"收支两条线"管理
2001	《财政部关于深化收支两条线改革，进一步加强财政管理意见的通知》（国办发〔2001〕93号）	明确提出进一步深化"收支两条线"改革的步骤与相关措施，该文件成为新时期加强财政资金管理、深化"收支两条线"改革的纲领性文件
2004	《关于加强政府非税收入管理的通知》（财综〔2004〕53号）	提出要积极推进政府非税收入收缴管理制度改革，政府非税收入分步纳入财政预算，实行"收支两条线"管理

（5）预算支出绩效管理改革。进入20世纪90年代以来，随着公共财政理论和效益财政理论的建立，中国政府开始重视预算绩效管理工作。2001年以来，中央和地方认真贯彻落实党中央、国务院有关文件精神，在借鉴国际经验的基础上，从中国国情出发，积极推进了预算绩效管理，主要以预算支出绩效评价为核心进行改革。

2005年，财政部制定了《中央部门预算支出绩效考评管理办法（试行）》，统一规定了部门预算绩效考评的各项基本制度，表明中国预算支出绩效评价取得了重大突破。2006年，财政部选择了3个部门的4个项目，开展了统一的绩效考评试点工作。2011年，财政部相继下发了《财政支出绩效评价管理暂行办法》《关于推进预算绩效管理的指导意见》《绩效评价工作考核暂行办法》等一系列政策法规文件，旨在逐步建立全过程预算绩效管理机制，标志着完整意义上的预算绩效管理理念得到确认。2012年，财政部印发《预算绩效管理工作规划（2012—2015年）的通知》，明确了预算绩效管理的目标是树立"讲绩效、重绩效、用绩效""用钱必问效，无效必问责"的绩效管理理念；2014年新修订的《预算法》，首次以法律形式明确了公共财政预算收支中的绩效管理要求，极大地推进了中国预算绩效管理工作。

此外，在预算绩效目标管理方面，为全面推进预算绩效管理工作，进一步提高财政资金使用效益，财政部2015年5月发布了《关于印发〈中央部门预算绩效目标管理办法〉的通知》（财预〔2015〕88号），对中国中央部门预算绩效目标的设定、审核、批复、调整与应用等作出了明确规定。

第三节
国家治理现代化背景下的预算管理规范

党的十九届四中全会审议通过了《中共中央关于坚持和完善中国特色社会主义制度、推进国家治理体系和治理能力现代化若干重大问题的决定》，既回答了"坚持和巩固什么、完善和发展什么"这个重大政治问题，又阐明了国家治理现代化的中国道路，具有重大而深远的理论和现实意义。党的十九届五中全会进一步审议通过了《中共中央关于制定国民经济和社会发展第十四个五年规划和二〇三五年远景目标的建议》，提出到2035年基本实现社会主义现代化远景目标，基本实现国家治理体系和治理能力现代化。财政作为国家治理现代化的重要支柱，首要任务就是要以预算管理为核心，做好顶层设计，分步骤、分阶段地完善标准科学、规范透明、约束有力的现代化预算制度，这对于解决资源配置和公共服务提供所面临的结构性矛盾，克服国家治理现代化在制度上的梗阻，实现中国公共组织财务管理系统性重塑和整体性重构将具有重要意义。

一、公开透明的现代化预算制度的推进

预算是实现政府自我约束和立法机构外部控制的重要制度与机制，前提是预算需要公开和透明，否则，就会使公众难以真正参与预算决策，难以有效进行民主监督，难以真实评价预算绩效。

2008年5月1日，《中华人民共和国政府信息公开条例》正式实施，要求县级以上各级政府及其部门在各自职责范围内确定主动公开的政府信息的具体内容，并重点公开财政预算、决算报告，将政府预算公开问题提到了法规层面。自2009年起，财政部每年都会按照要求，以比较规范的格式在其网站上公布政府信息公开工作年度报告，尤其重点反映预算信息公开的情况。2009年，财政部首次公布了财政预算报告和中央财政收入预算表、中央财政支出预算表、中央本级支出预算表、中央对地方税收返还和转移支付预算表4张表格，财政预算公开迈出重要一步。2013年，财政部发布《财政部关于推进省以下预决算公开工作的通知》，将预决算公开推广到省级以下的预算单位，以进一步全面推进预算信息公开透明。2014年修订的《预算法》增加规定，除涉及国家秘密的事项以外，经过本级人大常委会

批准的预算调整,决算预算执行情况的报告及报表等,应当在批准后20日内由政府财政部门向社会公开,为各级财政部门预算公开提供了法律约束,也为纳税人主动申请公开提供了法律的依据。2016年《关于进一步推进预算公开工作的意见》对预算公开做了进一步部署,要求扩大预算公开范围,公开预决算信息,细化公开内容,加快公开进度,规范公开方式。

截至2017年,中国公开部门预算的中央部门已由2010年的75个增加至105个,并搭建了"中央预决算公开平台",大大提高了信息获取的便利性。同时,科技部、教育部、环保部等10个部门首次公开了10个重点项目的预算,并同步公开了项目支出绩效目标。同时,地方层面的预算信息公开也得到进一步推进。据统计,在地方26.1万家预算单位中,未公开部门预算和部门决算的单位由2015年的3.7万个和5.6万个降至2016年的737个和778个,平均降幅为98.3%,地方预决算信息公开的完整性、规范性和及时性等指标的达标率均超过90%①。预算公开透明是打造阳光财政的前提,通过一系列的改革,中国预算公开透明度稳步提升(见图4-2),为提高资金使用效率和政府公信力奠定了基础。

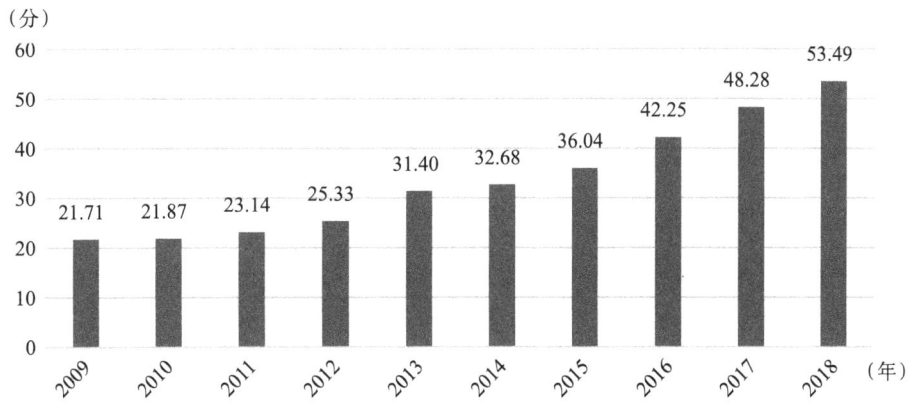

图4-2 2009—2018年中国省级财政透明度平均得分②

为推动建立和完善现代预算制度,未来中国进一步扩大预算公开范围,细化预算公开内容,完善预算公开机制,将公开透明贯穿于预算改革和管理的全过程,进一步规范政府行为,防范化解财政风险,实现有效监督,提高预算透明度和财政管理水平,推进国家治理体系和治理能力现代化。

---

① 数据来源:新华网.10部门首次公开10个重点项目预算,同步公开绩效目标[EB/OL]. http://www.xinhuanet.com/fortune/2017-04/08/c_1120771750.htm. 2017-04-08/2019-12-30.
② 相关数据根据上海财经大学公共政策研究中心发布的相关年份中国财政透明度报告整理而得。

二、绩效预算体制机制初步构建

2018年，党的十九大报告提出"建立全面规范透明、标准科学、约束有力的预算制度，全面实施绩效管理"。推进预算绩效管理，就是要将绩效理念融入预算管理全过程，使之与预算编制、预算执行、预算监督一起成为预算管理的有机组成部分，逐步建立"预算编制有目标、预算执行有监控、预算完成有评价、评价结果有反馈、反馈结果有应用"的预算绩效管理机制（见图4-3)①，以实现对预算绩效的全过程控制。

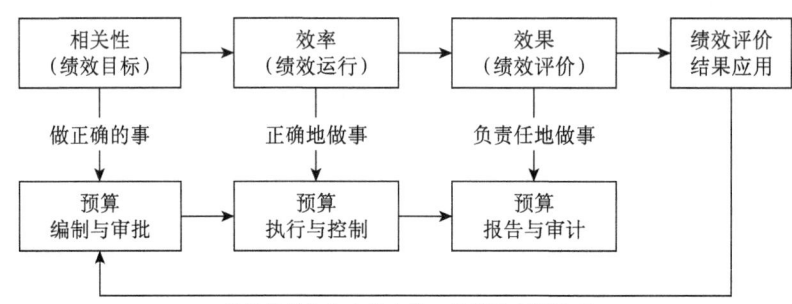

图4-3 全流程绩效控制机制的构建

预计未来预算绩效管理的进一步改革将从以下几个方面进行实施：一是扩大预算绩效的实施范围，将一般公共预算，政府性基金预算国有资本经营预算，社会保障金预算所有资金或者支出纳入绩效管理的范围，实现政府预算体系全覆盖；二是实施全过程的预算绩效管理，包括预算编制、执行、决算决策，以及重大项目支出、政策目标实施效果等，都要引入绩效管理理念，注重成本效益分析和绩效评价；三是继续关注预算支出绩效的同时，加强对预算收入的绩效管理，实现评价对象的全方位；四是构建第三方绩效评价体系和评估结果运行机制，增强绩效评价的专业性、客观性和公正性。

三、跨年度预算平衡机制与中期财政规划已经形成

预算管理在经济运行过程中寻求动态平衡是现代预算制度的重要特征，而动态平衡预算的构建是以年度平衡预算为基础的。年度预算平衡是指根据财政稳健原

---

① 财政部干部教育中心. 现代政府预算制度［M］. 北京：经济科学出版社，2017.

则,在财政年度内平衡的预算管理方式。然而,年度预算平衡机制在实际的运作过程中暴露出种种的弊端,比如难以解决周期性财政赤字问题,使政府难以超越经济周期来维持财政稳定,特别是容易造成财政的顺周期调节等(王雍君,2011[①])。为了克服这些弊端,实现财政预算与经济周期性波动相适应,需要构建跨年度预算平衡机制。

中国现行《预算法》第十二条规定,各级政府应当建立跨年度预算平衡机制。其原理是顺应经济周期和社会发展周期编制预算,追求财政收支周期性平衡,而非短期静态平衡,讲求中期视野下预算收支的良好匹配。在实践方面,当前主要通过设立预算稳定调节基金和建立中期财政规划来实现跨年度预算平衡。具体内容如下。

1. 预算稳定调节基金实现了预算跨年度平衡

预算稳定调节基金是一种政府预算储备,其资金来源于经济繁荣年度财政盈余的积累,通常被视为一种具有反周期功能的财政工具。它秉承"以丰补歉,以盈填亏"的理财理念,利用其"蓄水池"的功能,可以发挥稳定经济,对经济运行进行反周期调节的作用。

2007年,财政部印发了《关于应发未发国债和预算稳定调节基金会计核算的通知》(财库〔2007〕117号)对预算稳定基金调节进行了明确定义。为了充分发挥预算稳定调节基金在预算制度建设中的作用,中国相继出台了一系列制度规则和办法(见表4-6),为推动建立健全跨年度预算平衡机制,进而建立全面规范透明、标准科学、约束有力的预算制度作出了重要贡献。

表4-6　　　　　　　完善预算稳定调节基金运行的制度规则(2014—2018年)

年份	制度及内容
2014	《国务院关于深化预算管理制度改革的决定》(国发〔2014〕45号)明确指出,地方一般公共预算执行中如出现超收,用于化解政府债务或补充预算稳定调节基金
2015	《财政总预算会计制度》(财库〔2015〕192号)对预算稳定调节基金核算及定义进一步做了规定
2018	《预算稳定调节基金管理暂行办法》(财预〔2018〕35号)对预算稳定调节基金的设置、补充和动用作出了进一步规范

资料来源:根据国务院及财政部相关文件整理。

2014年9月26日,国务院发布了《关于深化预算管理制度改革的决定》(国发〔2014〕45号),提出了要改进预算管理和控制建立跨年度预算平衡机制的要求,各级财政根据经济形势发展变化和财政政策逆周期调节,需要建立跨年度预算

---

① 王雍君. 中国公共预算改革:从年度到中期基础[M]. 北京:经济科学出版社,2011.

平衡机制。如中央一般公共预算执行中，如果出现超收收入，用于冲减赤字补充预算稳定调节基金，如果出现短收，通过调入预算稳定调节基金削减支出或增编赤字，并在经全国人大常委会批准的国债余额限额内发债平衡。同时，对地方一般公共预算的超收或者短收情况，也通过预算稳定调节基金进行调节。

从实践来看，2007年，全国开始建立中央财政预算稳定调节基金，主要目的在于稳定中央预算，规范超收收入管理。通过建立基金将部分超收暂时"储备"起来，而不是在当年用于平衡预算后花光用尽，在一定程度上可以避免年底突击花钱等行为，也可以强化对超收资金的统筹管理，调控经济运行。2008年，全国共15个省、自治区、直辖市和计划单列市设立了地方预算稳定调节基金。截至2012年，除青岛市、云南省和西藏自治区外，中国大部分省、自治区、直辖市和计划单列市均设立了地方预算稳定调节基金，并明确了其设置、补充和动用方案。截至2015年，全国36个省、自治区、直辖市和计划单列市均设立了地方预算稳定调节基金，至此，预算稳定调节基金体系基本完善[①]。

2. 中期财政规划实现跨年度预算平衡取得了一定成效

中期财政规划是跨年度预算平衡机制的重要内容和组成部分。自20世纪90年代以来，世界各国纷纷开展了中期预算改革，开始实施中期预算管理，并取得一定的成效。目前，中国实施的是中期财政规划管理，是中期预算管理的前期阶段，也是过渡期阶段。在许多发达国家如德国、美国、新西兰、英国、法国等国中，中期预算管理已经普遍制度化，取得了良好的作用和效果，得到国际社会的广泛认可。

为进一步推进中国中期财政规划工作，国务院于2015年颁发了《国务院关于实行中期财政规划管理的意见》，财政部于2015年印发了《关于加强和改进中央部门项目支出预算管理的通知》，分别对中国实行中期财政规划以及改进中央部门中期财政规划管理工作作出了明确的规定。2015年，中央各部门和各地方政府开始编制2016—2018年度滚动财政规划，中期财政规划呈现"由点到面"的发展路径。

中期财政规划试点工作取得了一定的成效，在由年度性向中期性的转变过程中迈出一大步。这一转变过程呈现"由易到难、由点到面"的特点。围绕规划目标进一步增强了编制的准确性、规范性和科学性，加强了对项目资金的有效管理，减少了项目资金安排的随意性，提高了资金使用效益，同时也体现出了一定的前瞻性和计划性。但由于这项改革尚处于探索阶段，目前没有成熟经验可借鉴，同时也受到各种主客观因素的影响，还存在一些不足和需要完善的地方。比如改革的意愿不够强烈，高层领导缺乏重视；预算与规划脱节，影响中期财政规划的实际效果；部

---

① 根据《中国财政年鉴》2008—2016年各省市一般公共预算收支决算总表整理。

门支出项目库建设进展缓慢，导致中期财政规划质量参差不齐；缺乏准确的宏观经济预测能力，无法保证中期财政规划的科学性；编制人员业务能力不足，导致中期财政规划工作效率低下，等等①。考虑到目前中国财政管理水平、信息化手段等因素的制约，未来中期财政规划的实施，在遵循稳定谨慎和科学透明的原则下，可采取简单的滚动预算编制方式，首先在一些重大项目支出中引入中期预算，再循序渐进扩大引入范围，逐步建立起中国的中长期财政规划制度。

四、预算管理信息化改革已经起步

财政治理现代化最显著的技术表征是对现代信息技术的应用，表现为高水平的财政信息化。在中国财政改革和预算管理实践中，信息化建设占有十分重要的地位，是实现财政改革和预算管理的重要手段和方法。1979 年，财政部从日本引进先进的计算机系统，并于 1980 年组建了信息化管理机构——财政部计算中心，中国开始了财政信息化建设之路。自 1985 年起，财政部开始有计划地组织全国范围内的财政信息系统建设，逐步扩大了信息化的应用范围，到 1985 年经国务院批准开始建立包括财政税收和国有资产在内的三个独立信息系统。1992 年发布的《财政部机关信息化建设总体方案》表明，财政信息化建设得到规范有序发展。但由于缺乏整体规划，信息"孤岛"状态相当普遍。

按照党中央国务院关于深化财政体制改革，建立社会主义市场经济体制下公共财政体系框架的总体要求，从 1999 年下半年起，财政部开始着手规划建立"政府财政管理信息系统"（Government Financial Management Information System，GFMIS），利用先进的信息技术构建以预算编制，国库集中收付和宏观经济预测为核心应用的政府财政管理综合信息系统。2002 年，国务院决定将财政部规划建立的政府财政管理信息系统定名为"金财工程"，并将金财工程列为国家电子政务 12 个重点工程之一。"金财工程"以财政系统纵横向三级网络为支撑，以细化部门预算为基础、单一账户为基本模式，以预算指标用款计划和采购订单为预算执行的主要控制机制，以出纳环节高度集中，并实现国库资金的有效调度为特征，以实现财政收支全过程监管，提高财政资金使用效益为目标。

随着财政业务的协同性越来越高，整合信息孤岛、在不同系统间搭建数据交换之桥，成为提升财政管理水平，支撑财政改革的迫切需要。2013 年 10 月财政部颁布《财政业务基础数据规范 2.0》，对术语标准、数据源标准分类、编码标准、原数据标准和数据交换标准等作出了规定。各地在建立大数据库时，规定的数据源分

---

① 财政部干部教育中心. 现代政府预算制度 [M]. 北京：经济科学出版社，2017：307.

类编码和原数据标准建立一套标准化的基础数据库,为新建业务系统提供标准化依据,最终形成财政业务的整体标准化(财政部干部教育中心,2017[①])。

未来对预算管理信息化的进一步改革,会将重点放在实现财政信息系统的互联互通方面,建立起便于开展预算管理的大数据平台,通过平台使各个财政信息系统之间互联互通,消除"信息孤岛"和"数据割裂"现象,通过对大数据、信息的加工、处理和分析,为绩效考评提供更为科学、精准的数据基础。同时,通过大数据平台加强预算监督管理,加强对资金使用情况和使用效能的监督,不断提高财政数据的准确性和可利用性,推动国家预算管理体系进一步完善。

---

① 财政部干部教育中心. 现代政府预算制度 [M]. 北京:经济科学出版社,2017.

第五章
预算管理实施概要

以预算支出为导向的政府预算收入（通称财政收入）主要包括各级政府依法依规筹集的税收收入、使用者收费及其他收入等。税收主要由各级税务部门征收，非税收入则由各级政府指定相关部门征收，也可以委托各级税务部门进行代征，所以公共收入一般以一定时期内经济总量和结构的稳定性为基础。而公共支出一般需要考虑国家治理过程中的结构突变以及突如其来的各种不可抗力引发的经济调控等，加上公共支出一般需要"预先"确定，支出绩效管理也在"未来"，因此相对于公共收入，公共支出管理目标相对复杂。本章如无特别强调，预算管理均指公共支出的预算管理。

第一节
预算管理概述

在实践过程中,预算表现为不同的形式,按照不同的标准,可以划分为多种不同的预算,其功能及作用均有较大差异。要实现对公共组织预算的有效管理,需要构建一套完整的政府预算组织体系,并确定一些必要的原则来进行公共组织管理活动,以确保政府预算收支任务顺利完成,提高政府预算效率,控制预算风险。因此,本节主要对公共组织预算管理的基础,包括预算的分类、预算的组织体系、预算管理原则进行简要归纳和介绍。

一、预算的分类

按照预算级次、预算收支范围、政府预算内容、预算编制结构、预算有效期以及预算的法律效力等不同划分标准,可以将政府预算分为不同的类别(见表5-1)。每一种政府预算其内涵、发挥的作用均不相同,共同构成中国的政府预算体系。

表 5-1   政府预算的分类

划分标准	类别	辨析
按照预算级次	中央预算	由中央各部门(含直属单位)的预算组成,居于体系中的主导地位
	地方预算	省级及省级以下的预算
按照政府预算收支管理范围	总预算	指各级政府的预算,包括本级政府预算和下级政府的总预算
	部门预算	由本部门所属各单位预算组成,是政府预算的基础
	单位预算	是列入部门预算的国家机关、社会团体和其他单位的收支预算,是部门预算的基础
按照政府预算内容	一般公共预算	对以税收为主体的财政收入,安排用于保障和改善民生、推动经济社会发展、维护国家安全、维持国家机构正常运转等方面的收支预算
	政府性基金预算	是对依照法律、行政法规的规定在一定期限内向特定对象征收、收取或者以其他方式筹集的资金,专项用于特定公共事业发展的收支预算
	国有资本经营预算	是对国有资本收益作出支出安排的收支预算
	社会保险基金预算	是对社会保险缴款、一般公共预算安排和其他方式筹集的资金,专项用于社会保险的收支预算

续表

划分标准	类别	辨析
按照预算编制结构	单式预算	将政府的全部预算收支汇编入一个表格内,形成一个预算收支对照表
	复式预算	将政府的全部预算收支按照经济性质不同分别编入两个或两个以上的收支对照表,从而编制两个或两个以上的预算
按照预算有效期不同	年度预算	有效期为1年,经过立法机关审批的预算收支必须在1年内执行才有效
	中长期预算	通常编制5年期的中长期计划,10年以上的长期财政规划
按照法律效力不同	正式预算	政府编制的预算草案,经立法机关审批通过成为政府预算
	临时预算	在正式预算成立以前进行财政收支活动而实现编制的暂时性预算
	追加(修正)预算	正式预算执行过程中,由于情况变化需要增减正式预算收支时编制的预算,作为对正式预算的补充

二、政府预算的组织体系

如果按照预算支出范围看待中国政府预算的组织架构,可形成一种由上至下的预算支出关系(见图5-1)。从图中可以看出,由上至下预算支出关系的组织架构由各级政府总预算、部门预算和单位预算组成。部门预算是政府一级预算单位的预算。单位预算是公共劳务生产单位的预算,也称二级预算。

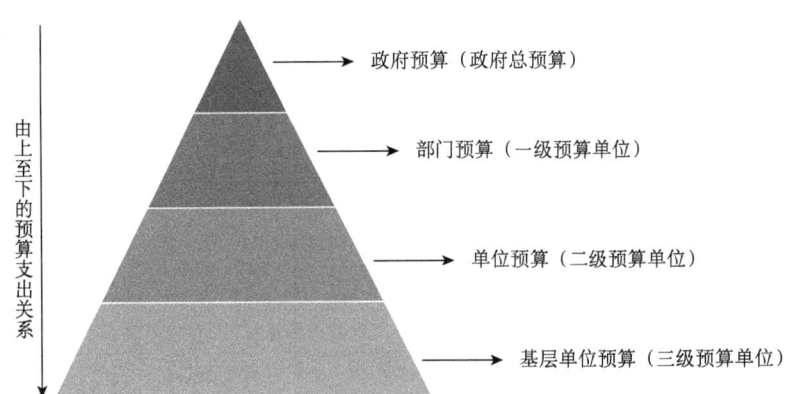

图 5-1 按预算支出上下级管理的预算组织架构

从预算级次来看,中国政府按财政层级划分为五级政府。按照 2018 年新修订的《中华人民共和国预算法》规定,国家实行一级政府一级预算,设立中央,省、自治区、直辖市,设区的市、自治州,县、自治县、不设区的市、市辖区,乡、民族乡、镇五级预算,其组织构架见图 5-2(陈庆海,2014①)。

---

① 陈庆海主编.政府预算与管理[M].厦门:厦门大学出版社,2014.

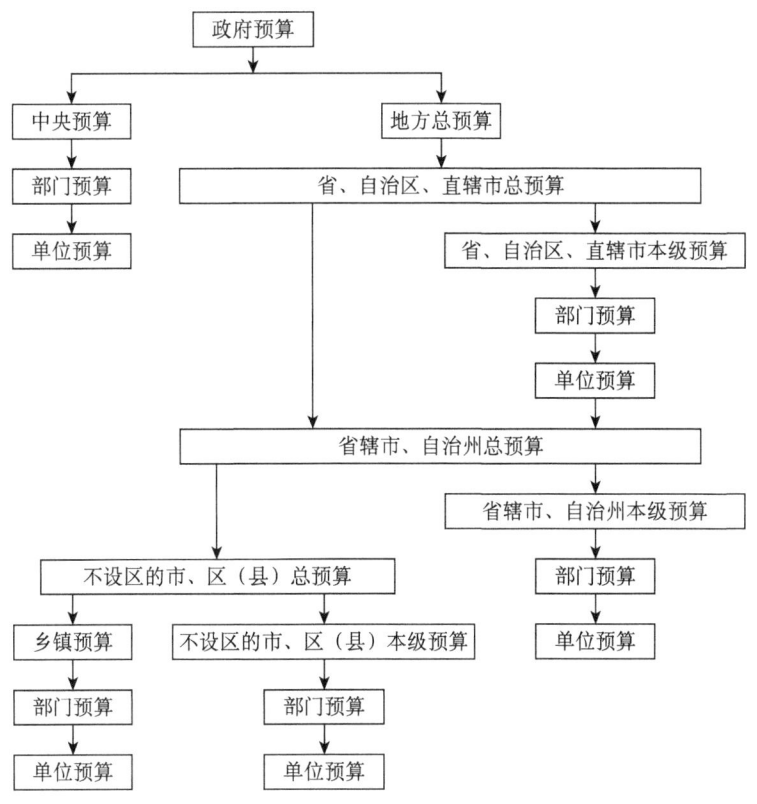

图 5-2 中国政府预算组织体系

可以看出，全国预算由中央预算和地方预算组成，而地方预算由各省、自治区、直辖市总预算组成。地方各级总预算由本级预算和汇总的下一级总预算组成；下一级只有本级预算的，下一级总预算即指下一级的本级预算。地方各级政府预算由本级各部门（含直属单位）的预算组成，各部门预算由本部门所属各单位预算组成。

但值得注意的是，虽然《预算法》规定设立五级预算，但在实践中，出现的一些新情况和财政体制改革，使中国的政府预算体系并未严格按照五个政府层级形成独立预算。比如 20 世纪 80 年代起，设区市在"撤地设市"过程中，大量出现并形成了"市管县"的格局[1]。2005 年全国农村税费改革试点工作会议正式提出，具备条件的地方可以实行省直管县的财政体制，其目标是最终在全国形成"中央—省—市、县"的财政关系。2015 年新修订的《中华人民共和国立法法》明确将地方立法权延伸至设区市，赋予设区市更大的事权自主，有助于使"中央—省—市、县"三级财政关系的确立成为可能。

---

[1] 吴俊培. 中国地方政府预算改革研究 [M]. 北京：中国财政经济出版社，2012.

三、预算管理的原则[1]

政府预算的原则是指政府在预算编制、执行、决算及结果评价等环节进行有效管理所遵循的准则。具体包括以下几个方面。

1. 全面性原则

即政府预算管理的范围应当全面反映政府活动的范围和方向。作为一般规则,年度预算的范围应是全面的,其标准就是确保政府预算能够充分反映本级和下级政府所有财政收支及管理状况。预算管理的过程应该全面,不应该有遗漏。

2. 年度性原则

指政府预算应该按照年度编制预算、执行和决算,预算收支的年度界限必须明确。主要原因在于:一是政府预算收支的法律效力需要明确的时间界限;二是按照年度进行预算有利于统计相关数据。这要求政府每年都向立法机关呈递预算和决算报告。

3. 法定程序原则

要求政府在预算管理的每个环节都要按照法定的程序来执行,不能随意变更。如果在执行过程中,遇到需要调整或者变更的,也需要按照法定的程序进行调整或者变更。

4. 绩效导向原则

要求政府预算管理全过程要树立绩效理念,提高预算资金使用效率,减少浪费。公共部门应对这些预算资源使用所产生的结果即产出和成果承担责任。在预算技术的选择、决策的制定、方案的筛选、资金安排等方面,都要以绩效为中心,重视预算实施效果。

5. 公开透明原则

政府预算文件应该对全社会公开,让公众了解预算的内容。在执行过程中,也要公开透明,预算的编制、审批、执行、调整、决算及评估等,都应当保持一定的透明度,接受公众的监督,以充分体现政府预算的民主化和科学化。

---

[1] 陈庆海主编. 政府预算与管理 [M]. 厦门:厦门大学出版社,2014.

6. 责任性原则

为确保政府预算管理的有效性，要建立全面责任制，要求政府预算管理者和决策者在行使预算管理权力的同时，必须明确每个部门、单位、负责人、工作人员等的责任，将责任落实到位。

第二节
预算准备与编制

预算准备为预算程序的第一阶段，以行政运作为重心，始于预算指南（Budget Guide）的发布，终于行政部门向立法机关呈递待其审查批准的预算文件，本质上属于通过政治程序作出预算资源配置决定的过程。为此，采用自上而下法启动预算准备过程最为适当。为此，三项基本前提条件应在预算准备的早期（起点）被满足。

一、预算准备的五个步骤

每个国家和政府的预算准备在细节上都存在差异，但良好的预算准备通常应包括以下五个主要步骤。

（一）中期财政展望、早做艰难决策和硬预算限额

良好的预算准备应以中期财政展望（the medium-term fiscal perspective）和预算额的颁布为起点[1]。硬预算限额旨在为预算申请确立硬预算约束，核心成分为部门支出限额（sector expenditure ceilings）。

中期财政展望，国际上一般称为MTEF，中国称为中期财政规划。[2] 旨在为预

---

[1] 中期财政展望，是指对包括下一年预算年度在内的未来3—5年的财政目标（总量目标与基于功能分类和经济分类的财政目标）及相应的宏观经济政策目标进行的筹划，不包括战略优先性在内。

[2] 中国自2015年起首先在中央政府部门中引入中期财政规划，以国发〔2015〕3号文为标志。对于发展中国家而言，中期财政规划的主要价值有二：一是将宝贵的展望意识（年度预算体制中十分缺失）引入预算过程；二是促进资本支出与常支出间的协调。当前，中国两类支出间的脱节（反映预算与政策脱节）很普遍，经常被表述为"重建设、轻维护"。当务之急莫过于在部门内部与部门间确保两类支出得到统一筹划的协调性程序并融入预算过程，无论对于特定规划还是支出总额。

算准备确立宏观经济与政策框架,包括列示赤字、支出、收入和债务等总额财政目标,需要滚动编制、每年更新。中期通常是指包括下一预算年度在内的未来3—5个财政年度。中期财政规划作为制定宏观经济与政策框架的有用工具,要求以现实的预测(既不故意高估也不故意低估),首先是经济预测,其次是财政预测为基础,通过反复"磨合"达成系列财政总量与宏观经济政策目标。

在利益相关者竞争有限资源的背景下,预算过程还涉及许多艰难的选择与平衡,预算就是承担艰难选择(Entail Hard Choices)。在某个成本下作决策。政治干预、信息缺乏和管理能力脆弱,经常导致把艰难决策推移到预算执行中。这使艰难选择变得更为艰难,以及缺乏效率的预算程序。一个不现实的预算不可能被执行好①。

(二) 财政部门准备预算指南

预算指南(Sector Expenditure Ceilings)用来指导每个公共组织的部门预算(Ministry budgets)和部门支出限额(Ministry Expenditure Ceilings)的准备。

理想情况下,预算指南应成为指导部门预算制定的百科全书,支出部门在准备预算过程中涉及的所有问题,均可在其中找到适当的答案。美国联邦预算的 A-11 通告就是常被广泛援引的典范。

预算指南尤其应阐明政府战略优先性和政策重点、资源可得性(有多少钱可花)、各部门支出限额,以及预算申请中涉及的大量技术性问题。对于在预算准备早期阶段,即建立预算与政策间的直接连接而言,预算指南非常重要,使各部门预算申请从一开始就被置于"政策引导"和"限额约束"之下。

(三) 支出部门按照预算指南准备部门概算

支出(预算)申请在明确的政府政策引导和严格的预算限额下进行。这是预算指南的中心任务,其意义与重要性也因此得以彰显。许多国家(包括中国在内)并未真正关切预算指南的精心准备,无法保证基本质量,从而不能充分发挥财政部门作为核心的政府部门理应发挥的一种关键作用;无法为支出部门精心准备预算提供有力且有效的指导与约束。

为使支出申请充分反映政府政策重点与优先性,许多国家将部门战略计划作为一项法定要求,以此作为循环运作的运营绩效预算框架的起点。政府政策目标的达成高度依赖各部门的预算(制定与实施)。

绩效管理的基本逻辑是,清晰鉴别与确认主观努力与客观结果之间的关联。良

---

① Schiavo-Campo S. Budget preparation and approval//Shar A. Budgeting and Budgetary Institutions [M]. Washington D. C.: The World Bank Publication, 2007.

好的预算准备要求在预算过程的早期阶段即予以鉴别与确认。要使数目众多的支出部门的预算努力富有意义,鉴别与确认"努力"与"结果"的关联性不可或缺且十分重要。通过将预算申请置于明确的战略与政策导向之下,部门战略规划提供了在努力与结果之间建立直接连接的有价值的管理工具。

(四)财政部门与预算部门间的预算讨论

这是一个需要反复磨合的过程,涉及大量的部门间协调。预算申请的主要方面都有赖于预算讨论加以确定,尤其是支出总额、支出配置和运营绩效目标。预算讨论可以通过跨部门的支出审核委员会机制进行,也可以通过财政部门与支出部门间一对一谈判的方式进行。特定选择因国家和政府而异。

中国目前并未建立支出审查委员会机制,部门间协调也不充分,取而代之的主要是"切块拨款"机制,在预算准备阶段,财政部就将全年的拨款一次性"切块"给各个支出部门。这种机制的行政运作简单,但会带来许多潜在问题,加剧预算与政策的脱节。

(五)形成预算草案

预算草案应清晰地陈述预算申请的理由和明确细致的内容。这大致对应中国式术话语中的"细化预算编制"。细化以正确且适当的分类为基础,不应脱离好的预算分类谈论预算细化编制。好的预算分类应一并应用于所有的财政变量,包括收入、债务、转移支付和支出。收入应以来源分类,单独列示税收、非税收入及详细分类。焦点在于好的支出分类,至少应涵盖功能、经济、组织和规划四个基本分类,前三个均应与规划分类相连接,如此才能让人真正理解"谁花钱(支出申请)及究竟花在何处",这是公共组织预算控制功能的两个关键方面,也是年度预算文件在传统上被制定为法律(年度预算法)的基本原因。中国预算编制未能细化或过于粗略的技术根源,也在于缺失基本的规划分类。

预算草案还有许多特定要求,包括随同预算草案一并呈立法机关审查的预算文件的完整性,以及预算草案的制式和信息要求。信息要求非常广泛,包括财政变量(收入、支出、赤字与债务)的清晰定义,计量这些变量所采用的会计基础与遵从的会计标准,后者涉及现金会计、权责会计和预算会计。多数国家采用现金会计计量,但转向权责会计计量的国家和政府正在增多。预算平衡(赤字)在不同会计系统下其含义存在重大差异[①]。

---

① Shar A. Budgeting and Budgetary Institution Overview [M]. Washington D.C.:The Word Bank Publication,2007.

预算准备（制定）的上述五个主要步骤包含于三个依次展开的阶段：（1）自上而下阶段，以确定与沟通各部可得到的财务资源；（2）自下而上阶段，用以形成各部门支出限额内的支出规划提案（概算）；（3）内部协调阶段，用以形成可得资源内的预算草案①。对于良好的预算准备而言，采用怎样的方法启动准备过程非常重要，基本要求是先自上而下后自下而上。

形成尽然有序的预算治理模式可从系统改进预算准备过程入手，涉及两个层次：在政府核心层采用自上而下方法启动预算准备过程，这通常需要伴随中期财政规划；在支出部门层次采用部门战略计划，作为绩效导向预算框架的起点。

二、预算编制原则与流程

（一）预算编制的原则

为了科学合理地编制部门预算，各公共组织部门在编制预算过程中，应遵循以下原则。

1. 政策性原则

作为财务管理重要内容之一的公共事业、行政组织预算编制必须体现国家有关方针政策。在编制预算过程中，应当以国家有关方针政策和各项财务制度为依据，根据完成事业计划和政府工作任务的需要，正确处理需要与可能的矛盾，保证重点，兼顾一般，实事求是地编制组织预算，合理安排和分配使用各项资金。

2. 可靠性原则

公共事业、行政组织预算一经批准，要严格执行，一般不能调整。因此，公共事业行政编制预算要做到稳妥可靠，量入为出，收支平衡，不能列赤字。对每项收支项目的数字指标，要运用科学的方法，依据确切可靠的资料和收支变化的规律，认真进行测算和计算，切实做到各项数据真实可靠。

3. 合理性原则

公共事业、行政组织编制预算要正确处理整体与局部、事业需要与财力可能的关系，做到科学合理地安排各项资金，使有限的资金发挥最大的效益。在编制预算

---

① Shar A. Budgeting and Budgetary Institution Overview [M]. Washington D. C.：The Word Bank Publication, 2007.

时，既要按照保证重点、兼顾一般的要求，优先保证重点支出，同时也要妥善安排好其他各项支出。

4. 完整性原则

公共事业、行政组织在编制预算时，必须将单位取得的财政拨款和其他各项收入以及各项支出完整、全面地反映在单位预算中，不得在预算之外另留收支项目。

5. 统一性原则

编制预算时，要按照国家统一设置的预算表格和统一的口径、程序以及统一的计算方法填列有关收支数字指标。

6. 绩效原则

部门预算应建立预算考评制度，对预算的执行过程和完成结果实行全面的追踪考查，不断提高预算资金的使用效益。

（二）预算编制的基本流程

各部门预算按照"二上二下"的流程编制如图5-3所示。

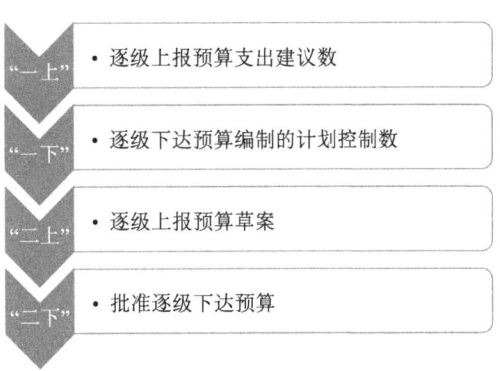

图 5-3 预算编制的基本流程

"一上"阶段——逐级上报预算支出建议数。主要是布置中央部门年度预收支分类科目和预算编制软件，指导中央部门预算。中央部门根据本部门发展规划、年度工作目标和重点等，从基层预算单位开始编制年度预算建议，逐级审核建议方案报送财政部，同时报送人员、资产等基础数据和项目库。

"一下"阶段——逐级下达预算编制的计划控制数。财政部对中央部门报送的年度预算建议进行审核，综合考虑财力可能，研究提出中央部门预算安排后下达中央部门年度预算控制数。

"二上"阶段——逐级上报预算草案。中央部门根据财政部下达的"一下"预算控制数细化编制部门"二上"预算。中央部门在财政部下达科目、报表格式等汇总编制本部门年度预算草案。财政部对部门报送的"二上"预算进行审核,汇编中央部门预算草案。

"二下"阶段——批准逐级下达预算。在全国人民代表大会批准各中央部门预算草案后,财政部批复各中央部门预算,中央部门根据财政部批复单位预算,逐级批复所属单位预算。

三、中央部门收入预算编制

（一）中央收入预算编制概述

中央部门预算收入,是中央部门编制年度预算时,预计在预算编制周期内从各种渠道依法取得的各类收入的总称,是中央部门履行职能、完成各项工作任务的财力保障。中央部门的收入主要包括一般公共预算财政拨款收入、政府性基金预算拨款收入、事业收入、事业单位经营收入、其他收入等。政府的收入应全部纳入预算管理。按照《国务院办公厅转发财政部〈关于深化收支两条线改革,进一步加强财政管理意见〉的通知》（国办发〔2001〕93号）和实行综合预算管理的要求,对预算外资金等非税收入的监管力度不断加大,一是推进收支两条线改革,将非税收入逐步纳入预算管理。直至全面取消预算外资金;二是推进非税收入收缴改革,避免坐收坐支,建立非税收入收缴分离制度。

（二）中央部门收入预算的构成与编制总体要求

中央部门收入预算的构成包括上年结转、财政拨款收入、上级补助收入、事业收入、事业单位经营收入、下级单位上缴收入、其他收入和用事业基金弥补收支差额（见图5-4）。

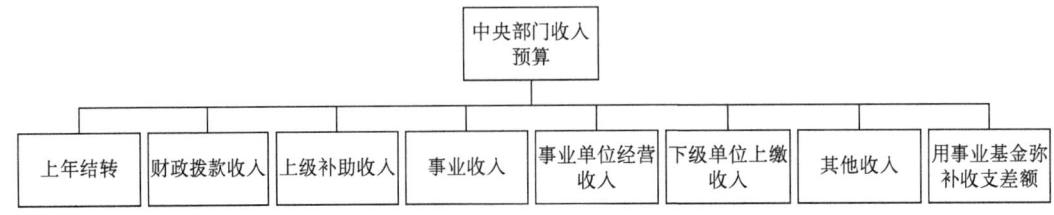

图5-4 中央部门收入预算构成

中央部门在预测收入预算时，应本着科学、合理的原则，遵循项目合法合规、内容全面完整、数字真实准确的总体要求。

（三）中央部门收入预算测算依据

部门收入是各部门切实履行其职能的财力保证。根据部门的发展规划、行使职能的需要对年度部门收入进行测算、分析，是部门预算编制工作的重要内容。中央部门在编制部门收入预算时，应对各项需求和资金来源进行认真测算、分析。

1. 明确预算目标

各部门要依据国家的中长期发展计划和本部门的职能，提出工作重点、任务，列出部门需要安排的重要事项，建立起各部门的年度预算目标。

2. 收集相关资料

部门财政拨款收入的测算要在占有大量信息的基础上，部门应全面收集与部门预算编制相关的信息资料，如部门资产数量和分布状况、部门财务状况、财政货币政策、经济增长速度、中央财政对部门财政拨款需求的满足程度等。

3. 分析、归集部门预算需求

一方面，要对收集的有关部门预算的各类资料进行深入分析，确保数据、信息的真实准确；另一方面，要对收集的信息、资料进行归类汇总，形成部门完整的决策信息。

（四）需要说明的问题

1. 关于非本级财政拨款收入管理问题

为统一规范管理，中央部门非本级财政拨款收入纳入"其他收入"中反映。中央部门要科学、合理地编制综合预算，如实反映非本级财政拨款收入情况，规范会计核算，准确填列预算报表，不得隐瞒不报，也不允许无预算列收列支非本级财政拨款。

2. 关于部门预算中财政拨款收入的范围

按照现行部门预算管理规定，部门预算中仅需反映一般公共预算财政拨款收入、政府性基金预算财政拨款收入。国有资本经营预算财政拨款收入暂不纳入部门预算管理。

四、中央部门基本支出预算编制

（一）基本支出预算的含义

基本支出预算主要是保障单位机构正常运转、完成日常工作任务而编制的年度支出计划、包括人员经费和公用经费两部分。人员经费主要是指维持机构正常运转且可归集到个人的各项支出。公用经费主要是指维持机构正常运转但不能归集到个人的各项支出。

（二）基本支出预算编制的原则

1. 综合预算的原则

在编制基本支出预算时，各部门要对当年财政拨款和以前年度结转和结余资金、其他资金，包括单位财政补助收入、非税收入和其他收入等，统筹考虑、合理安排。

2. 优先保障的原则

部门预算的编制要根据财力可能，结合单位的行政事业工作任务需要，合理安排各项资金。预算资金的安排，要首先用于基本支出的合理需要，保障中央部门的正常运转，履行基本职能。

3. 定额管理的原则

基本支出预算实行以定员定额为主的管理方式，同时结合部门资产占有情况，通过建立实物费用定额标准，实现资产管理与定额管理相结合。对于基本支出中没有财政拨款的事业单位，其基本支出预算可以按照国家财务规章制度和部门预算管理有关要求，结合单位的收支情况，采取其他方式合理安排。需要特别强调的是：基本支出预算实行以定员定额为主的管理方式，这一"定额"指的是预算分配定额，它用于公开、透明、规范地分配预算，而不是预算执行定额。另外，目前下达给部门的定员定额是综合定额，而不是单项定额，但在具体定额标准制定过程中是按照单项定额分项目测算的。

（三）基本支出预算编制及调剂

1. 基本支出预算编制流程

预算基本支出流程如图 5-5 所示：

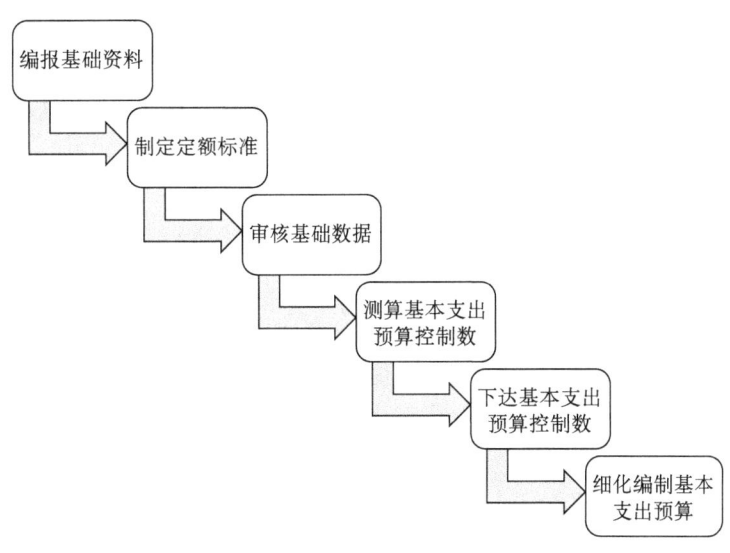

图 5-5 预算基本支出流程

2. 基本支出预算的调剂

中央部门要严格按照批复的基本支出预算执行，严格控制基本支出预算调剂。执行中确需调剂基本支出预算的，由中央部门向财政部提出申请，财政部按程序审核办理。执行中因编制内增人、增编等产生的增支需求，中央部门应通过申请动用机动经费解决。

五、地方部门预算编制改革方向

地方部门预算编制在预算编制原则基础上，遵循预算编制流程，在中央部门预算编制的带领下进行。

（一）影响地方部门预算编制的因素

地方财政运行中还存在其他一些影响预算编制的突出问题：一是按照公共财政

的要求，财政资金要更多地投向公共服务领域，投向关系国计民生的领域，加大对重点支出项目的保障力度，向农村倾斜，向社会事业发展的薄弱环节倾斜，向困难群体倾斜，虽然财政收入连年增长，但地方在处理改革、发展与稳定之间关系的过程中，必保的项目逐年增多支出需求不断加大，造成一些地区收支矛盾仍然较为突出。二是随着各项改革的不断深化，部门、单位之间的收支结构已发生很大变化，"苦乐不均"的现象越来越严重。如果继续沿用"基数加增长"的编制方法，势必固化部门之间原有的、不尽公平合理的利益分配格局，影响经济结构优化和社会事业发展。三是由于预算编制过于粗放，预算执行过程中缺乏部门内部责任落实和外部的有效监督，每年审计都会发现不少违反《预算法》和财经纪律的问题。

（二）地方部门预算编制改革

为解决地方部门预算编制存在的问题，地方各级财政部门积极进取，大胆探索，在中央部门预算编制原则上对地方部门预算编制改革进行了积极的探索。

1. 改革预算编制模式，建立科学管理机制

各地积极创新部门预算编制。一是推进"零基预算"支出预算管理，预算编制由"基数+增长"向"零基预算"转变，如辽宁、陕西和广东等地区，从2015年起由省政府层面决策，改变"基数+增长"的预算分配模式，强力推进"零基预算"。辽宁、陕西、广东已开始实施"零基预算"改革。二是规范部门预算编制流程。各地部门预算编制主要遵循"二上二下"的基本程序，一般经过部门上报预算建议计划、财政审核后下达预算控制限额、部门在限额内细化编报预算、财政批复部门预算四个阶段。三是合理延长部门预算编制时间，逐步推行标准周期预算的程序化、规范化和制度化。标准的预算周期为28个月，其中：预算编制阶段10个月、预算执行与调整阶段12个月、决算阶段6个月。标准预算周期制度涵盖了预算管理的全过程，其核心是强化预算编制，为规范预算管理创造条件，有效实现对预算执行的过程控制，增强预算的前瞻性、连续性和可控性。天津、辽宁、河北、湖南、安徽、福建、黑龙江、陕西等地均实行了标准的周期制度。

2. 推进支出标准建设，规范支出预算编制

各地稳步推进基本支出定额标准和项目支出定额标准体系建设，建立健全定额标准动态调整机制，指导部门预算编制并促进其科学性。一是完善基本支出定额定员管理。各地初步构建覆盖大多数行政单位、参公单位和公益一类事业单位的分类分档定额标准体系，如安徽、辽宁等省。二是加快推进项目支出标准体系建设。各地按照先易后难、重点突破、逐步深入、梯次推进的原则，稳步推进项目支出标准建设，如江西省目前正在着力打造项目支出定额标准体系。三是各地严格机关运行经费管理，加强人员编制管理和资产管理，完善人员编制、资产管理与预算管理相结合的机制。

3. 细化部门预算编制，实行规范化管理

各地不断细化支出预算编制，提高预算编制的规范性。一是推进政府支出经济分类科目改革，全国36个省、自治区、直辖市和计划单列市按照政府支出经济分类和部门支出经济分类两套科目，编制政府预算和部门预算。二是提高年初预算到位率，基本支出全部细化到单位，项目支出预算细化到具体单位或具体项目，明确具体支出用途，减少预算代编和预留科目，资金到位率逐年提高。

4. 强化部门预算数据支撑，夯实预算编制基础

一是提高预算编制信息化水平。随着"金财工程"的实施和部门预算"E财"软件的应用推广，全国36个省、市、计划单列市已经实现了软件编制部门预算，将部门预算"二上二下"编制流程嵌入预算编制件，初步建立了预算基础数据信息化平台。在此基础上，进行网络版升级改造，集成建立了网络化的省级财政管理信息系统，提高了预算数据的安全性和准确性。二是强化基础数据库建设。全国所有省份都已经建立了涵盖预算单位基本情况、编制、人员、工资、车辆、房屋、收入、收费项目等基础信息的数据库，实行动态更新和滚动管理。如云南省、安徽省、吉林省走在数据库建设前沿。三是夯实预算编制基础管理和制度建设。如吉林省将省级行政、事业单位的机构、编制、人员工资、资产等基本数据纳入基础信息管理系统，建立了省级预算基础数据库。同时，制定印发《关于省直部门预算编制基础数据变更登记的通知》等办法，并定期对办法进行修订完善。

六、项目支出预算编制

《国务院关于深化预算管理制度改革的决定》对预算改革进行了全面部署。加强和改进项目支出预算管理，是贯彻落实国务院要求的重要举措；是改进预算管理方式、实施中期财政规划管理的重要支撑；是深化部门预算改革，实施全面规范、公开透明预算制度的迫切需要；是优化支出结构，提高财政资源配置效率和使用绩效的必然要求；更是财政职能，实现政府施政目标的必由之路。

(一) 项目设置和管理方式

根据中央与地方事权划分，中央部门项目支出预算要体现中央本级支出责任，巨大改革、重要政策和重点项目，突出部门主要职能。强化项目排序，优先保障重点项目。项目支出预算要以国家战略发展规划、宏观调控政策为导向，以相关行业、领域中长期发展规划和年度工作重点为依据，结合部门职能和事业发展需要合理安排。各部门项目支出预算安排要严格按照部门三年滚动规划进行控制，要做好部门规划与三年滚动规划的衔接，强化部门三年滚动规划对年度预算的约束。同时，要把绩效管理的理念和要求融入项目支出预算管理各个环节，建立事前有目标、事中有监控、事后有评价、结果要运用的全过程绩效运行机制。

1. 项目设置规则

中央部门预算项目要体现中央本级支出责任，由中央部门直接组织实施。完善项目生成机制，项目要在深入的政策研究和充分论证的基础上设立，并具备可执行性，预算批复后即可实施。着力推进部门和行业规划的项目化，提高规划可实施性。项目内容要反映政府施政目标、部门主要职责和发展规划，并避免与公用经费及其他项目交叉重复。规范项目实施主体，部门预算项目实施主体为中央部门及所属单位，非部门所属单位不得作为项目的实施主体纳入部门预算。要按照"职责与经费相匹配"的原则确定部门内部项目实施主体，一般不得将应由本级承担的项目列入下级单位预算，或将应由下级单位承担的项目列入本级预算，也不得将应由行政单位承担的项目列入事业单位预算。

2. 项目管理方式

中央部门预算项目实行分级管理，分为一级项目和二级项目两个层次。

一级项目明细到支出功能分类的款级科目，按照部门主要职责设立并由部门作为项目实施主体，每个一级项目包含若干二级项目。一级项目要有明确的名称、实施内容、支出范围和总体绩效目标，项目数量要严格控制，项目名称、实施内容和支出范围等在年度间要保持相对稳定。

二级项目包括在现有项目基础上规范整合而成的项目和新设立的项目，立项单位为项目实施主体。二级项目的设立，要与对应的一级项目相匹配，有充分的立项依据、具体的支出内容、明确合理的绩效目标。二级项目明细到支出功能分类的项级科目，年初部门预算按二级项目批复。

3. 项目分类

按照使用范围，部门一级项目分为通用项目和专用项目。通用项目指根据部门的共性项目设立并由各部门共同使用的一级项目。通用项目由财政部根据管理需要统一设立，主要包括有预算分配权部门管理的项目和归口管理的项目等。专用项目指部门根据履行职能的需要自行设立和使用的一级项目。专用项目由中央部门提出建议，报财政部核准后设立。

按照项目的重要性，二级项目划分为重大改革发展项目、专项业务费项目和其他项目三类。重大改革发展项目指党中央、国务院文件明确规定中央财政给予支持的改革发展项目，以及其他必须由中央财政保障的重大支出项目等。专项业务费项目指中央部门为履行职能，开展专项业务而持续、长期发生的支出项目，如大型设施、大型设备运行费、执法办案费、经常性监管、监测、审查经费以及国际组织会费、捐款及维和支出等。其他项目，指除上述两类项目之外，中央部门为完成特定任务需安排的支出项目。基本建设项目统一列为其他项目，并按管理主体分为国家发展改革委安排的基建项目、中央财政安排的基建项目和其他主管部门安排的基建项目。

除上述分类外，根据管理需要，中央部门和财政部可对二级项目补充其他分类并加以标识。

4. 项目实施周期

二级项目要有明确的实施周期。项目实施周期应与国民经济社会发展规划、部门或行业发展规划的期限相适应，与中期财政规划相衔接。除业务主管部门已明确批复实施周期外，项目实施周期一般不超过5年，项目到期后需继续安排的，应按程序重新立项。专项业务费项目到期后，可补充编制后续年度的支出计划，实施周期相应顺延。其他项目周期一经确定，原则上不得调整；确需调整的，按程序报批。

（二）项目库建设和管理

中央部门项目库由本级和下级单位上报的项目构成；基层单位项目库由本单位立项和实施的项目构成。项目库主要以项目库为载体实现项目的全周期滚动管理。

1. 项目库的构架和主要内容

中央本级项目库实行分层设立、分级管理。财政部中央部门和所属单位按照项目管理的相关规定，分别设立项目库，对一级和二级项目进行维护和管理。财政部项目库由中央部门上报的项目构成；中央部门项目库由本级和下级单位上报的项目构成；基层单位项目库由本单位立项和实施的项目构成。

2. 项目库管理方式

中央部门和所属单位的项目库实行开放式管理。各单位可根据工作需要设置二级项目，审核后纳入单位项目库，实时或定期上报，经逐级审核后纳入中央部门项目库，作为部门预算备选项目。编制年度部门预算和部门三年滚动规划时，结合财政部下达的支出控制数，中央部门在预算备选项目中择优选取项目报财政部，未纳入部门项目库的项目原则上不得向财政部申报。各部门申报项目汇总形成财政部项目库，作为财政部进行项目管理、审核年度部门预算和部门三年滚动规划的基础。中央部门和单位如需对已入库项目进行调整，须编制项目调整计划，按上述审核程序报批。

3. 项目滚动管理

以项目库为载体实现项目的全周期滚动管理。编制年度部门预算和部门三年滚动规划前，中央部门要完成项目的储备工作，纳入部门项目库的项目需填写规范的项目文本，包括立项依据、实施主体、支出范围、实施周期、预算需求、绩效目标、可行性论证、评审结果等内容，作为项目审核和管理的依据。纳入预算安排的项目中央部门和单位要在项目库中对项目的执行、调剂、结转结余、绩效等信息及时进行更新和维护。纳入预算安排的延续性项目，原则上滚动纳入下年度预算。未纳入预算安排的预算备选项目，可滚动进入以后年度项目库。

（三）预算评审和绩效管理

要把绩效管理的理念和要求融入项目支出预算管理各个环节，建立事前有目标、事中有监控、事后有评价、结果要运用的全过程绩效运行机制。

1. 项目支出预算评审

除个别不宜评审和无须评审的项目外，部门二级项目在入库前都要进行评审。归口管理的项目评审工作由主管部门负责，部门不再评审，其他项目由中央部门组织评审。预算评审由部门内部负责预算管理的机构组织，可采取集中评审和分级评审的方法，形成评审结果并随项目支出预算一并报财政部。纳入财政部项目库的项目，由财政部根据需要开展再评审。对延续项目，财政部将有选择地开展再评审，力争实现项目预算评审全覆盖。项目支出预算评审的具体规定另行通知。

2. 项目支出绩效管理

纳入项目库管理的项目都必须设定绩效目标，未按要求设定绩效目标或绩效目标不合理且未进行调整完善的，不得纳入项目库。纳入执行监控的项目，都应开展绩效监控，作为预算执行的重要组成部分。执行完毕的项目都要由项目承担单位对照事先设定的绩效目标开展绩效自评，在此基础上，中央部门和财政部选择部分重大项目开展重点绩效评价，并积极推进中期绩效评价试点。2020年2月25日，财政部出台《项目支出绩效评价管理办法》（财预〔2020〕10号）指出，项目支出绩效评价（以下简称绩效评价）是指财政部门、预算部门和单位，依据设定的绩效目标，对项目支出的经济性、效率性、效益性和公平性进行客观、公正的测量、分析和评判。绩效评价应当遵循科学公正、统筹兼顾、激励约束、公开透明的原则。绩效评价结果要与项目库建设和预算安排有机结合，健全项目退出机制。预算绩效管理的具体规定另行通知。

（四）项目支出预算编制和执行

项目支出预算由基层预算单位编制，应严格按照预算批复和规定程序进行项目支出预算执行工作，强化预算执行监管，提高预算资金使用的规范性、安全性和有效性。

1. 项目支出预算编制

项目支出预算由基层预算单位编制，逐级审核汇总后，由中央部门按照"一级项目＋二级项目"的方式向财政部申报预算，根据二级项目的增减变化情况提出一级项目预算需求。二级项目预算按照经济分类科目编制，项目类别由部门在申报预算时一并提出，财政部审核。二级项目纳入预算安排后，项目类别在项目实施周期内不得调整。财政部对部门报送的项目支出预算进行审核，并按一级项目下达预算控制数，由部门按照审核后的项目类别和排序，安排二级项目预算。

2. 项目支出预算执行

要做好项目支出预算执行的各项前期准备工作，相关工作在部门预算"二上"后即可着手开展。严格按照预算批复的功能分类科目、用款计划、项目进度、有关合同和规定程序做好项目支出预算执行工作，涉及政府采购的应严格执行政府采购有关规定。硬化预算约束年度预算执行中除救灾等应急支出和少量年初未确定事项外，一般不追加当年项目预算支出，必须出台的政策通过以后年度预算安排。如部门认为必须追加当年支出的,应首先在已批复的预算额度内,通过调整当年支出结构解决并按程序报批。加强预算执行监管,提高预算资金使用的规范性、安全性和有效性,并将预算执行结果与以后年度预算安排相结合。

第三节 预算审批与执行

一、预算审批

(一) 预算审批概述

预算审批为预算程序的第二个阶段,即立法机关审查和表决批准政府的预算申请使预算草案产生法律效力成为年度预算法(即法典化的政府政策文件)为约束和引导行政部门在年度预算内的活动确立法定基础。立法机关在审查(Review)和批准预算中扮演关键角色,但对预算进行有效的法定审查要求有意义的法定授权(Legislative Authority)和信息的可得性,也要求为立法机关建立更好的权力结构,还要求立法机关有充足的能力与资源,这对于促进公共预算与财务管理的关键目标(财政纪律、资源配置、良好营运管理和管理财政风险)与保护适当程序至关重要。

立法机关的预算审查至少具有改进公共支出质量和贯彻民主治理的核心价值两项根本意义。由于攸关人民的核心利益、政府的核心职责和执政的合法性基础,在公共预算与财务管理领域更值得费心思量灌输民主与法治的基本价值,两者都集中体现并依赖于立法机关的预算审批——表达人民意志与利益的预算授权(Budgetary Authorization)。立法审查对于系统改进公共支出质量同样至关重要[1]。表5-2为2020年部门项目(评估)复审表。

---

[1] 中国当前背景下,低看、偏看或漏看"预算审批"丰富而深刻内涵的现象依然相当普遍。没有基本的拨乱反正和观念革新,"强化与改进人大预决算审查监督"的诉求,将很难从纸面诉求转换为实质行动。

表 5-2　　2020 年部门项目（评估）复审表（例）

填报单位：　　　　　　　　　　　　　　　　　　　　　　　　　　　　　　　　　　　（　　年度）

一级指标	二级指标	评估要点	评估标准	分值	得分	评分依据
立项必要性	依据充分	立项依据充分性	一票否决制，未通过审核不得进入立项程序			
		财政资金支持性	一票否决制，未通过审核不得进入立项程序			
		事权与支出责任匹配性	一票否决制，未通过审核不得进入立项程序			
绩效目标科学性	目标完整	项目的绩效目标是否完整	得 5 分；否则不得分			
	目标准确	项目的绩效目标是否准确	得 5 分；否则不得分			
	目标量化	项目的绩效目标是否量化	满足 2 点得 10 分，否则不得分			
方案实施可行性	项目论证	事前是否经过必要的可行性研究、专家论证、风险评估、集体决策	1. 提供可行性研究、专家论证、风险评估、集体决策中任意一项佐证材料，得 5 分； 2. 未提供佐证材料或材料未证明履行相应程序，不得分			
	项目计划	项目计划是否科学合理：项目范围、项目具体计划、启动时间、具体活动实施时间、项目实施的人员条件、场地设备、信息支撑等	1. 得 15 分； 2. 项目有实施方案，但项目计划不够清晰完整，得 10 分； 3. 无项目实施计划或计划过于粗糙，不得分			
投入经济性	重复投入	项目是否存在重复投入、多头申报、项目交叉等问题	不存在相关问题得 5 分；存在相关问题不得分			
	成本测算	是否细化规范、依据充分、标准科学	计算成本测算依据充分的占总金额比例：90% 以上得 35 分；70%—90% 得 25 分；50%—70% 得 15 分；50% 及以下不得分			
预算科学性	资金统筹	项目资金来源是否统筹考虑除市级财政资金以外的其他渠道	1. 确无其他资金渠道或有其他资金渠道且统筹考虑的，得 5 分； 2. 有其他资金渠道但未统筹考虑，不得分			
	编制准确	项目预算是否与绩效目标、项目任务、成本测算匹配	全部满足得 5 分；部分满足得 3 分；否则不得分			
总评分：					分	

资料来源：财政部预算司. 中央部门预算编制指南（2020 年）[M]. 北京：中国财政经济出版社，2019.

（二）预算审批的作用

1. 民主授权机制

立法机关"预算审批"的本质是法定授权，即代表纳税人批准政府的预算申请,由此构成公款管理、公共预算与财务管理三条基本底线中的第一条底线①。得到授权意味着承担义务,但并不意味着可以得到这么多钱。预算授权分为收入授权和支出授权两个基本方法。支出授权是指,批准支出申请,批准的是"做事的法定义务"而非"给你这么多钱花",后者取决于预算拨款——中国当前背景下大致对应财政部门的预算批复②。美国宪法规定的拨款法则对全球预算思想与实践产生了深远影响对"把权力关进制度笼子"至关重要③。

预算授权具有以下四种意义:

(1) 去除专断嫌疑与污点,为行政部门的活动提供合法性基础——人民通过作为社会契约的财政契约表达的赞同④。

(2) 使行政部门能够定期合法获得资源完成任务,在此意义上,预算授权的本质是为行政部门创设(拿钱、花钱和做事的)法定义务(Obligation),财政资金闲置和"不作为"因而应作为逃避义务或背离预算授权处理。

(3) 限制权力——行政部门的财政权力行使不得逾越预算授权的范围,而且享有的只是授予的财政决策制定权和实施权,并非全权——立法机关仍然保留审批权和监督权。

(4) 形成受托责任的来源行政部门在预算授权范围内向立法机关承担财务受托责任,因为立法机关在授予财政权力(制定权、实施权)的同时,也一并将责任授权行政部门。

预算授权的具体运作因国家而异,而以美国国会的预算授权体制最具全球影响力。

2. 承载法治的价值

预算授权安排不仅是积极的(宪制的行动功能)授权,也是"消极"的限权——作为权力制衡体系的关键一环发挥限制权力滥用与误用的作用(宪制的限权功能)。在后一意义上,预算授权承载了法治的价值。法治可最佳地定义为"对普遍良法的普遍遵从",年度预算法即立法机关批准的年度预算文件,为其中特别重要的一种类型,作为财务法(Financial Law)与非财务法(Non-financial Law)

---

① 另外两条分别是财政分权(横向与纵向)和确保公款动用处于立法机关的有效监控之下。

② 预算批复如果发挥预算拨款的作用,那么应为立法机关专享的权力而非行政部门的权力。中国背景下,财政部门通过预算批复掌握的拨款裁量权之大,可能远远超过理论上应有的范围和程度。在美国联邦政府中,预算授权和拨款的权力均属国会。

③ 1787年费城制宪会议通过的美国《宪法》第一条第九款明确写下了这段话。"把权力关进制度笼子"引自2013年《中共中央关于全面深化改革若干重大问题的决定》。

④ 社会契约论有其久远的历史,至今仍为政治学和社会学中最耀眼的光谱。各种版本的社会契约论都在某种程度上认同"人民的赞同"作为国家和理想的国家起源的基础。

区分开来。两者的清晰分离非常重要①。

有效的权力制衡安排依赖决策控制与决策管理的分离，无论组织层面还是功能层面。组织内部也必须遵从不相容职责分离的基本内部控制原则。

今天，在多数国家，批准预算即钱袋子的权力是对行政部门进行法定控制的主要形式，以确保公众的钱只有在法律约束之下才能被开支。任何公共资金都只能在法律约束之下才能被开支②。

3. 控制腐败与决策纠错

立法审查安排使立法机关有可能在控制腐败和决策纠错中发挥重要作用。

（1）控制腐败。公共财政中有三类常见的腐败，即偷窃公款、滥用拨款的权力和基于部门利益制定与解释法律法规。腐败的风险在许多国家都很高，公共预算与财务管理尤其成为腐败的高发区。所有的腐败行为都有权力滥用的共同根源。所有垄断和过度自由裁量的权力都会带来腐败的高风险，没有例外。尽管腐败会出现在任何地方，包括立法机关，但相对而言，多数国家的腐败主要源于行政部门的权力滥用。

（2）决策纠错。预算文件记录了预算准备阶段作出的三类主要的预算决策，即总量决策、配置决策和运营决策。每类决策都可能出现差错或纰漏，在预算草案被仓促准备、预算脆弱性（支离破碎的预算制定）未得到系统清除的环境中，决策差错的概率会骤然提高。

不仅某些失败的现行政策与规划会出现在预算文件中，新采纳的政策与规划也可能如此。错误决策的负面后果远高于想象。预算审查提供了一个重要的事前纠错（过渡与淘汰）机制。立法机关的预算审查可以并且应该发挥重要作用，但须满足适当界定立法机关的角色与权力、提高预算审查的专业能力两个主要的前提条件。

（三）预算审批

预算审批的程序包括人代会前的初步审查、人民代表大会期间的正式审查和表决（见图5-6）。

---

① 财务法是指约束与规范公共资金来源、分配与使用的法律。预算法为典型的财务法，涵盖宪法（预算条款）、基本预算法（分配预算权力与职责）和年度预算法三个基本层次。中国现行的教育法、农业法等规定法定支出的部门法律，均为非财务法。后者对财务法规范的范围之侵蚀，成为引发混乱和冲突的根源。

② Schiavo - Campo S. The budget and its coverage//Shar A. Budgeting and Budgetary Institutions [M]. Washington D. C: World Bank Publication, 2007.

图 5-6 预算审批程序

在民主治理背景下,立法机关的预算审批意义与作用非同寻常,涉及形式审查和实质审查两个关键方面①。一是形式审查。形式审查关注一系列"形式要素",如呈递审查的预算文件的类型与制式要求,需向立法机关呈递预算文件的预算实体的范围,立法机关的审查与表决程序,包括质询、听证和辩论。二是实质审查。实质审查关注立法机关的审查如何为提高公共支出的质量作出贡献,以及实质性地反映和促进立法机关在公共预算与财务管理中代表、立法(授权)和监督三角色,尤其强调在制约权力、控制腐败和决策纠错中的独特作用。

二、预算执行

(一) 预算执行的内容

公共组织预算执行是指:预算规划的各项收入和支出通过公共组织的财务活动而被落实的过程,主要包括预算收入执行和预算支出执行。

1. 预算收入执行

预算收入执行是指预算收入的实现过程。预算收入执行必须严格按照收入的法律法规办事,不得任意增收或减收。预算收入的征收机关当天征得的收入在当天就上缴国库。已入库的预算资金若需要退库,必须严格按规定办理。及时预算收入和执行后的实际收入之间有可能存在偏差,但收入执行机关只负责依法征收。

---

① 中国背景下,务必不要将"财政一审、政府二审、党委三审"混同于"人大终审"。部门预算的"四审制"将党政部门的自我(内部)审查与代表纳税人的人大审查相提并论,矮化和异化了立法机关或审议机关在预算过程中扮演的代表、立法(授权)和监督三个关键角色。"退居线"的说法也是如此。各级人民代表大会的预算审查与行业监督作为守护纳税人荷包的第一道防火墙,体现的正是"进驻线"。在最不应该由任命产生、最应该由公正独立选举产生的群体中,立法机关首屈一指。人大体制的灵魂在于其代表性:代表作为选民的纳税人的利益与关切批准或拒绝政府账单。在民主社会作为政府财政权威进而政治权威的法定来源。

2. 预算支出执行

预算支出执行是预算单位完成预算目标的实现过程，预算支出的资金是由金字塔状的政府预算组成的顶层逐级下拨的。预算支出按"四按"规定办：一是按预算支出拨款，即根据年度预算的季度分月用款计划拨款；二是按预算规定拨款，即专款专用，不得任意挪作他用；三是按进度拨款，经常支出和资本支出有不同的规定，前者是分月拨款，后者是按工程进度拨款；四是按预算级次拨款，即按预算单位的所属关系拨款，不得向没有预算关系的单位拨付资金①。

3.《预算法》关于预算执行的规定

2018年全国人大常委会通过了新修正的《中华人民共和国预算法》（以下简称新《预算法》），新《预算法》对于公共组织预算执行作出了相关规定：预算审批前支出、收入指标、收付实现制、国库集中收付管理、超收收入使用增列赤字等作出了相关规定，增强了预算执行的规范性（见表5-3）。

表5-3　　　　　　　　新《预算法》关于预算执行的有关规定（部分）

项目	预算执行相关规定
预算审批前支出	第五十五条规定，预算年度开始后，各级预算草案在本级人民代表大会批准前，可以安排：上一年度结转的支出；参照上一年同期的预算支出数额安排必须支付的本年度部门基本支出、项目支出，以及对下级政府的转移性支出；法律规定必须履行支付义务的支出，以及用于自然灾害等突发事件处理的支出，并在预算草案的报告中说明，经本级人民代表大会批准后，按照批准的预算执行
收入指标	新修改的预算法第五十五条继续要求，不得违反法律、行政法规规定，减征、免征、缓征应征的预算收入，不得截留、占用或者挪用预算收入，同时增加规定，各级政府不得向预算收入征收部门和单位下达收入指标，征收部门和单位也不能多征、提前征收
收付实现制	新修改的预算法第五十七条、第五十八条补充规定，各级预算的收入和支出实行收付实现制，各级政府、各部门、各单位的支出必须按预算执行，不得虚假列支。特定事项按照国务院的规定实行权责发生制的有关情况，应当向本级人民代表大会常务委员会报告
国库集中收付管理	新修改的预算法明确政府的全部收入都应当上缴国库。经过否定之否定，新修改的预算法继续保留中央国库由央行经理，并对财政专户进行限制。第五十六条规定，国家实行国库集中收缴和集中支付制度，对政府全部收入和支出实行国库集中收付管理，只有法律有明确规定或者经国务院批准的特定专用资金，可以依照国务院的规定设立财政专户。第五十九条补充规定，各级政府应当按国务院的规定完善国库现金管理，合理调节国库资金余额。第六十条增加规定，已经缴入国库的资金，依照法律、行政法规的规定或者国务院的决定需要退付的，各级政府财政部门或者其授权的机构应当及时办理退付。按照规定应当由财政支出安排的事项，不得用退库处理

---

① 吴俊培. 公共经济学 [M]. 武汉：武汉大学出版社，2009.

续表

项目	预算执行相关规定
超收收入使用	新修改的预算法第六十六条增加规定，各级一般公共预算年度执行中有超收收入的，只能用于冲减赤字或者补充预算稳定调节基金。各级一般公共预算的结余资金，应当补充预算稳定调节基金
增列赤字	新修改的预算法第六十六条增加规定，省级一般公共预算年度执行中出现短收，通过调入预算稳定调节基金、减少支出等方式仍不能实现收支平衡的，省级政府报本级人大常委会批准，可以增列赤字，报国务院财政部门备案，并应当在下一年度预算中予以弥补

资料来源：《中华人民共和国预算法（2018年修正）》。

预算执行通常须满足五项特定要求：（1）确保预算的实施与法定授权相一致——主要涉及预算事务的行政管理和预算调整，无论财务还是政策方面，尽管预算执行中的不确定性总是存在的；（2）根据宏观经济环境发生的重大变动，对预算进行必要的调整；（3）解决在预算实施过程中发生的问题；（4）有效管理采购和资源使用；（5）预防权力滥用和腐败①。

（二）公共组织预算调整

1. 预算执行调整概述

预算调整是指预算在执行中根据具体情况需要改变原预算安排的行为。在预算执行中，各级政府一般不制定新的增加财政收入或者支出的政策和措施，也不制定减少财政收入的政策和措施；但是由于社会经济发展的不确定性因素的存在，在预算执行的过程中可能存在一些在预算准备和编制时期未预料到的情况，因此需要根据实际情况对公共组织的既有预算进行一定的调整，对于必须作出并需要进行预算调整的，应当在预算调整方案中作出安排。

根据2018年新《预算法》的规定，经全国人民代表大会批准的中央预算和经地方各级人民代表大会批准的地方各级预算，在执行中出现下列情况之一的，应当进行预算调整：（1）需要增加或者减少预算总支出的；（2）需要调入预算稳定调节基金的；（3）需要调减预算安排的重点支出数额的；（4）需要增加举借债务数额的。

2. 预算调整流程

在预算执行中，各级政府对于必须进行的预算调整，应当编制预算调整方

---

① 王雍君. 公共预算与财务管理 [M]. 北京：科学出版社，2019.

案。预算调整方案应当说明预算调整的理由、项目和数额。在预算执行中,由于发生自然灾害等突发事件,必须及时增加预算支出的,应当先动支预备费;预备费不足支出的,各级政府可以先安排支出,属于预算调整的,列入预算调整方案。

经批准的预算调整方案,各级政府应当严格执行。未经《预算法》规定的程序,各级政府不得作出预算调整的决定。对违反《预算法》规定作出的决定,本级人民代表大会、本级人民代表大会常务委员会或者上级政府应当责令其改变或者撤销。

预算执行的调整是关系整个预算过程的重要环节(见图5-7),在公共组织预算管理中具有重要地位。

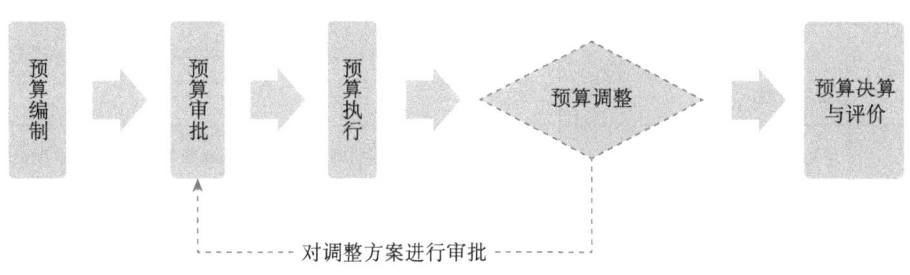

图5-7 公共组织预算调整流程

(三)预算执行审计与监督

1. 预算执行审计

开展预算执行审计是公共组织财政审计的主要内容,也是中央和地方各级审计部门单位履行审计监督职责的重要内容。党的十八大以来,各级审计单位紧紧围绕"发展、改革、安全、绩效、反腐"这条主线,不断拓展审计监督的广度和深度,深入揭示了各级部门预算执行中存在的问题,并剖析原因、提出建议,推动公共组织预算管理和改革取得积极进展和显著成效。

(1)预算执行审计。预算执行审计是指各级审计机关依据本级人大审查和批准的年度财政预算,对本级财政及各预算执行部门和单位,在预算执行过程中筹集、分配和使用财政资金的情况以及组织政府预算收支任务完成情况和其他财政收支的真实、合法、效益性所进行的审计监督。

预算执行审计在广度和深度上不断拓展,审计揭示的问题数量和问题金额都有明显上升,发现的问题涉及预算编制管理、基本支出、项目支出、非税收入收缴、国有资产管理、财务管理、绩效管理等多个方面。各级审计机关在预算执行审计项目计划、审计实施模式、大数据分析方法运用和制度保障等方面积极探索创新,以财政同级审计为依托,将预算执行审计与相关审计项目有机结合,努力打造力量统筹、资源整合、方法集成、成果共享的大格局审计,在推进预算执行审计监督全覆盖方面发挥了重要作用。

(2) 预算执行绩效审计。党的十八大以来,中国出台和修订了一系列法规文件对强化预算执行绩效审计提出了新要求(见表5-4)。

表5-4　　　　　　　　强调预算执行绩效性审计相关法规文件

年份	事项
2014	《关于深化预算管理制度改革的决定》提出要加强预算执行管理,提高财政支出绩效审计
2018	《中华人民共和国预算法》支出在预算执行中,各级政府、各部门、各单位应当对预算支出情况开展绩效评价
2018	《关于人大预算审查监督重点向支出预算和政策拓展的指导意见》强调预算执行过程中财政资金的绩效性
2018	《关于全面实施预算绩效管理的意见》提出要加强预算执行审计,切实履行预算绩效管理主体责任

当前,预算执行绩效审计尚未全面开展,已经开展的一些审计实践尚处于局部的阶段,对预算执行绩效的全过程审计评价有待进一步研究和探索。

(3) 预算执行审计成果利用。为进一步充分、有效发挥预算执行审计的作用,审计机关应在审计成果深挖利用和审计问题整改落实方面加大力度。可以探索"装配式"审计成果组合,从项目设计阶段,就基于政府、人大、组织部门等不同对象的需求,定制解决方案,从业务流和资金流两个维度,对审计项目、审计重点和审计内容,按决策、资金、绩效等节点进行标准化全面审计取证,为财政审计、经济责任审计、专项审计提供基础素材,按需组合成各种审计报告,综合利用审计成果。同时,应加强同级审计机关、上下级审计机关之间的经验交流,应加强经验总结、成果分享,有利于取长补短、互通有无,优化预算执行审计结果的资源配置,促进公共组织预算管理系统的完善,进而推进现代化公共组织财务管理系统的构建。

2. 预算会计与执行报告监督

预算执行及时和全面的预算执行监督应涵盖所有的预算交易,除审计外,依赖会计与报告系统提供可靠和充分的信息,以确保在预算执行的过程中财务、政策与行政管理层面和预算授权之间的一致性。

(1) 预算会计。预算会计是指核算包括预算执行在内的整个预算运行周期各阶段收支的会计概念,是公共组织会计的一个组成部分,无论对政策制定还是监督预算实施,都是最关键的要素①。与以权责发生制为基础的财务会计不同,中国公共组织采用收付实现制为基础的预算会计,用以系统地记录与追踪拨款、拨款分配、拨款增减(预算调整)支出条目间的资源转移及拨款使用,拨款使用涵盖承诺、核实和付款阶段的支出,通过预算会计所提供的信息反应预算执行的具体情况在公共组织财务支出管理中具有重要意义。

(2) 预算执行报告。基本的预算执行报告是指在支出周期的各个阶段均按组织、功能、经济和规划分编制的按季分月报告。以教育局为例,在核实阶段的月度预算执行报告应提供如下信息:组织(教育局);功能(教育收支);经济(资本收支与经常收支各多少);规划(学前教育、义务教育、高等教育、职业教育等收支情况)。其他阶段与此相同。中国目前暂未采纳这样的报告制式——对预算执行控制最有价值的制式。这种即时的月度快报对于提高现金管理效果深具价值。除了外部融资(外援)的支出外,原则上,所有内部融资的支出均应在周期的各个阶段按月度报告。对于预算执行报告的具体模式与应用将是未来一段时间内公共组织预算执行的研究热点②。

(四)公共组织预算的决算

公共组织预算的决算是预算执行结果的最终形式,或者说是实现的"预算"。因为预算执行过程中有各种不确定性因素的存在,可能对部门预算或项目预算进行调整,所以公共组织预算的决算和预算是不一样的。

与预算相应,公共组织决算也包括了部门决算和项目决算,其程序一般包括决算布置和培训、决算编制、决算审核、决算汇总报送、决算批复、决算公开六个步骤。由于决算报告的编制步骤和预算编制过程是类似的③,在此不再赘述。各部门和项目决算与预算的编制、审批和执行一样,都需要接受权力机关和审计机关的审查最终定性。从预算的准备编制、审批、执行到决算再到评价,形成了公共组织预算管理的整个过程,本书以广东省某市2024年为例展现了公共组织预算流程(见图5-8)。

---

① Tommasi D. Budget execution//Shar A. Budgeting and Budgetary institutions [M]. Washington D. C: The World Bank Publication, 2007.
② 王雍君. 公共预算与财务管理 [M]. 北京:科学出版社, 2019.
③ 吴俊培. 公共经济学 [M]. 武汉:武汉大学出版社, 2009.

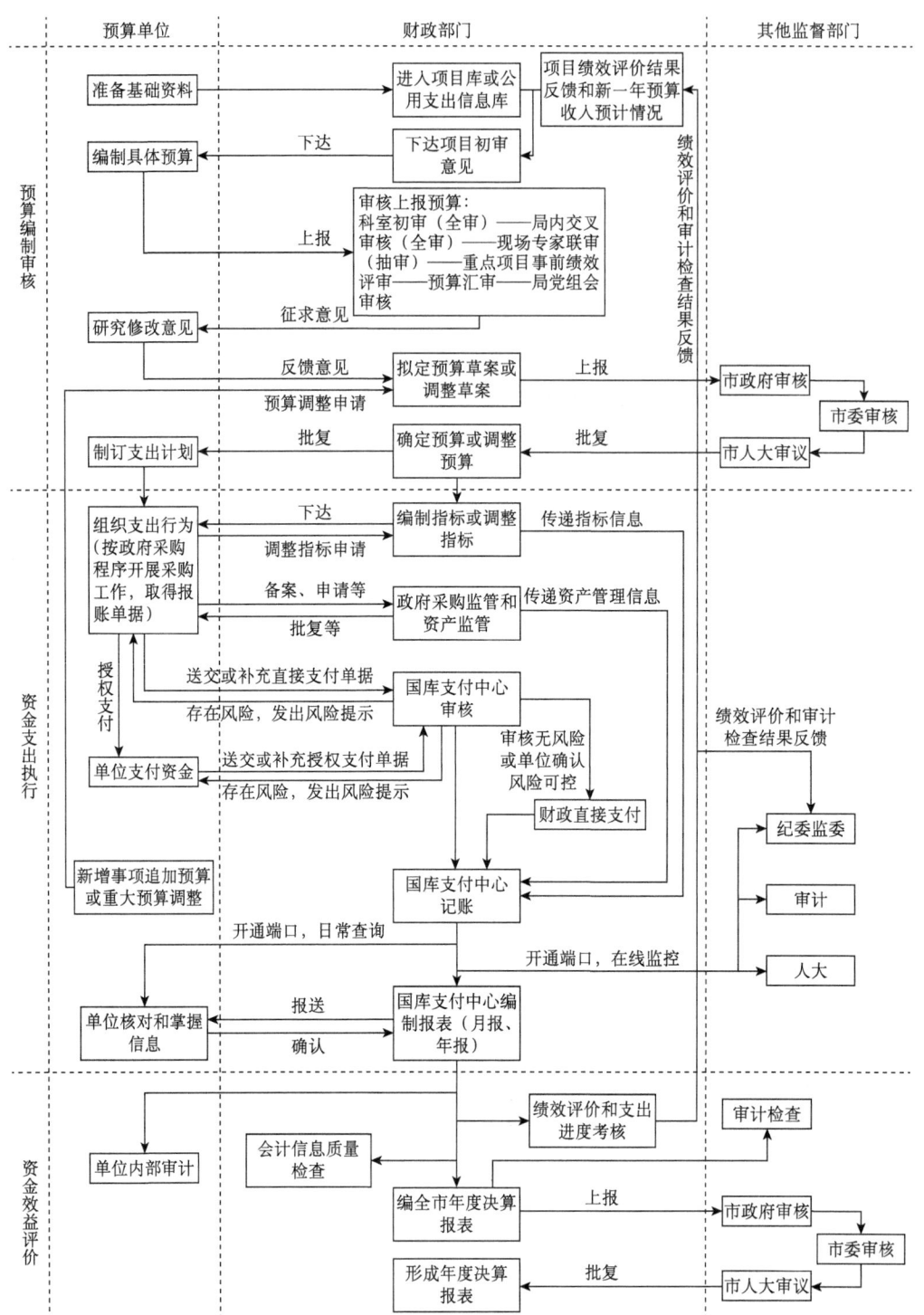

图5-8 某市预算管理流程

注：目前各地预算执行的会计核算原则上由国库管理部门进行核算，但因工作量大，在具体操作规范上一些地方还是采取部门核算方式，操作上最终还没有完全统一。

第四节
预算绩效管理与评价

党的十八大提出要不断提升财政资金的使用效率,完善公共组织预算管理体制。2018年《中共中央 国务院关于全面实施预算绩效管理的意见》指出现行预算绩效管理仍然存在一些突出问题,主要是:绩效理念尚未牢固树立,一些地方和部门存在重投入轻管理、重支出轻绩效的意识;绩效管理的广度和深度不足,尚未覆盖所有财政资金,一些领域财政资金低效无效、闲置沉淀、损失浪费的问题较为突出,克扣挪用、截留私分、虚报冒领的问题时有发生;绩效激励约束作用不强,绩效评价结果与预算安排和政策调整的挂钩机制尚未建立。

要发挥好公共组织财务管理的职能作用,必须按照全面深化改革的要求,加快建立现代公共组织财务管理制度,建立全面规范透明、标准科学、约束有力的预算制度,以预算绩效管理为关键点和突破口,解决好绩效管理中存在的突出问题,推动公共资金聚力增效,提高公共服务供给质量,增强政府公信力和执行力。

一、预算绩效管理概述

(一)预算绩效管理的内涵

预算绩效管理是一个由绩效目标管理、绩效运行监控、绩效评价实施、绩效评价结果反馈和应用共同组成的综合系统。

预算绩效管理的内涵包括以下几个方面:第一,预算绩效管理的本质仍是预算管理,是利用绩效管理理念、绩效管理方法等对现有的预算管理模式的改革和完善。第二,预算绩效管理主线是结果导向,即预算的编制、执行、监督等,要以年初确定的绩效目标为依据,始终围绕绩效目标实现(即预期结果)这一主线开展工作。第三,预算绩效管理的核心是强化支出责任,"用钱要问效,无效要问责",不断提高财政部门和预算部门的支出责任意识。第四,预算绩效管理的特征是全过程,即绩效管理贯穿于预算编制、预算执行、预算监督之中,实现全方位、全覆盖。第五,预算绩效管理的表现形式是四个环节紧密相连,即绩效目标管理、绩效运行监控、绩效评价实施、评价结果应用的有机统环,形成封闭运行的预算管理闭环。第六,开展预算绩效管理的目的是改进预算管理,控制节约成本,优化资源配置,为社会提供更多、更好的公共产品和服务,提高预算资金的使用效益。第七,预算绩效管理的定位是政府绩效管理的重要组成部分,属于绩效管理的范畴,在政府绩效管理的整体框架下展开。

(二) 预算绩效管理的几个关系

1. 预算绩效管理与预算管理的关系

预算绩效管理是在现有的预算管理模式下,将绩效理念和方法贯穿于预算编制、预算执行、预算监督之中,是一种以支出结果为导向的预算管理模式,两者是统一的。

首先,预算绩效管理和预算管理的本质是一致的。讲求绩效是预算管理的应有之义,而预算绩效管理则强化政府预算为民服务的理念,强调预算支出的责任和效率,两者具有相同的本质。其次,预算绩效管理是对传统预算管理的完善。针对传统预算管理存在的"重分配、轻管理,重支出、轻绩效"问题,预算绩效管理采用科学的体系和方法来突出并强调预算的绩效问题,并以绩效为导向,进一步提高管理水平,优化资源配置,提高财政资金使用效益。再次,预算绩效管理依托于预算管理改革。中国当前实施的部门预算改革、国库集中支付改革,以及政府收支分类改革等,使预算管理的科学性、规范性、合规性不断提高,为预算绩效管理的实施提供了前提条件和坚实基础;同时,预算绩效管理的推进,也可进一步深化预算管理改革。最后,预算绩效管理模式随着预算管理模式的发展而发展。预算管理模式是在综合考虑一国政治、经济、社会发展实际的基础上确定的,具有较强的时代特性,并伴随着社会的发展而不断进行调整和完善。预算绩效管理则植根于相应的预算管理模式之上,既要与其相适应,又要随着预算管理模式的发展而调整、完善。

2. 预算绩效管理和政府绩效管理的关系

政府绩效是指政府及其部门履行自身职责的行为及其产出的结果和社会经济影响,不只是一个政绩层面的概念,还包括政府成本、政府效率、政治稳定、社会进步、发展预期等多方面的含义。政府绩效管理作为一种新型的行政管理模式,主要是指通过建立科学合理的政府绩效评估指标体系和评估机制,对政府及其工作人员履行职能、完成工作任务以及实现经济社会发展目标的过程、实绩和效果实行综合考核评价,并根据考评结果改进政府工作、降低行政成本、提高政府效能的一种管理活动。

预算资金是政府履职的物质基础和体制保障。由于现代预算制度是以公共支出为核心，体现了政府的主要职能和施政理念，因此，预算绩效既是衡量政府绩效的主要指标，也是影响政府其他功能性绩效的关键因素。

3. 预算绩效管理与绩效预算的关系

西方国家推行绩效预算已有较长时间，但对究竟什么是绩效预算，目前尚没有一个明确、统一的定义。无论如何定义，其都和预算绩效管理有相通之处，它们都是注重结果的预算，它关注的重点不是预算的执行过程，而是执行的结果，要求管理者对绩效结果负责，重视对预算支出结果和收益进行分析考察，并根据结果调整预算分配，从而起到优化资源配置，提高公共支出效率和有效性的目标。此外，它们都是可以量化和考核的预算要求必须对公共部门活动的投入、产出和结果进行量化，提出绩效目标，然后依据一定的评价指标对其目标完成程度进行评价，等等。

虽然中国的预算绩效管理是在充分借鉴西方绩效预算的理念和方法基础上结合预算管理现实发展起来的，是绩效预算理念在中国的具体实践。但是预算绩效管理并不等同于实施了绩效预算，绩效预算的实施必须得有相应的条件做支撑，如健全的法律制度支持、管理者的充分自主权，严格的问责机制、预算安排的民主化和公开透明、预算管理制度的权责发生制等。因此并不是所有国家都具备实施绩效预算的条件。

二、预算绩效目标管理

（一）预算绩效目标设定

绩效目标是预算绩效管理的前提，是整个预算绩效管理系统的基础，包括绩效内容、绩效指标和绩效标准。预算单位在编制下一年度预算时，根据政府编制预算的总体要求和财政部门的具体部署、国民经济和社会发展规划、部门职能及事业发展规划，科学、合理地测算资金需求，编制预算绩效计划，报送绩效目标。报送的绩效目标应与部门目标高度相关，并且是具体的、可衡量的、一定时期内可实现的。预算绩效计划应详细说明为达到绩效目标拟采取的工作程序、方式方法、资金需求、信息资源等，并有明确的职责和分工。

（二）预算绩效目标审核

财政部门依据国家相关政策、财政支出方向和重点、部门职能及事业发展规划等对单位提出的绩效目标进行审核，包括绩效目标与部门职能的相关性、绩效目标的实现所采取措施的可行性、绩效指标设置的科学性、实现绩效目标所需资金的合理性等。绩效目标不符合要求的，财政部门应要求报送单位调整、修改，审核合格的，进入下一步预算编审流程。

（三）预算绩效目标批复

财政预算经各级人民代表大会审查批准后，财政部门要在单位预算批复中同时批复绩效目标。批复的绩效目标应当清晰、可量化，以便在预算执行过程中进行监控，在预算完成后实施绩效评价时对照比较。本书以中央部门为例，展示了预算绩效目标管理的流程（见图5-9）。

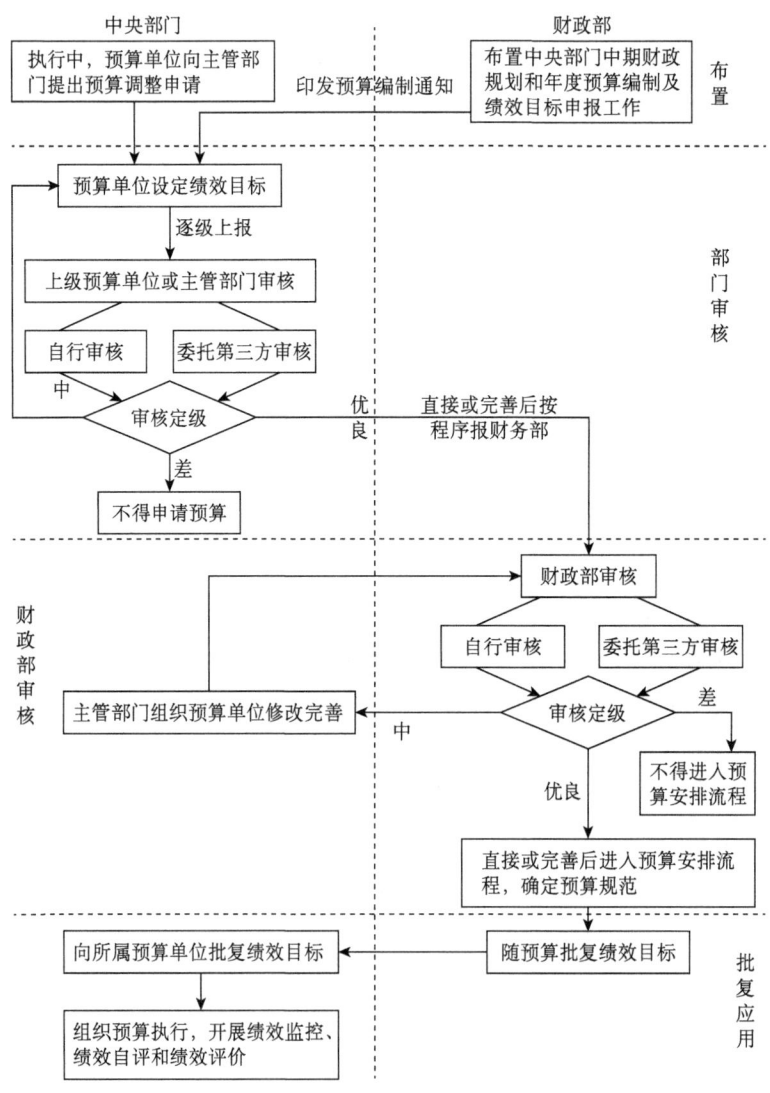

图5-9 中央部门预算绩效目标管理流程

三、绩效运行监控

绩效运行监控是预算绩效管理的重要环节。各级财政部门和预算单位建立绩效运行监控机制，定期采集绩效运行信息并汇总分析，对绩效目标运行情况进行跟踪管理，重点监控是否符合预算批复时确定的绩效目标，发现预算支出绩效运行与原定绩效目标发生偏离时，及时采取措施予以纠正，情况严重的，应暂缓或停止该项目的执行。

四、预算绩效评价

预算绩效评价是预算绩效管理的核心。预算执行结束后，及时对预算资金的产出和结果进行绩效评价，重点评价产出和结果的经济性、效率性和效益性。实施绩效评价要编制绩效评价方案，拟定评价计划，选择评价工具，确定评价方法，设计评价指标。预算具体执行单位对预算执行情况进行自我评价，提交预算绩效报告，将实际取得的绩效与绩效目标进行对比，如未实现绩效目标，须说明理由。

（一）预算绩效评价流程

预算绩效评价主要是对预算的经济性、效率性、收益性和公平性进行客观公正的评价，本书列举了预算绩效管理的流程（见图 5-10）。

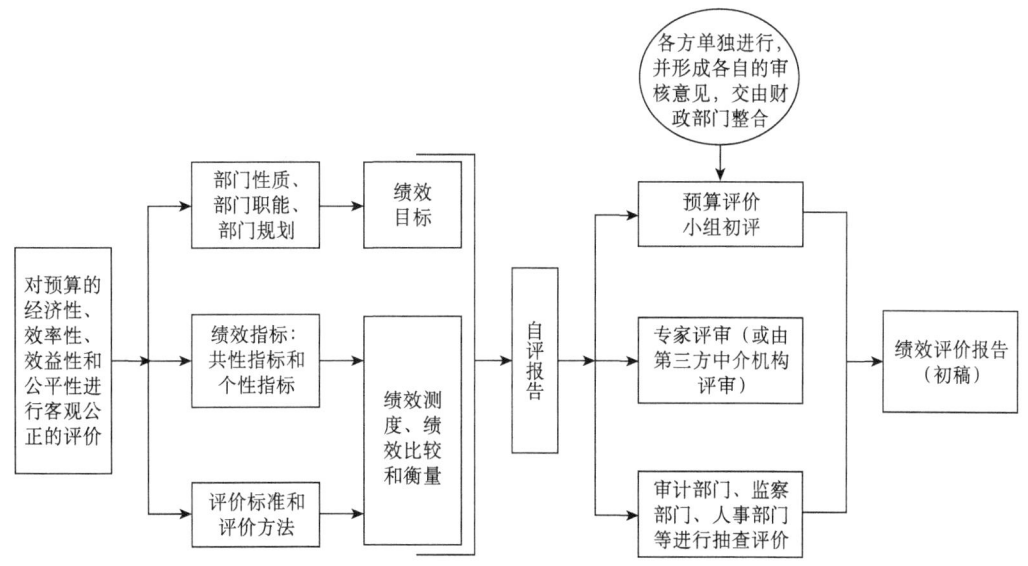

图 5-10 公共组织预算评价流程

(二) 预算绩效评价指标

绩效评价标准通常包括计划标准、行业标准、历史标准和财政部门预算部门确认的或者认可的其他标准等,用于对绩效指标完成情况进行比较。

绩效评价指标是指衡量绩效目标实现程度的考核工具。绩效评价指标的确定应遵循相关性原则、重要性原则、可比性原则、系统性原则和经济性原则,以便以最为核心、简便易行、口径统一的指标,全面反映被评价对象的产出和效果的实现程度。按照绩效评价指标的适用范围,可划分为共性指标和个性指标;根据绩效评价指标的性质不同,绩效评价指标可划分为定量指标和定性指标(见图5-11)。

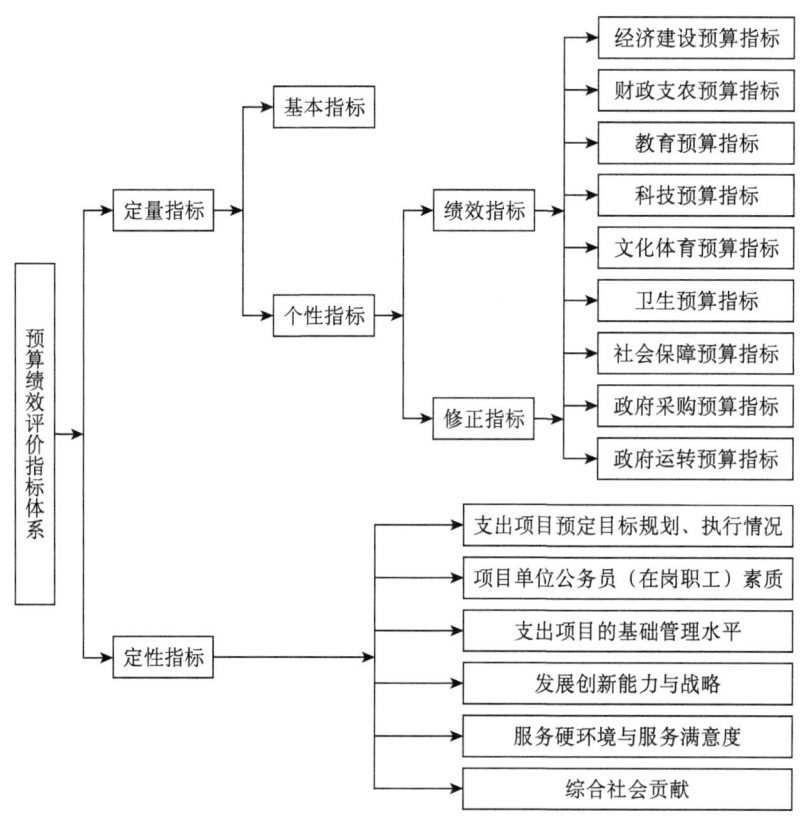

图 5-11 预算绩效评价指标体系

此外,为进一步促进对预算绩效评价指标的理解和应用,本节还列出了《项目支出绩效评价管理办法》(财预〔2020〕10号)所给出的项目支出绩效评价指标体系框架(参考)(见表5-5)以及财政部预算司编制的《中央部门预算编制指南(2020年)》所给出的具体项目绩效评价指标体系评分表(见表5-6)。

表 5-5　　　　　　　　　　项目支出绩效评价指标体系框架（参考）

一级指标	二级指标	三级指标	指标解释	指标说明
决策	项目立项	立项依据充分性	项目立项是否符合法律法规、相关政策、发展规划以及部门职责，用以反映和考核项目立项依据情况	评价要点： ①项目立项是否符合国家法律法规、国民经济发展规划和相关政策； ②项目立项是否符合行业发展规划和政策要求； ③项目立项是否与部门职责范围相符，属于部门履职所需； ④项目是否属于公共财政支持范围，是否符合中央、地方事权支出责任划分原则； ⑤项目是否与相关部门同类项目或部门内部相关项目重复
		立项程序规范性	项目申请、设立过程是否符合相关要求，用以反映和考核项目立项的规范情况	评价要点： ①项目是否按照规定的程序申请设立； ②审批文件、材料是否符合相关要求； ③事前是否已经过必要的可行性研究、专家论证、风险评估、绩效评估、集体决策
	绩效目标	绩效目标合理性	项目所设定的绩效目标是否依据充分，是否符合客观实际，用以反映和考核项目绩效目标与项目实施的相符情况	评价要点： （如未设定预算绩效目标，也可考核其他工作任务目标） ①项目是否有绩效目标； ②项目绩效目标与实际工作内容是否具有相关性； ③项目预期产出效益和效果是否符合正常的业绩水平； ④是否与预算确定的项目投资额或资金量相匹配
		绩效指标明确性	依据绩效目标设定的绩效指标是否清晰、细化、可衡量等，用以反映和考核项目绩效目标的明细化情况	评价要点： ①是否将项目绩效目标细化分解为具体的绩效指标； ②是否通过清晰、可衡量的指标值予以体现； ③是否与项目目标任务数或计划数相对应
	资金投入	预算编制科学性	项目预算编制是否经过科学论证、有明确标准，资金额度与年度目标是否相适应，用以反映和考核项目预算编制的科学性、合理性情况	评价要点： ①预算编制是否经过科学论证； ②预算内容与项目内容是否匹配； ③预算额度测算依据是否充分，是否按照标准编制； ④预算确定的项目投资额或资金量是否与工作任务相匹配
		资金分配合理性	项目预算资金分配是否有测算依据，与补助单位或地方实际是否相适应，用以反映和考核项目预算资金分配的科学性、合理性情况	评价要点： ①预算资金分配依据是否充分； ②资金分配额度是否合理，与项目单位或地方实际是否相适应

续表

一级指标	二级指标	三级指标	指标解释	指标说明
过程	资金管理	资金到位率	实际到位资金与预算资金的比率，用以反映和考核资金落实情况对项目实施的总体保障程度	资金到位率 =（实际到位资金/预算资金）×100%。 实际到位资金：一定时期（本年度或项目期）内落实到具体项目的资金。 预算资金：一定时期（本年度或项目期）内预算安排到具体项目的资金
		预算执行率	项目预算资金是否按照计划执行，用以反映或考核项目预算执行情况	预算执行率 =（实际支出资金/实际到位资金）×100%。 实际支出资金：一定时期（本年度或项目期）内项目实际拨付的资金
		资金使用合规性	项目资金使用是否符合相关的财务管理制度规定，用以反映和考核项目资金的规范运行情况	评价要点： ①是否符合国家财经法规和财务管理制度以及有关专项资金管理办法的规定； ②资金的拨付是否有完整的审批程序和手续； ③是否符合项目预算批复或合同规定的用途； ④是否存在截留、挤占、挪用、虚列支出等情况
	组织实施	管理制度健全性	项目实施单位的财务和业务管理制度是否健全，用以反映和考核财务和业务管理制度对项目顺利实施的保障情况	评价要点： ①是否已制定或具有相应的财务和业务管理制度； ②财务和业务管理制度是否合法、合规、完整
		制度执行有效性	项目实施是否符合相关管理规定，用以反映和考核相关管理制度的有效执行情况	评价要点： ①是否遵守相关法律法规和相关管理规定； ②项目调整及支出调整手续是否完备； ③项目合同书、验收报告、技术鉴定等资料是否齐全并及时归档； ④项目实施的人员条件、场地设备、信息支撑等是否落实到位
产出	产出数量	实际完成率	项目实施的实际产出数与计划产出数的比率，用以反映和考核项目产出数量目标的实现程度	实际完成率 =（实际产出数/计划产出数）×100%。 实际产出数：一定时期（本年度或项目期）内项目实际产出的产品或提供的服务数量。 计划产出数：项目绩效目标确定的在一定时期（本年度或项目期）内计划产出的产品或提供的服务数量
	产出质量	质量达标率	项目完成的质量达标产出数与实际产出数的比率，用以反映和考核项目产出质量目标的实现程度	质量达标率 =（质量达标产出数/实际产出数）×100%。 质量达标产出数：一定时期（本年度或项目期）内实际达到既定质量标准的产品或服务数量。既定质量标准是指项目实施单位设立绩效目标时依据计划标准、行业标准、历史标准或其他标准而设定的绩效指标值

续表

一级指标	二级指标	三级指标	指标解释	指标说明
产出	产出时效	完成及时性	项目实际完成时间与计划完成时间的比较，用以反映和考核项目产出时效目标的实现程度	实际完成时间：项目实施单位完成该项目实际所耗用的时间。 计划完成时间：按照项目实施计划或相关规定完成该项目所需的时间
产出	产出成本	成本节约率	完成项目计划工作目标的实际节约成本与计划成本的比率，用以反映和考核项目的成本节约程度	成本节约率＝[(计划成本－实际成本)/计划成本]×100%。 实际成本：项目实施单位如期、保质、保量完成既定工作目标实际所耗费的支出。 计划成本：项目实施单位为完成工作目标计划安排的支出，一般以项目预算为参考
效益	项目效益	实施效益	项目实施所产生的效益	项目实施所产生的社会效益、经济效益、生态效益、可持续影响等。可根据项目实际情况有选择地设置和细化
效益	项目效益	满意度	社会公众或服务对象对项目实施效果的满意程度	社会公众或服务对象是指因该项目实施而受到影响的部门（单位）、群体或个人。一般采取社会调查的方式

表 5－6　　　　　　　　　　　项目预算绩效评价指标评分

××××年度项目预算绩效评价指标评分表

评价单位（盖章）：

评价项目名称：

项目预算绩效目标	长期目标（内容）				年度目标（内容）			

项目资金安排（万元）

一级指标	二级指标	三级指标	指标内容	评（扣）分标准	参考分值	自评分	扣分原因
（一）项目投入（10）	项目立项	立项规范度	立项流程的完整性和文件齐备度	规范：2分；较规范：1分；不规范：0分	2		
		绩效目标合理度	目标吻合财政资金投入方向和地方实际需求程度	合理：2分；较合理：1分；不合理：0分	2		
		绩效指标明确度	指标的数量化程度和可测量程度	明确：2分；较明确：1分；不明确：0分	2		
	资金落实	资金到位率	资金来源除以计划投资	100%到位：2分；60%及以上到位：1分；60%以下到位：0分	2		
		资金及时率	资金实际拨付时间与计划拨付时间比较	及时：2分；拖延3－6个月：1分；6个月以上：0分	2		

续表

一级指标	二级指标	三级指标	指标内容	评（扣）分标准	参考分值	自评分	扣分原因
（二）项目管理（20）	业务管理	管理制度健全度	是否建立健全项目管理制度	健全：3分；比较健全：2分；比较不健全：1分；不健全：0分	3		
		制度执行有效度	是否严格执行相关项目管理制度，项目相关资料是否齐全并及时归档	严格执行相关项目管理制度：2分；项目相关资料齐全并及时归档：2分	4		
		项目质量可控度	项目质量和风险能否得到有效控制，定期检查和监督机制是否完善	项目质量得到有效控制：1分；风险得到有效控制：1分；定期检查和监督机制完善：1分	3		
	财务管理	管理制度健全度	是否建立健全财务管理制度	健全：3分；比较健全：2分；比较不健全：1分；不健全：0分	3		
		资金使用合规度	是否严格执行相关财务管理制度，财务票证资料是否齐全并及时归档	严格执行资金管理制度：2分；项目相关资料凭证齐全并及时归档：2分	4		
		财务监控有效度	财务风控和审计监管制度是否完备有效	定期检查和监督机制完善：2分；财务风险得到有效控制：1分	3		
（三）项目产出（30）	项目产出	产出数量	各单位根据申报项目绩效目标及项目特点自行设定		8		
		产出质量	各单位根据申报项目绩效目标及项目特点自行设定		8		
		产出时效	各单位根据申报项目绩效目标及项目特点自行设定		8		
		产出成本	各单位根据申报项目绩效目标及项目特点自行设定		6		
（四）项目效果（40）	项目效益	经济效益	各单位根据申报项目绩效目标及项目特点自行设定		8		
		社会效益	各单位根据申报项目绩效目标及项目特点自行设定		8		
		环境效益	各单位根据申报项目绩效目标及项目特点自行设定		8		
		可持续影响	各单位根据申报项目绩效目标及项目特点自行设定		8		
		公众和服务对象满意度	公众和服务对象满意度程度	获得95%以上调查者满意度：8分；按5%内减1分递减扣分	8		
总 分					100		
单位负责人：	填报人：		联系电话：				填报日期：

注：1.（一）项目投入、（二）项目管理这两项指标为共性指标，适用于所有评价对象的指标；2.（三）项目产出、（四）项目效果这两项指标则为个性指标，是针对预算部门或项目特点设定的，由各单位根据申报项目绩效目标及项目特点自行设定。

（三）预算评价方式

未来在中国，公共组织预算绩效评价的方式主要是自我评价和外部评价相结合。例如，通过自评和外部评价相结合的方式，对预算的编制、执行和决算情况开展绩效评价。各部门各单位对预算编制和执行的情况以及政策、项目实施效果开展绩效自评，评价结果报送本级财政部门（见表5-7项目支出绩效自评表）。各级财政部门建立重大政策、项目预算绩效评价机制，逐步开展部门整体绩效评价，对下级政府财政运行情况实施综合绩效评价，必要时可以引入第三方机构参与绩效评价和在线填报方式实现项目资金绩效信息的在线填报和动态监控分析。如2019年底财政部根据印发的《关于进一步加强扶贫项目资金绩效管理工作的通知》，搭建了"财政扶贫资金动态监控平台"的绩效指标评价体系，进一步促进了对相关主体的责任明确和要求细化。

表 5-7 项目支出绩效自评表[①]

（　　年度）

项目名称								
主管部门					实施单位			
项目资金 （万元）			年初预算数	全年预算数	全年执行数	分值	执行率	得分
	年度资金总额					10		
	其中：当年财政拨款					—	—	—
	上年结转资金					—	—	—
	其他资金					—	—	—
年度总 体目标	预期目标				实际完成情况			
绩效 指标	一级指标	二级指标	三级指标	年度 指标值	实际 完成值	分值	得分	偏差原因分析 及改进措施
	产出指标	数量指标	指标1：					
			指标2：					
			……					
		质量指标	指标1：					
			指标2：					
			……					
		时效指标	指标1：					
			指标2：					
			……					

---

① 财政部预算司.《项目支出绩效评价管理办法》（财预〔2020〕10号）。

续表

项目名称							
	一级指标	二级指标	三级指标	年度指标值	实际完成值	分值	得分	偏差原因分析及改进措施
绩效指标	产出指标	成本指标	指标1:					
			指标2:					
			……					
	效益指标	经济效益指标	指标1:					
			指标2:					
			……					
		社会效益指标	指标1:					
			指标2:					
			……					
		生态效益指标	指标1:					
			指标2:					
			……					
		可持续影响指标	指标1:					
			指标2:					
			……					
	满意度指标	服务对象满意度指标	指标1:					
			指标2:					
			……					
		总分				100		

（四）绩效评价结果应用

预算绩效评价的最终目的是形成预算绩效评价结果，通过建立信息透明机制公开预算绩效信息，将预算绩效信息应用到公共部门的预算决策和行政治理当中，以期实现奖优罚劣、权责匹配和社会监督的目标。预算绩效评价结果是对项目实施完成后的实际情况进行绩效衡量和对比，反映预算资金支出与项目产出绩效的对应关系，度量预算资金的经济性、效率性和效益性，以绩效评价报告形式为载体的预算绩效信息。

第六章
公共组织收入与支出管理

在深化财税体制改革建立现代财政制度的过程中,中国公共收入和支出的宏观和微观管理将在一定时期内面临机制调整的问题。公共组织财务管理作为公共管理职责的财政性基础工作,需要在公共预算管理的顶层设计下,自上而下地维护制度及运行机制的合理性,也需要自下而上地发现具体管理和实践中存在的问题并进行研究,推动预算管理体系建设和运行机制的优化。

第一节
公共组织收入与支出概述

一、公共收入总体状况及国际比较

在中国,四本预算基本上可以代表中国公共预算收入的主体部分,包括一般公共预算收入、政府性基金预算收入、国有资本金预算收入和社会保障基金预算收入,而游离于预算之外的公共预算收入的公共资金有,但比重非常小。应该说,发展中的中国历年公共收入总体规模是与每一个阶段经济社会发展和社会治理的效果相匹配的。与发达国家和发展中国家相比(见表6-1),中国公共收入的总体规模相对较小,不仅未接近发展中国家的平均水平,而且与发达国家相比,还相距较远。

表6-1　　　　　　　　公共收入占GDP比重的国际比较　　　　　　　单位:%

	国别	均值	最高值(年份)	标准差
发达国家(2007—2021年)	澳大利亚	34.31	35.75(2020)	1.27
	比利时	50.68	52.99(2013)	1.28
	加拿大	40.62	43.34(2021)	1.30
发展中国家(2007—2023年)	拉脱维亚	37.08	38.74(2023)	1.38
	波兰	40.08	42.26(2021)	1.22
	斯洛伐克共和国	38.58	43.03(2023)	2.66
中国(2007—2023年)	中国	19.88	22.10(2015)	1.72

资料来源:根据 OECD. Data. General government revenue [EB/OL]. https://www.oecd.org/en/data/indicators/general-government-spending.html. 2024-10-13. 和国家统计局网站:http://data.stats.gov.cn/easyquery.htm. 整理而得。

随着工业化的推进和国民收入的增长,政府公共支出会以更大的幅度增长,且政府支出的增长和政府职能的扩张具有必然性和合理性。这是瓦格纳法则(Wagner,1958[1])基于19世纪以前工业化进程中欧美一些国家政府公共支出演绎的统

---

[1] Wagner A. Three Extracts on Public Finance [M] //Classics in the Theory of Public Finance. Palgrave Macmillan UK,1958.

计结论，并得到此后历史经验的证实。应该看到，中国是一个人口大国，养老、教育、医疗、公共安全等基本公共服务的压力仍将在很长一定时期存在，企业减税降负担、取消一些不合理政府审批等公共政策的实施正在围绕经济高质量发展的结构性改革方向推进。在这一长期过程中，适当提高公共收入占GDP的比重仍然还有空间，可根据税收收入和非税收入之间的比例关系进行取舍，以保障公共收入的稳定性。

二、公共收入主要构成

税收和非税收入是中国目前公共收入的基本组成部分，除此之外，还有债务收入和转移性收入（见图6-1）。

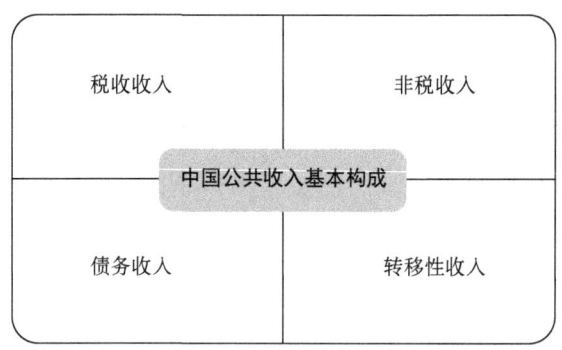

图6-1 中国公共收入基本构成（2020年）

根据《2021年政府收支分类科目》（财预〔2020〕101号），税收收入包括：增值税、消费税、企业所得税、企业所得税退税、个人所得税……、环境保护税和其他税收收入共计20种；非税收入包括：专项收入、行政事业性收费收入、罚没收入……、政府住房基金收入和其他基金收入共计8种；债务收入包括中央政府债务输入和地方政府债务收入两种；而转移性收入包括：返还性收入、一般性转移支付收入……、接受其他地区援助收入和动用预算稳定调节基金共计9种。

（一）税收收入

1. 税收与预算收入基本构成

从预算管理角度来看，税收是为了满足预算支出的要求，由税务征管部门依法从国民收入流量中取得的一部分收入，构成预算收入的主体。其中，预算收入中的非税收入也是纳入预算收入管理的。通过以 2019—2020 年的英国、澳大利亚、加拿大三个发达国家和 2020 年 5 月中国官方所公布的 2019 年预算收入基本构成来看（见表 6-2），公共收入均由税收收入和非税收入构成，且占预算收入的主体构成。

表 6-2　　　　　　　　　预算收入中税收与非税收入基本构成

国家	税收收入	非税收入	非税收入占公共收入比重
英国	住宅税、增值税、所得税等	国民保险费、其他非税收入等	24.17%
澳大利亚	所得税、利润税、资本利得税等	股息收入、公共商品和服务的收入、利息收入等	7.50%
加拿大	所得税、消费税等	燃油费、就业保险费、其他收入等	15.62%
中国	增值税、消费税、所得税等	非税收入	9.00%

数据来源：根据 HM Treasury. Policy paper Budget 2019 [EB/OL]. https：//www.gov.uk/government/publications/budget-2019-documents. Australian Government The Treasury. Australian Government Budget Financial Statements [EB/OL]. https：//budget.gov.au/2019-20/content/myefo/download/07_Part_7.pdf. The official website of the Government of Canada. Budget 2019 [EB/OL]. https：//www.budget.gc.ca/2019/docs/plan/anx-02-en.html#32-Outlook-for-Budgetary-Revenues2019-03-19/2019-12-22. 以及中国财政部官网数据整理而得。

2. 中国税制概要

（1）中国税收制度的发展沿革。从 1949 年新中国成立开始，为了更好地适应社会经济的发展，中国对税收体制作出了多次调整。根据杨墨如（2019①）并进行整理，中国的税制改革分为如下几个阶段（见表 6-3）。

表 6-3　　　　　　　　中国税制改革五个阶段的主要内容（1949—）

阶段划分	税制改革主要内容
第一次税制改革 （1949—1957 年）	1950 年，政务院颁布了《全国税政实施要则》，决定实行多税种、多次征的复合税制，在全国设置了 14 个税种；1953 年，财政部制定了《关于税制若干改革的方案》，政务院财经委员会颁发了《关于税制若干修正及实行日期的通告》，决定依照"保证税收、简化手续"的原则，将税制进行若干修正
第二次税制改革 （1958—1977 年）	1958 年 5 月，颁布了《工商统一税条例（草案）》；同年 9 月，全国人大常委会通过《工商统一税条例（草案）》，由国务院于 1958 年 9 月 13 日公布试行；1963 年，财政部提出改进农村工商税收征税办法的意见，对农村工商税收做了改进，此外，全面开征了集市交易税；1969 年，开始试行综合税；1970 年，试行行业税；1971 年，财政部修订了《工商税条例》；1972 年 3 月，国务院批准财政部《关于扩大改革工商税制试点的报告》和《中华人民共和国工商税条例（草案）》，对工商税制做了重大改革；1973 年对工商税制又进行了简并

---

① 杨墨如. 中国税制改革 70 年：回顾与展望 [J]. 税务研究，2019（10）：29-35.

续表

阶段划分	税制改革主要内容
第三次税制改革 （1978—1993 年）	1980 年，颁布了《中华人民共和国中外合资经营企业所得税法》和《中华人民共和国个人所得税法》；1981 年，颁布《中华人民共和国外国企业所得税法》；1983 年，实行第一步"利改税"，即将国营企业上缴利润部分地改为缴纳企业所得税；1984 年，实行第二步"利改税"，以不同税种征收的税收收入逐渐地完全取代企业上缴的利润，税收收入替代利润上缴成为国家财政收入的最主要方式
第四次税制改革 （1994—2012 年）	1994 年，中国全面改革税收制度，构建新型的税收制度体系，新的税制体系共有 5 大类 18 个税种，同时实行了分税制财政体制，建立中央税收和地方税收体系，分设国家、地方两套税务机构分别管理；2005 年、2007 年、2011 年对个人所得税工资薪金税目的基本费用减除标准进行了 3 次调整；2008 年，统一内外资企业所得税制度；2009 年 1 月 1 日起在全国范围内推行增值税转型改革
第五次税制改革 （2012 年至今）	2012 年开始，中国开始营改增试点和农村税费改革；2017 年、2018 年都对增值税进行了调整；2018 年，再度对《个人所得税法》进行调整；2019 年第十三届全国人大常委会第十二次会议表决通过《中华人民共和国资源税法》

（2）现行中国税制。目前中国的税收制度是以 1994 年国家全面、结构性税制改革为基础，经过 20 多年的发展变化不断完善形成的。从保证公共收入和调节经济角度来看，其特点是：以流转税为主体，多种税种并存的税制结构。

现行的税制有 18 个税种，包含了流转税，所得税，财产税，资源税，行为税。具体是增值税、消费税、车辆购置税、关税、企业所得税、个人所得、土地增值税、房产税、城镇土地使用税、耕地占用税、契税、资源税、车船税、船舶吨税、印花税、城市维护建设税、烟叶税和环境保护税。截至 2019 年 8 月，企业所得税、个人所得税和资源税等 9 个税种实现了法定[①]。从保证公共收入和调节经济角度来看，其特点是：以流转税和所得税为主体，多种辅助税种并存的税制结构。

此外，党的十九届三中全会审议通过的《中共中央关于深化党和国家机构改革的决定》《深化党和国家机构改革方案》和第十三届全国人民代表大会第一次会议批准的《国务院机构改革方案》明确，"将省级和省级以下国税地税机构合并，具体承担所辖区域内的各项税收、非税收入征管等职责；将基本养老保险费、基本医疗保险费、失业保险费等各项社会保险费交由税务部门统一征收；国税地税机构合并后，实行以国家税务总局为主与省（区、市）人民政府双重领导管理体制"。目前，国家税务总局机构职能、组织机构建设稳步推进，国税地税征管体制改革正在稳步推进中。

（3）税种的分类。由于研究和学习目的不同，对税收分类可采取不同目的和

---

① 资料来源：国家税务总局官网：http://www.chinatax.gov.cn/.

不同标准进行（部分见表6-4）。通过对税收进行科学的分类，能够揭示各类税收的性质、特点、功能以及各类税收之间的区别与联系，对了解税源的分布与税收负担的归宿以及中央与地方政府之间税收管理和支配权限的划分都具有重要的意义。

表6-4　　　　　　　　　　按征收目的和标准的税种分类（部分）

按目的和标准的分类	精选税种明细
课税对象属性	流转税、所得税、财产税、资源税、行为税
征收管理权和收入支配权不同	中央税、地方税、中央地方共享税
计税标准	从价税、从量税、复合税
税收和价格的组成关系	价内税、价外税
税制的总体设计类型	单一税、复合税
税收负担的最终归宿	直接税、间接税
……	……

（二）非税收入

非税收入是当代各国作为国家治理基础的财政所赋予的一项职能，是公共收入中的税收收入的重要补充。非税收入主要包括政府预算的"使用者费"收入[①]、其他政府性收入以及公债等。在中国，非税收入由各级政府指定的公共组织收取，特定的非税收入可由税务部门代征。

按照制度经济学的交易费用理论，政府预算的"使用者费"实际上是对公共劳务消费者的收费，一经被政府认定，这类政府预算的"使用者费"就可以开征或取消征收。政府预算的"使用者费"包括本书所界定的公共资产收入等。而政府预算的"其他收入"，是指上述税收收入和非税收入之外，政府在法律之外另有规定的收入，如罚没收入、资本经营收入等。在中国的公共收入中，"其他收入"种类很多，但规模不大。而公债属于国家收入还是支出，目前争议较大，不在本书讨论之列。

为了推进国家治理体系和治理能力现代化，以健全科学规范的财政管理制度为目标，明晰公私产权关系，构建规范透明、标准科学、程序规范、方法合理、结果可信的公共收入体系机制，本节将采用何廉、李锐（2011[②]）的方法，以其税负归属为标准，按照财政部财税〔2016〕33号文中的附件《政府非税收入管理办法》

---

① 使用费是指通过政治程序制定的对享受政府提供的特定公共产品的使用者所收取的费用，如公路、桥梁垃圾处理设施等使用者缴纳的费用。

② 何廉，李锐. 财政学[M]. 北京：商务印书馆，2011.

和《会计制度（2017）》所共同界定的收费项目进行归纳整理（见表6-5）。

表6-5 基于收入归属标准划分的中国税收和非税收入分类

	产权所有基础	公共收入类型	税种分类定义	精选税种和政府型收入
公共收入	租税收入（税收）	直接税	纳税人直接负担的税收	各种所得税、房产税等
		间接税	通过纳税人转嫁而负担的税收	增值税、消费税等
	非租税收入（非税收入）	行政收入型	为弥补公共或行政事业管理必要成本而收取的非偿还性公共收入	行政事业性收费收入、罚没收入
		公产收入型	由国家直接控制的财产并以其取得的公共收入	国有资源（资产）有偿使用收入、土地使用税
		公业收入型	从公营事业中取得的公共收入	政府性基金收入
		公债收入型	各级政府向国内外举债而取得的公共收入（延期的税收）	国债收入

（三）公债收入和转移性收入

中国公债收入和转移性收入在公共收入结构中占比不大，且根据公共经济学原理，目前是否该列入公共收入范畴还有些争议。因根据国家预算管理发展规划，可另立专题进行研究。

三、公共支出概述

公共支出，也称"政府支出"，是指以政府为代表的公共部门为履行其服务社会经济发展的职能而支出的一切费用的总和。公共支出原本是西方财政学的概念。西方的财政经济学家一般认为，国家的经济活动属于所谓"公共部门经济学"，国家是满足社会共同需要的"公共产品"的提供者，因此，国家为提供公共产品而花费的所有费用即为公共支出。

（一）公共支出总体状况的国际比较

1. 中国公共支出总量情况

公共支出总量是指政府为社会提供公共产品和服务满足社会需求而要支付的财政资金总额，而财政支出结构是指财政总支出的具体分类及其占总支出的比例，财政支出总额反映了公共组织在社会经济发展中所承担的责任大小。以中国为例,自党的十八大以来中国财政支出占 GDP 的比重总体上呈上升趋势(见图 6-2),公共支出在经济发展中起到越来越重要的作用。

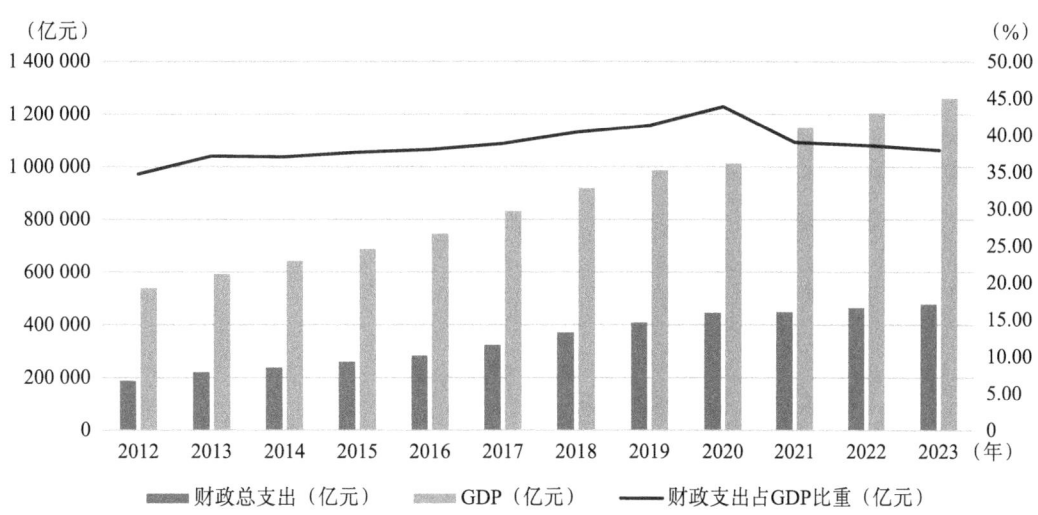

图 6-2 中国财政支出占国内生产总值比重(2012—2023 年)

数据来源:根据中国财政部官网:www.mof.gov.cn/index.htm 整理而得。

2. 公共支出总量的国际比较

公共财政支出的规模和结构对国家治理和社会经济发展的作用除直接影响效应外,还通过引导社会资本、公共产品的外部性等路径产生时间和空间的溢出效应[1]。从总体上看,近年来中国公共财政支出总额稳步增长,且财政支出总额占 GDP 的比重总体逐年上升,但财政支出总额占 GDP 比重相较于发达国家来说还是偏低(见表 6-6),说明中国公共支出在国家治理和社会经济发展中的总体性作用还有很大的提升空间。

表 6-6　　　　　　　　　公共支出占 GDP 比重的国际比较　　　　　　　　单位:%

	国别	均值	最高值(年份)	标准差
发达国家(2007—2023 年)	澳大利亚	38.65	45.95(2020)	3.83
	丹麦	52.40	58.02(2012)	3.77
	芬兰	54.13	57.28(2014)	2.95
	捷克	42.30	46.25(2020)	2.14

---

[1] 孙丽. 公共财政支出与实际经济增长:规模、结构与外部溢出[J]. 宏观经济研究,2019(4):18-29.

续表

	国别	均值	最高值（年份）	标准差
发展中国家（2007—2023年）	匈牙利	48.86	51.10（2020）	1.59
	波兰	43.73	48.25（2020）	2.01
中国（2007—2023年）	中国	22.77	25.53（2015）	1.91

数据来源：根据 OECD. Data. General Government. https：//data. oecd. org/gga/general – government – spending. htm. Tradingeconomics. https：//zh. tradingeconomics. com 和 https：//zh. tradingeconomics. com/denmark/government – spending – to – gdp 等和国家统计局网站：http：//data. stats. gov. cn/easyquery. htm. 整理而得。

（二）公共支出基本结构

1. 中国公共支出结构的状况

根据陈天祥和赵慧（2016①）、刘江会、董雯、彭润中（2016②）、宋丽颖、张伟亮（2018③）等的研究，按照资金用途将财政支出分类为经济建设支出、社会文教保障支出和消费支出。其中，经济建设支出一般包括：基本建设、国企改造、农林水事务支出，工业、交通、商业部门事业费，环境保护等支出；社会文教保障支出一般包括：一般公共服务、公共安全、教育、科学技术、文化体育与传媒、社会保障和就业、医疗卫生与计划生育等支出；消费支出包括国家行政机关、事业单位等各种经费、干部培训费和其他支出等。中国社会文教保障支出在财政支出所占比重高，以 2018 年一般公共预算支出为例，社会文教保障支出占一般公共预算支出近 40%④，说明中国社会文教保障支出在社会经济发展中占有重要地位。

2. 按目标分类的公共支出的国际比较

一般来说，在公共支出的分类上，为了维持公共组织机构正常运行的支出属于经常性支出，而为实现特定社会经济发展目标的支出特归为其他类别，不同类别公共支出在总支出中所占的比例则表示公共支出的结构。在实际的支出管理中，不同

---

① 陈天祥，赵慧. 从财政支出结构变迁看地方政府职能转变——基于广东省1978—2013年的数据分析 [J]. 中山大学学报（社会科学版），2016，56（6）：136-156.
② 刘江会，董雯，彭润中. 两次金融危机后我国财政支出结构对居民消费率影响的比较分析 [J]. 财政研究，2016（1）：83-92.
③ 宋丽颖，张伟亮. 财政支出对经济增长空间溢出效应研究 [J]. 财政研究，2018（3）：31-41.
④ 中国政府网. 2018 年财政收支情况 [EB/OL]. http：//www. gov. cn/xinwen/2019 – 01/23/content_5361095. htm.

国家公共支出分类和结构存在差别（见表6-7）。英国公共支出主要包括经常性支出（Public Sector Current Expenditure，PSCE）和投资支出（Public Sector Gross Investment，PSGI）；澳大利亚的公共支出包括经常性支出和其他支出，其他支出主要包括政府部门运营费用（如公职人员薪水、养老保险金）、资本支出等；在新加坡，公共支出一般包括管理支出（Operating Expenditure）和发展支出（Development Expenditure）；中国的公共支出包括了一般公共预算支出和其他支出，其他支出具体又有政府性基金支出、国有资产经营预算支出和社会保障基金预算支出等，每一种支出在公共支出总额的比例不尽相同。

表6-7 不同国家财政支出分类

国别（年份）	公共支出类别及其占总支出比重	
英国（2022）	经常性支出（89.54%）	投资支出（10.46%）
澳大利亚（2022）	经常性支出（77.29%）	其他支出（22.71%）
新加坡（2022）	管理支出（83.09%）	发展支出（16.94%）
中国（2022）	一般公共预算支出（69.57%）	其他支出（30.43%）

数据来源：根据 HM Treasury. Public Expenditure Statistical Analyses 2023 [EB/OL]. https://assets.publishing.service.gov.uk/media/66a8dd93ab418ab055592fb9/E03149684_PESA_2024_Web_Accessible.pdf、Australian Government The Treasury. Final Budget Outcome 2023–24 [EB/OL]. https://archive.budget.gov.au/2023-24/bp1/download/bp1_2023-24.pdf、Ministry of Finance Singapor. ANALYSIS OF REVENUE AND EXPENDITURE Financial Year 2024 [EB/OL]. https://www.mof.gov.sg/docs/librariesprovider3/budget2024/download/pdf/fy2024_analysis_of_revenue_and_expenditure.pdf 和中国财政部网站相关数据整理而得。

（三）中国一般公共预算支出与其他预算支出

1. 公共预算支出构成

中国公共预算支出包括：一般公共预算支出、政府性基金预算支出、社会保障基金预算支出、国有资本经营预算支出四个部分，从2012—2024年公共预算支出各年平均比重来看（见图6-3），一般公共预算支出占公共预算支出的主要部分，这主要是因为一般公共预算支出承担了中国教科文卫和社会保障等民生工程及社会治理的任务，在社会经济发展中占有重要地位；政府性基金支出和社会保障基金预算支出在预算支出中的比重基本居中；国有资本经营预算支出是在社会主义市场经济中，政府以市场主体参与经济活动所产生的预算资金流出，由于中国政府本身的特质，国有资本经营预算支出所占比例最小。

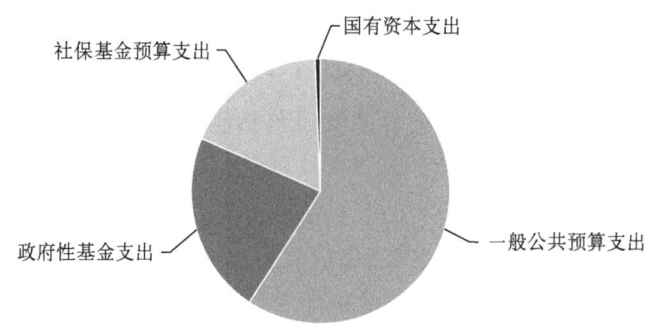

图 6-3　2012—2024 年公共预算支出构成比重均值情况

数据来源：根据财政部．关于2022年中央和地方预算执行情况与2023年中央和地方预算草案的报告［EB/OL］．2023-03-16［2024-11-09］．https：//www.mof.gov.cn/gkml/caizhengshuju/202303/t20230316_3872867.htm．财政部．关于2023年中央和地方预算执行情况与2024年中央和地方预算草案的报告［EB/OL］．2024-03-13［2024-11-09］．https：//www.gov.cn/yaowen/liebiao/202403/content_6939289.htm．和《中国财政统计年鉴》数据整理而得。

2. 一般公共预算支出及构成

从 2012—2023 年一般公共预算支出构成比重均值可以看出（见图 6-4），教育支出、社会保障支出、城乡社区支出、农林水支出、医疗卫生支出、交通运输等关系社会民生发展的支出占一般公共预算支出的突出地位，这充分印证了党的十九大所提出的满足人民群众日益增长的美好生活需要的奋斗目标。

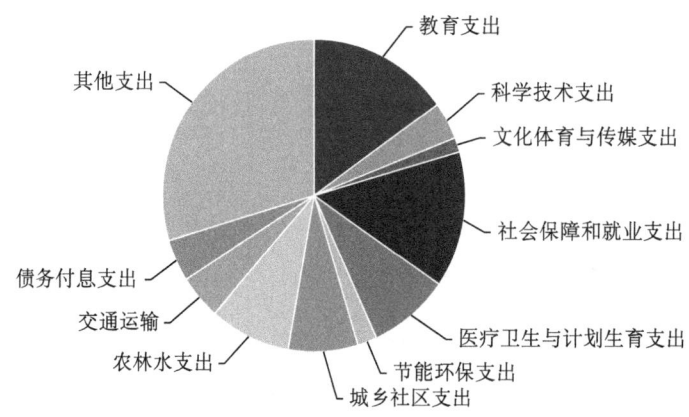

图 6-4　2012—2023 年一般公共预算支出构成比重均值（单位：%）

数据来源：中华人民共和国财政部．全国财政收支情况［EB/OL］．www.mof.gov.cn/zhengwuxinxi/redianzhuanti/quanguocaizhengshouzhiqingkuang/。

3. 中央和地方一般公共预算支出

公共支出的层级是指按照行政级别将公共支出进行划分。中国公共支出按层级划分为中央支出和地方支出。以一般公共预算支出为例（见图6-5），图6-5展示了党的十八大以来，中国中央和地方公共支出的发展趋势。

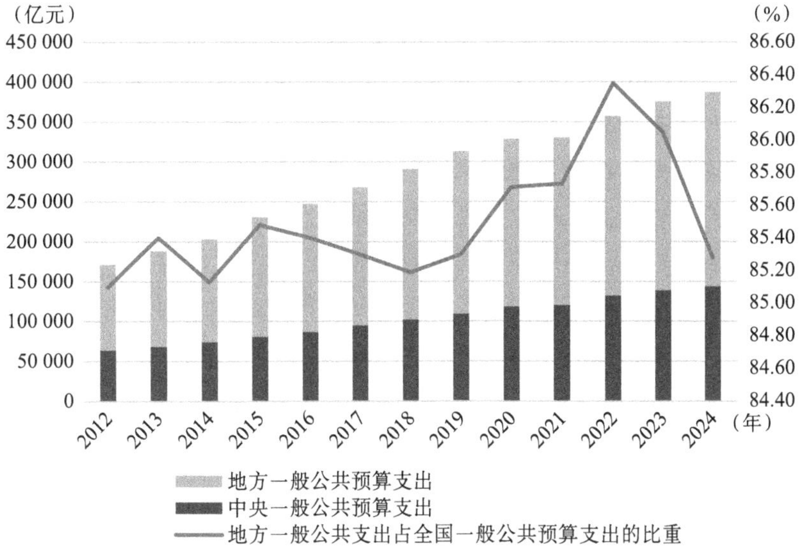

图6-5 中央一般公共预算支出与地方一般公共预算支出（2012—2024年）

数据来源：根据财政部. 关于2022年中央和地方预算执行情况与2023年中央和地方预算草案的报告［EB/OL］. 2023-03-16［2024-11-09］. https：//www.mof.gov.cn/gkml/caizhengshuju/202303/t20230316_3872867.htm. 财政部. 关于2023年中央和地方预算执行情况与2024年中央和地方预算草案的报告［EB/OL］. 2024-03-13［2024-11-09］. https：//www.gov.cn/yaowen/liebiao/202403/content_6939289.htm. 和中国财政部官网整理而得。

第二节
公共组织财务收入管理

公共组织财务收入管理是完善全过程预算绩效管理链的重要一环，是配合实现公共资源优化配置和市场调控的核心政府经济手段。在长时期内，公共组织收入管理将面临优化财政资源配置、提升公共服务质量的管理结构性调整问题，这对一定时期内公共收入及其结构的合理性以及法律法规的制度安排与运行提出了更高的要求。

一、总体性问题

从近年来的统计口径看，中国公共收入的组成基本上由一般公共预算收入、政府性基金预算收入、社保基金预算收入和国有资本经营预算收入所构成。而在近年财政部官方网站所公布的"全国财政收支情况"中,"财政收入"仅公布"一般公共预算收入""政府性基金预算收入"和"国有资本经营预算收入"三项。在未来一定时期内,中国全面预算管理中的公共组织收入体系面临的总体性问题是:国家推动预算绩效管理阔围升级与公共组织收入管理公平与效率之间的矛盾。主要表现在:税收收入是否能严格按照税法并依据税收中性原则来安排;其他非税收入是否给经济发展带来负担;目前国家治理结构中面临的养老、教育以及地方性使用者费等收入安排是否能满足事业发展需要并纳入严格的预算管理等。因此,需要从顶层制度设计着手,规范各级政府、事业单位及非营利性公益机构等公共组织的收入来源、财务统计和会计管理,规范统计口径,构建全面预算绩效管理下的公共组织收入体系,完善其机制的运行。

二、中国公共组织收入管理体系构建问题

公共组织收入体系的建立,需要围绕全面预算绩效管理政策驱动下的组织机构财政管理总体改革进行,同时以全面实施预算绩效管理为基本框架,做好体系主体规则下的公共收入配置协同管理,完善公共组织收入管理的体系构建。公共组织收入管理体系构建需要处理好如下几个关系的衔接。

(一) 公共收入中税、费规则制定

规则制定是市场经济资源配置的前提,是政府进行资源配置、宏观调控和国家治理的重要依据。根据主流经济学理论和新制度经济学关于税收和交易费用的理论,非税收入是政府依照规定向市场征收的一种费,属于税收超额负担,政府在公共产品和服务有效提供不足时,为了避免对市场经济运行进行干扰的前提和不给纳税人或社会带来其他的额外损失或负担,可依据制度成本适当以使用者费和其他政府性收费形式向接受公共产品和服务的受用者收取一定的费。而从法律法规依据来看,中国的行政收费无论从收费权的权源到收费的程序都没有相应的法律法规来规定,法律法规的缺失直接导致了行政收费现实的混乱。因此在深化财税体制改革的过程中,公共组织收入体系应依据全方位、全面预算绩效评价的基本要求,按照税收的中性原则,处理好法律与政府规定之间的关系,明确税收收入和非税收入的范围,整顿不合理非税收入和规范公共组织收入体系。

(二) 税和费之间的关系

税费是公共收入的组成部分,但政府对于税费关系以及预算收入与税费之间的关系始终模糊,2012—2024 年,四本预算收入占 GDP 的比重有超越税收收入占 GDP 比重的态势(见图 6-6)。而从统计口径来看,税费关系和预算关系更让公众模糊不清,如政府性基金收入 1997 年才开始统计;2006 年之前土地出让金属于财政专户预算管理,既未纳入预算外收入统计,也未纳入预算内收入统计;2006 年之前政府收入合计将土地出让金单独纳入统计;而 2007 年以来土地出让金纳入政府性基金预算,不再单独纳入统计;国有资本经营预算收入 2007 年才开始统计;2011 年以来预算外收入全部纳入预算内管理。据此可看出,税费之间关系复杂,既没有理顺税费在公共收入中的关系,也不符合预算公开透明的要求。

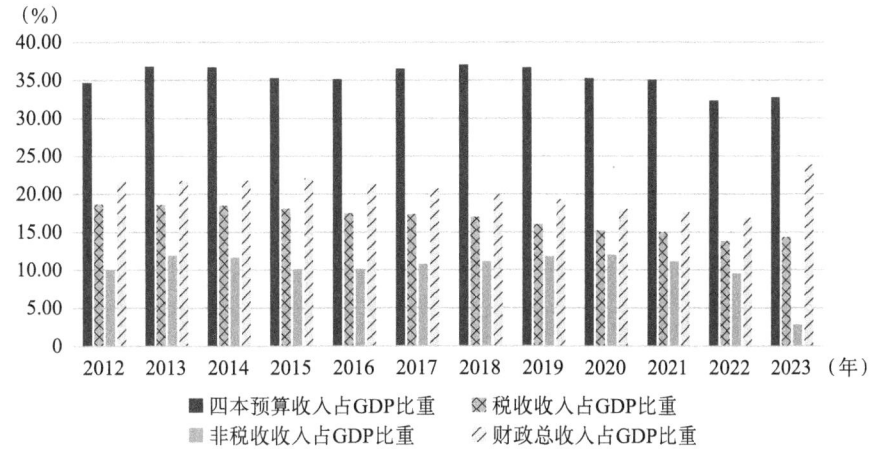

图 6-6 不同类公共收入占 GDP 比重(2012—2023 年)

数据来源:根据中华人民共和国财政部-各年财政收支情况 http://gks.mof.gov.cn/zhengfuxinxi/tongjishuju/有关数据整理而得。

(三) 行政收入的责权利之间的关系

行政收费主要基于地方和特定公共组织自身利益的驱动,与各部门受利益驱动密切相关。中国的行政收费规模虽然占财政收入的比重不大,但在各级政府财政收入中所占的比重却很高。且在部分欠发达地区,行政收费已经成为地方的主要财源和解决机关单位、人头经费的重要途径。依据经济学理论和中国减少行政审批的政策趋势,许多行政收入还可在保持税收中性原则下依法依规存在,但行政收入需根据各级政府和部门组织提供公共服务的需求而设立,存在上下级公共组织、政府与公共服务对象之间的责权利关系,这是建立完善公共组织收入体系需要考虑的重要内容之一。

三、健全公共收入管理机制

(一) 建立计划平衡的公共收入机制

从实际操作层面来讲,各级政府公共收入预算一般都根据历年支出,并结合次年支出基数调整上制定的,年初的概算数与最终执行数相差的程度称为"预算偏差率",从理论上讲,预算偏差率越小越好。因此作为一种事前估计和最终执行,计划平衡的公共收入机制包括两个方面:

一是总量平衡机制。在不虚收空转、收取过头税费和严禁超出限额举借政府债务的基础上,借鉴发达国家经验,可将收入预测与收入预算相分离,收入预算由政府部门完成,而收入预测可以借助第三方评价机构进行市场化操作,将最终执行数与预测数进行预算偏差数的评价,纳入公共收入的绩效管理范围。

二是结构平衡机制。本着实事求是、积极稳妥、讲求质量的原则,依据公共收入来源范围的经济发展水平,拟定收入源调查结构,对各项收入源预期结构的稳定性进行统计跟踪,也可进行市场化操作,委托第三方评价机构进行调查跟踪,将公共收入结构的稳定性纳入绩效管理,使公共收入预算不偏离实际制定的增长目标。

(二) 依法建立非税收入设立与退出机制

在全面实施预算绩效管理的过程中,要将政府性基金预算、国有资本经营收入、社会保险基金收入全部纳入绩效管理。要完善地方非税收入项目设立与退出机制,依法合理设定和取消非税收入项目,并将非税收入全部、严格纳入预算管理,确保项目合法。贾小雷(2017[①])认为,需在全面推进依法治国的背景下,重点推进非税收入相关领域的基础性法律制度建构,非税收入的规制应体现法治原则实现我国非税收入由行政主导向法治推动的全面转型。一方面要在满足社会主体公共需求的基础上保护其合法财产权;另一方面要约束公共部门的公共收入权力和公共服务的责任,进而为国家财权统一和国家治理能力现代化提供坚实的法治基础。具体

[①] 贾小雷.我国非税收入法律规制与国家财权治理的现代化 [J]. 法学论坛,2017,32(4): 64-75.

而言，非税收入的规范（调整与取消）可按如下四种法律法规类型将现有的 12 个非税收入征收项目来加以判断（见表 6-8）。

表 6-8　　　　　　　　非税收入调整或取消的法制依据与判断

非税收入的类型	主要项目	特征	调整或取消的判断
1. 基于行政管理行为的非税收入	行政事业性收费收入、罚没收入	具有成本补偿、外部性矫正功能	从性质上不宜征税、部分可取消
2. 基于公共财产的非税收入	国有资源（资产）有偿使用收入、国有资本收益、特许经营收入	交易性和对价性	其中部分有改征税的可能
3. 基于公共事业的非税收入	政府性基金收入、彩票公益金收入	无偿性	大部分可以改为征税或取消
4. 其他非税收入	中央银行收入、政府收入的利息收入、以政府名义接受的捐赠收入、其他非税收入、主管部门集中收入	其他	性质上一般不征税

当前，各地区、各部门还需要根据建立健全现代财政管理制度的总体要求，依照法律法规切实加强非税收入管理。包括持续清理规范行政事业性收费和政府性基金，不让不合法、不合理的收费基金抬头；建立健全国有资源、国有资产有偿使用制度和收益共享机制；加强国有资本收益管理，完善国家以所有者身份参与国有企业利润分配制度，落实国有资本收益权；及加强非税收入分类管理，完善非税收入征缴制度和监督体系，禁止通过违规调库、乱收费、乱罚款等手段虚增财政收入等。

（三）建立传统事业单位收入与预算收入管理的衔接机制

传统事业单位如公立教育、公立医疗机构等是国家长期支持发展的事业，这些领域的发展长期受到政府负担和支持，大量事业性公共收入未纳入政府会计管理核算体系之中。以教育各项收入为例，在政府预算中，对于教育经费的拨付纳入预算支出，但收入管理却十分模糊。根据廖楚晖（2016[①]）对 2017 年教育全成本进行核算，2017 年，纳入预算管理的教育经费仅占全部教育经费的 32.99%，相比之下，有 67.01% 的教育收入还没有纳入全成本核算的预算管理（见表 6-9）。

表 6-9　　　　　以教育收入计算的 2017 年中国政府教育成本估算　　　　　单位：亿元

成本分类	成本	占比
直接成本：		
（1）预算内教育经费	31 396.23	32.9928%
（2）预算外教育经费	7 492.15	7.8731%

---

① 廖楚晖. 教育财政学 [M]. 北京：北京大学出版社，2016.

续表

成本分类	成本	占比
间接成本：		
（1）教育用土地和建筑潜在的租金及挂账处理的固定资产折旧资金	52 111.1	54.7611%
（2）财政对教育贷款得贴息及利息减免	1 688.76	1.7746%
（3）国家财政用于教育支出的机会成本：直接成本×当年银行利率	136.11	0.1430%
（4）筹集教育财政资金所形成的各项费用	2 333.3	2.4520%
（5）校办企业、勤工俭学和社会服务所得税收减免（只计算所得税）	3.22	0.0034%
总计：	95 160.87	100%

资料来源：表中计算结果所使用的相关数据根据《2018 中国教育统计年鉴》和教育部网站整理而得。

因此在规范公共组织财务收入的政策驱动下，需要结合政府会计改革方向和国库管理相关制度，以建立全方位、全覆盖预算绩效评价体系为基本框架，充分考虑到与公共教育、公共医疗机构等传统事业单位的收入核算方式对接，统一国库记账与事业单位收入记账方式，尽快将这些传统事业单位纳入预算收入管理。

第三节
公共组织支出管理

公共组织财务支出是公共组织财务活动的出口，是实现公共资源配置的重要途径。中国的公共组织财务支出一直存在预算约束不强、重"合规"轻"绩效"等问题。党的十八届三中全会《中共中央关于全面深化改革若干重大问题的决定》提出要建立现代公共组织财务管理制度，提高国家治理能力，随后一系列改革文件陆续颁布实施，其中许多直接或间接指向公共组织财务支出管理改革。加强公共组织财务支出管理，改善管理的统一性和有效性，是增强公共组织财务管理的责任制和透明度、加强财经纪律、提升公共组织财务管理质量和管理效能的重要举措。

一、总体性问题

在当前和未来一定时期内，中国公共组织支出面临的总体性问题是：基于预算管理所要求的会计核算体系不统一与公共支出体系及运行机制之间的矛盾。主要表现在：政府会计准则制度体系还有待完善，会计标准还有待进一步统一，以及由此引致的预算支出绩效管理体系内部结构性矛盾、运行机制不协调、公共支出绩效评价管理不能突出公共管理效能等问题,亟须进行以优化政府会计核算为基础的预算管理体制改革,统一和协调各级政府和部门、传统事业单位及其他社会公益组织之间的财务核算机制,并进行全过程、全方位和全覆盖的预算绩效管理,以建立现代公共财务支出管理制度,实现公共资源配置的优化,推进公共服务的社会满意度。

二、中国公共组织支出管理体系构建问题探讨

和公共组织收入管理一样,公共组织支出管理的系统构建也要搞好顶层设计,需在全面预算绩效管理政策引领下进行公共组织财务管理框架改革,做好公共组织财务管理整体框架下的公共组织财务支出管理。本着依法治国、公开透明、绩效优先的原则,建立公共组织财务管理支出体系规则,完善各种公共支出运行机制,建立完善以突出量化管理和社会公众评价为核心的公共支出预算评价指标体系,进行全过程的公共组织支出的绩效评价。公共组织支出管理的体系构建需要处理好如下几个关系。

(一) 公共支出结构与国家治理的关系

公共支出结构与国家的大政方针息息相关,国家治理的目标通过公共支出来实现,反过来,公共支出的结构又反映了国家治理的方向。在很长一段时间内,受单一追求 GDP 政绩观影响,中国各种社会矛盾凸显,为了缓解和解决社会发展中的各种矛盾,中央开始注重社会建设、发展社会政策、完善公共服务体系,财政支出向就业、教育、医疗、社会保障、住房等民生领域倾斜,财政转移支付力度加大,地区间基本公共服务均等化得到推进[①],在一定程度上促进了社会的和谐。此外,根据王伟进等(2019[②]),近年来,面对经济下行压力,中国的社会治理财政支出超过教育与医疗两大重要民生事项,社会治理在经济社会协同中的地位日益凸显。由此可以看出,在公共支出中,厘清公共支出结构与国家治理之间的关系,对于优化公共资源配置,实现国家治理体系和治理能力现代化有重要意义。

---

① 高培勇. 中国财税改革 40 年:基本轨迹、基本经验和基本规律 [J]. 经济研究,2018,53 (3):4 - 20.

② 王伟进,焦长权. 从矛盾应对走向矛盾预防——从财政支出看我国社会治理的演变趋势 [J]. 财政研究,2019 (9):62 - 77.

（二）一般预算支出中基本支出和项目支出的关系

一般公共预算支出指国家财政将筹集起来的资金进行分配使用，以满足经济建设和各项事业的需要。按照不同的用途，中国一般预算支出分为基本支出和项目支出两类。基本支出就是用于公共组织基本运行所需要的支出，项目支出是公共组织为完成特定目标所需要的支出，是公共预算的核心，也是公共预算体系运转的枢纽（焦长权，2018①）。在一般预算支出中，项目支出占比要远高于基本支出，以2018年的数据为例，基本支出占比约30%，项目支出占比约70%②。以教育支出为例，近年来，中国财政教育经费增长速度远远大于国内生产总值的增长速度（见图6-7），这种趋势体现了国家对于教育领域的重视和资金支持力度。在治理实践中，基本支出与项目支出相辅相成，基本支出支撑国家机构的正常运转，为业务工作的开展做好后勤保障工作，项目支出则体现出一定时期政府工作所关注的重点和难点，体现出政策倾斜的灵活性，资金调控的及时性。因此，在公共组织财务支出管理体系的构建中要厘清基本支出与项目支出的关系。

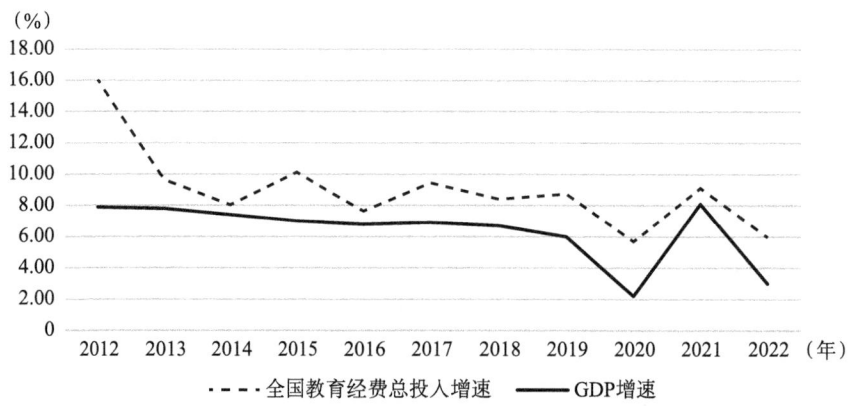

图6-7　全国教育经费总投入增速和GDP增速（2012—2022年）

数据来源：根据中华人民共和国教育部. 全国教育经费执行情况统计公告（有关各年）［EB/OL］. http：//www. moe. gov. cn/jyb_xxgk/zdgk_sxml/sxml_zwgk/zwgk_jytj/jytj_jftjgg/和国家统计局. 国家数据. http：//data. stats. gov. cn/easyquery. htm?cn = C01. 整理而得。

---

① 焦长权. 公共支出效率与现代预算国家——"项目制"实践过程中的"资金沉淀"问题研究［J］. 学海，2018（6）：83-90.
② 财政部. 关于2018年中央和地方预算执行情况与2019年中央和地方预算草案的报告［EB/OL］. http：//www. gov. cn/xinwen/2019-03/05/content_5371085. htm2019-03-05/2019-12-25.

(三) 公共组织财务支出合规性与绩效性的关系

在公共组织财务支出活动中，合规性是指公共组织的财务支出活动要严格遵守有关法律法规、制度、准则和公共预算；而绩效性是指在完成相应社会经济发展目标的前提下，尽可能控制公共组织财务支出的成本。《会计制度（2017）》在公共组织中财务以收付实现制为主的预算会计和以权责发生制为基础的财务会计。预算会计有力约束了公共组织财务支出的规范性，以权责发生制为基础的财务会计，强调对公共组织财务活动的成本进行记录和控制，从而使公共组织财务支出绩效评价有据可循。在公共组织财务支出管理的过程中，绩效性与合规性相辅相成，共同促进公共组织财务管理体系朝着更加适应社会经济发展需要的方向前进。

三、关于建立健全公共支出运行机制的问题

（一）建立基于新政府会计模式与支出管理的衔接机制

近年来，中国出台了《准则》（第 78 号）、《会计制度（2017）》等政府会计改革的方案，将行政机关、传统事业单位等全部纳入统一的政府会计制度和准则的管理，中国公共组织会计制度整体从收付实现制向权责发生制转变。但转变不是一蹴而就的，中国出台了一系列衔接机制，促进公共组织支出管理在政府会计改革的进程中平稳过渡。以高校财务管理为例，在 2019 年 1 月 1 日之前，高校执行《高等学校会计制度》（财会〔2013〕30 号），为了确保新制度在高等学校的有效贯彻实施，2018 年财政部出台了《关于高等学校执行〈政府会计制度——行政事业单位会计科目和报表〉的衔接规定》对"研发支出""应付票据、应付账款""已经计入支出尚未支付非财政补助专项资金的金额"等项目处理进行了解释[①]，以确保高校支出管理与政府会计改革有效衔接。建立基于新政府会计模式与公共组织财务支出管理的衔接机制，有助于优化公共组织财务管理整理系统，促进公共组织体系的有效运转。

---

① 财政部关于印发高等学校执行《政府会计制度——行政事业单位会计科目和报表》的补充规定和衔接规定的通知［EB/OL］. http：//www. mof. gov. cn/mofhome/mof/zhengwuxinxi/caizhengwengao/wg2018/wg201808/201811/t20181122_3073920. html. 2018 - 08 - 14/2019 - 12 - 25.

(二) 完善财政转移支付，建立重点建设领域的支出保障机制

党的十八届三中全会首次强调对"政府间事权与支出责任划分"进行改革，要求"建立事权与支出责任相适应的制度"。党的十九大报告在此基础上，进一步明确提出"加快建立现代财政制度，建立权责清晰、财力协调、区域均衡的中央和地方财政关系"。因此，推进政府间事权与支出责任划分，不仅是国家治理现代化的内在要求，而且是化解党的十九大报告中提出的"人民日益增长的美好生活需要和不平衡不充分的发展之间的矛盾"的现实需要。在中国，财政转移支付是政府间事权与支出责任的调节器。

从1994年的分税制改革到国地税合并，中国各级政府之间一直呈现出一种以"收入集权，支出分权"为特征的财政转移支付制度①，也就是说，收入征集的权利主要集中在中央，而公共责任的和支出的落实主要划归地方。为了缓解政府间"财权"和"事责"的矛盾，缩小地区间差距和促进基本公共服务均等化，近年来中国的财政转移支付规模迅速扩大。以2019年预算报告为例，中央对地方转移支付增长9%。一般性转移支付增长7.5%，其中，共同财政事权转移支付，主要用于保障教育、卫生健康、社会保障、农业农村、节能环保等领域共同财政事权有关政策的落实。专项转移支付增长8.1%，主要用于保障污染治理、乡村振兴、重点区域发展等党中央、国务院重大决策部署的落实②。以上很好地说明了，在中国，转移支付直接影响各级公共组织财务支出的分配。在财政转移支付中，结合各地区实际状况，建立各项建设的支出保障机制，是建立健全公共组织财务支出机制，优化公共资源配置的重要环节。

(三) 建立支出过程的预算调整机制

预算是公共组织财务支出的基本依据。索菲娅·格尔维泽（Sophia，2011③）表示，对公共支出进行全过程预算管理，是提高公共资金的配置效率和使用效果，强化支出监督，建立完善的现代化公共组织财务支出管理制度的必要手段。马蔡琛

---

① 吴敏，刘畅，范子英. 转移支付与地方政府支出规模膨胀——基于中国预算制度的一个实证解释 [J]. 金融研究，2019 (3): 74-91.

② 财政部. 关于2018年中央和地方预算执行情况与2019年中央和地方预算草案的报告 [EB/OL]. http://www.mof.gov.cn/zhengwuxinxi/caizhengxinwen/201903/t20190318_3194653.htm. 2019-03-18/2019-12-24.

③ Sophia Gollwitze. Budget institutions and fiscal performance in Africa [J]. Discussion Papers, 2011, 20 (1): 111-152.

等（2018）① 表示，对公共组织财务支出进行全面预算管理，是实现从"国家预算"到"预算国家"的重要环节。

在中国，公共组织的实际支出一直存在预算偏离的现象，反映了公共组织财务管理存在的中期支出框架不明、预算管理编制不科学、执行约束弱、过程"碎片化"等问题。支出中期预算能够强化预算纪律，约束政府在财政盈余时期的过度开支倾向，为危机时期的调控保留足够的财政空间②。因此，对公共组织支出实行全过程预算管理是优化公共组织财务支出体系的必然要求。

新《预算法》的出台强化了预算管理在公共组织财务支出管理中的基础性地位；《会计制度（2017）》在核算范围上进一步完善了预算会计的功能：将依法纳入部门预算管理的现金支出均纳入预算会计核算范围，如增设了债务还本支出、投资支出等。调整完善后的预算会计，能够更加准确地反映公共组织支出情况，更加满足公共组织财务预算管理的需要。此外，2018年，中共中央办公厅印发《关于人大预算审查监督重点向支出预算和政策拓展的指导意见》（中办发〔2018〕15号），还提出要"加强对支出绩效和政策目标落实情况的监督，推动建立健全预算管理机制"。各项措施的出台，标志着中国公共组织财务支出过程的预算调节机制处于不断建设完善之中。

例如，中国政府在应对COVID-19过程中反应迅速，以各项专项基金、专项拨款和税式支出为手段的支出机制体现了财政承担促进企业技术创新、增加外贸出口、培育创新人才等作用，这些机制将对国内外处理公共卫生突发事件对经济的影响有重要参考价值（见表6-10）。

表6-10 2020年突发公共卫生事件税收优惠政策（部分、不含地方）

发布时间	文件及主要内容
2月1日	《财政部 海关总署 税务总局关于防控新冠疫情进口物资免税政策的公告》（2020年第6号）适度扩大了《慈善捐赠物资免征进口税收暂行办法》规定的免税进口范围
2月6日	《财政部 税务总局关于支持新冠疫情防控有关税收政策的公告》（2020年第8号）对疫情防控重点保障物资生产企业，及相关运输单位给予了一定税收优惠
2月6日	《财政部 税务总局关于支持新冠疫情防控有关捐赠税收政策的公告》（2020年第9号）对有关无偿捐赠用于应对新冠疫情的，免征增值税、消费税
2月29日	《国家税务总局关于支持个体工商户复工复业等税收征收管理事项的公告》（2020年第5号）对有关增值税小规模纳税人作出了相关税收减免规定

---

① 马蔡琛，苗珊. 中国政府预算改革四十年回顾与前瞻——从"国家预算"到"预算国家"的探索[J]. 经济纵横，2018（6）：39-50+2.

② 孙琳，王姝黛. 中期支出框架与走出"顺周期陷阱"——基于88个国家的数据分析[J]. 中国工业经济，2019（11）：5-23.

续表

发布时间	文件及主要内容
4月10日	财政部《关于暂免征收加工贸易企业内销税款缓税利息的通知》（财关税〔2020〕13号）规定自2020年4月15日起至2020年12月31日，暂免征收加工贸易企业内销税款缓税利息
2月1日之后	中央和有关省市的其他税收减免及优惠政策

（四）建立支出绩效考核机制

在很长一段时间里，中国的公共组织财务支出绩效评价主要依赖于预算会计所提供的财务信息，但公共组织预算会计是以收付实现制为核算基础的。以收付实现制为基础的预算会计，注重对资金来源和分配使用信息的记录和监控，并未要求保持对资产、负债、收入、支出和资产净值的完整记录，也很少关心成本[1]，无法客观公允地反映预算单位的整体财务状况和运行绩效。

为了解决以收付实现制为基础的预算会计的机制弊端，近年来中国借鉴西方发达国家和企业会计改革的成功经验，对公共组织会计进行了一系列的调整，积极引入权责发生制为基础的财务会计，权责发生制的一大特点是可以通过成本核算，反应财务支出的使用绩效[2]。新《会计制度》和《准则》（第78号）的出台，标志着会计基础从收付实现制逐渐向权责发生制转变。支出成本概念的强化，使中国公共组织财务支出管理的绩效考核机制更加完善。

四、公共组织支出管理的优化

经过一系列的改革，中国在公共组织财务支出管理的体系和机制建设上虽然取得了一定的成绩，但在公共组织实际运行中仍然存在财务支出管理法律体系不健全、资金运营绩效不高、财务支出透明度不足等问题，因此在公共组织财务支出系统的建设中，我们可以从以下方向进行优化和完善。

（一）健全公共组织财务支出管理的法制性

美国的《政府绩效与成果法》（Government Performance and Results Act）、澳大

---

[1] 王雍君，谢林. 权责发生制视角的中国公共部门改革：评述与优先议程 [J]. 财政研究，2016 (3)：2-14+38.

[2] Lapsley I, Mussari R, Paulsson G. On the Adoption of Accrual Accounting in the Public Sector: A Self-Evident and Problematic Reform [J]. European Accounting Review, 2009, 18 (4): 719-723.

利亚的《财政管理改革法》（Financial Management Reform Act）、加拿大的《绩效考评条例》（Performance Assessment Ordinance）都重点将公共组织财务支出纳入法律规制的轨道。虽然中国陆续出台的《会计法》《预算法》《会计制度（2017）》《准则》（第78号）等法律规章都有涉及公共组织财务支出的管理规范，但是相对于西方发达国家，中国对公共组织财务支出管理的法律制度建设还有待完善[1]。因此，我们要强化公共组织支出管理的法律基础。针对中国的实际情况，在公共组织财务支出管理的法律体系构建上，要兼容支出管理的合规性和绩效性，尽量做到体系完整、操作便利，实现社会效益与经济效益相统一。

（二）提升公共组织财务支出管理的绩效性

一直以来，中国公共组织财务管理都存在"重合规，轻绩效"的特征，在支出管理方面也不例外。2018年，中共中央、国务院出台了《关于全面实施预算绩效管理的意见》（中发〔2018〕34号）指出"公共组织财务支出要统筹兼顾、突出重点、量力而行，确保财政资源高效配置，增强财政可持续性。"因此，为了提高公共组织财务运行绩效，我们要建立与公共组织支出相匹配的绩效指标和标准体系，突出结果导向和绩效考核在公共组织财务支出管理中的作用，优化公共资源配置，有效促进社会管理和国家治理体系的现代化。

（三）提高地方政府财务支出管理的透明性

财务透明度是现代公共组织财务管理的永恒话题。首先，公共组织财务管理的一项重要目标在于提升支出效率，而解决这一问题又与提高财务透明度密切相关（李燕、王晓，2016[2]）。此外，阿恩·威格（Wiig，2009[3]）、刘生旺等（2019[4]）指出，提高财政透明度能增强对公共组织财务支出行为的约束作用。而且在实践中，虽然中央部门对一般公共预算支出和支出功能分类项级科目进行了公开，但中

---

[1] 胡伟. 我国财政支出绩效管理法律规制：体系、模式与功能 [J]. 经济与管理评论，2017，33（2）：79-85.

[2] 李燕，王晓. 国家治理视角下我国地方财政透明对财政支出效率的影响研究 [J]. 中央财经大学学报，2016（11）：3-10.

[3] Wiig A, Kolstad I. Is Transparency the Key to Reducing Corruption in Resource-Rich Countries? [J]. World Development, 2009, 37 (3): 521-532.

[4] 刘生旺，陈鑫. 财政透明能约束政府行为吗？——基于政府行政管理支出视角的研究 [J]. 审计与经济研究，2019，34（4）：116-127.

国地方政府依然存在财政透明度不高的问题（邓淑莲等，2018[①]；王会金等，2017[②]）。因而，我们可以通过鼓励公众参与地方公共组织财务支出监督工作、提升转移支付信息披露力度、搭建财务支出从决策到绩效评估的全过程信息公开平台等途径，加强公共组织财务支出透明度建设，削弱地方公共组织的无效财务支出倾向，提升公共组织财务支出的整体合规性和绩效性。

（四）规范公共组织费用管理

1. 政府购买服务的费用管理

政府购买服务，是指通过发挥市场机制作用，把政府直接提供的一部分公共服务事项，以及政府在履行职责中所需的辅助性服务事项，按照一定的方式和程序，交由具备条件的社会力量和事业单位承担，并由政府根据合同约定向其支付费用，属于公共组织财务支出管理的重要内容。因此强调政府购买服务的费用管理规范，是完善公共组织财务治理体系的重要内容。在政府购买服务的过程中除加强绩效管理、监督管理和信息公开等必要流程外还应注意以下方面。

一是妥善安排购买服务所需资金。政府购买服务所需资金列入财政预算，从部门预算经费或经批准的专项资金等既有预算中统筹安排。对预算已安排资金且明确通过购买方式提供的服务项目，按相关规定执行；对预算已安排资金但尚未明确通过购买方式提供的服务，可根据实际情况，调整通过政府购买服务的方式实施。

二是健全购买服务预算管理体系。加快建立购买服务支出标准体系，逐步在预算编报、资金安排、预算批复等方面建立规范流程，不断健全预算编制体系，提高购买服务预算编制的科学化、规范化。购买主体应当按要求填报政府购买服务支出表，并将列入集中采购目录或采购限额标准以上的政府购买项目同时反映在政府采购预算中，与部门预算一并报送财政部门。列入政府购买服务支出表的项目，应当组织实施政府购买服务。实施政府向事业单位购买服务的行政主管部门，应当将相关经费预算由事业单位调整至部门本级管理，不再直接作为事业单位经费。

三是强化购买服务预算执行监控。购买主体要对购买服务提供进行全过程跟踪，对合同履行、绩效目标实施等，发现偏离目标要及时采取措施予以纠正，确保对支出资金的规范管理、安全使用和绩效目标如期实现；使用购买服务预算资金要严格遵守相关财政财务管理规定，不得截留和挪用。承接主体要认真履行合同规

[①] 邓淑莲，曾军平，郑春荣等．中国省级财政透明度评估（2017）[J]．上海财经大学学报，2018，20（3）：18 - 28．

[②] 王会金，马修林．政府透明度、媒体监督与政府审计绩效——基于省级面板数据的经验研究[J]．南京审计大学学报，2017，14（3）：86 - 94．

定,采取有效措施增强服务能力,提高服务水平,确保提供服务的数量、质量等达到预期目标。

2. 传统事业单位费用支出和绩效管理

《会计制度(2017)》及相关准则的实施,意味着传统事业单位(如公立学校、公立医院等)的会计基础朝着权责发生的方向改进,并付诸实施。此外,2019年12月财政部颁布《基本指引》,对事业单位"业务活动费用""单位管理费用"等成本支出进行了进一步规范,几乎同时,教育部于2019年12月27日同时出台了《教育部关于全面实施预算绩效管理的意见》[①],对加快推进教育部所属高等学校和直属单位(以下简称各单位)、部内司局部门预算资金和中央对地方教育转移支付资金绩效管理,优化教育资源配置,提高教育经费使用效益提出了意见。

伴随着这一过程,包括公立医院、公立学校等在内的传统事业单位的公共支出,一方面被逐渐纳入严格的预算管理;另一方面,传统的事业单位由于被深深地打上了公益事业的"烙印",因此,事业单位的"支出绩效改革"既需要严格遵守该领域所具有的伦理、道德等标准,将钱用在"看得到"的地方,如公立学校学生是否按照国家财政对学费、奖学金的标准管理等(见表6-11),也需要遵循权责发生制会计改革的规则,配合做好会计准则修订过程中的会计核算、资产管理及绩效评价等工作。

表6-11　　　　　　　　　　中国政府奖学金资助标准　　　　　　　　　　单位:元

学生类型	学科分类	学费	住宿费	生活费	综合医疗保险费	合计
本科生	一类	20 000	8 400	30 000	800	59 200
	二类	23 000	8 400	30 000	800	62 200
	三类	27 000	8 400	30 000	800	66 200
硕士研究生(普通进修生)	一类	25 000	8 400	3 6000	800	70 200
	二类	29 000	8 400	3 6000	800	74 200
	三类	34 000	8 400	3 6000	800	79 200
博士研究生(高级进修生)	一类	33 000	12 000	42 000	800	87 800
	二类	38 000	12 000	42 000	800	92 800
	三类	45 000	12 000	42 000	800	99 800

注:1. 一类包括:哲学、经济学、法学、教育学、文学(除文艺类外)、历史学、管理学;二类包括:理学、工学、农学;三类包括:文学(文艺类)、医学。2. 需要接受预科教育和汉语补习的留学生按照其留学身份享受相应的生活补助标准,教学补助标准按照本科一类标准向留学院校拨付。3. 全英文授课的研究生和进修生,额外提供5000元/人年的教学补助。

---

① 资料来源:中华人民共和国教育部网站:http://www.moe.gov.cn/。

第七章
公共组织会计管理

2015年10月，财政部正式对外公布《政府会计准则——基本准则》，2016年7月财政部公布《政府会计准则第1号——存货》等四项具体准则，2017年10月，财政部公布《政府会计制度——行政事业单位会计科目和会计报表》，明确了会计科目名称、编号、核算内容和主要账务处理，并对会计报表格式和编制进行了规范。根据《政府会计准则——基本准则》的规定，"政府会计改革要达到的目标是要建立科学规范的政府会计准则制度体系，实现预算会计和财务会计适度分离又相互衔接的会计核算和报告体系"。随着具体准则、应用指南、会计科目和列表的相继出台，政府会计制度双功能（财务会计和预算会计）、双基础（权责发生制和收付实现制）和双报告（财务报告和决算报告）的特征清晰明确。

公共组织会计管理作为公共组织财务管理中的信息系统，既是公共组织预算编制的基础，又是预算管理部门控制预算执行进度、达成预算目标的重要手段。

第一节
公共组织会计概述

公共组织会计管理的首要任务是构建或完善公共组织会计概念框架。根据中国公共组织的发展情况再结合当前经济、政治、文化、社会发展大环境背景来制定公共组织会计概念框架是公共组织会计管理改革深化的航标，也是健全公共组织会计准则和制度的准绳。明确公共组织会计概念框架，对于准确核算公共组织（净）资产、债务、收入、支出，编制公共组织财务报表等具有重要作用，因此在推进中国公共组织会计管理深化改革的进程中，要科学地选择公共组织会计概念框架。

本节通过借鉴不同法律体系下国际组织和一些改革先行国家的改革经验，并结合已有理论成果，对中国公共组织会计概念框架进行探讨，并试图为推进公共组织会计管理深化改革及提高公共组织社会公信力提供有益参考。

一、公共组织会计概念

（一）公共组织会计基本概念

"公共组织会计"最早称为"官厅会计"（Governmental Account）[①]，是适用于中央和地方各级政府机关的一种专业会计，具体是指用于指导、反应、核算和监督各公共组织财务收支活动及其受托责任的履行情况的信息系统。

（二）公共组织会计与企业会计的区别

世界各国的公共组织会计与企业会计均在制度、模式和运行方面有所不同。而中国的公共组织会计改革的过程中除了充分考虑政府财政财务管理的特点，还借鉴企业会计的成功经验，如《政府会计制度——行政事业单位会计科目和报表》的

[①] 官厅会计之称，在我国有其历史渊源。《周礼·天官·大宰》中有"官计"之称，"以八法治官府……八曰官计，以弊邦治。"两汉、唐宋、明清改"官计"之名为"国计"，故会计学界认为，采用"官厅会计"之称概括我国古代国家会计较为合适。

制定就适当吸收了中国企业会计准则的改革方向和经验,但企业会计制度须依据法律体系或政府财政会计管理部门所颁布的会计制度并依据实施要求和准则(目前中国企业会计是依据《企业会计准则》和《企业财务通则》)来进行会计管理。

总体来看,公共组织会计与企业会计的区别如表7-1所示。其中,中国公共组织会计包括财务会计和预算会计,两者主要在会计基础、会计功能、会计要素以及会计报表等方面有很大的区别。

表7-1 公共组织会计与企业会计的区别(截至2020年1月中国的情况)

项目	公共组织会计		企业会计
	财务会计	预算会计	
监督管理	通过预决算规范公共组织会计管理		通过第三方机构审计和税收审查规范企业会计管理
会计核算模式	"财务会计与预算会计适度分离并相互衔接"的会计核算模式		针对不同类型的企业有不同的会计核算方式
会计基础	权责发生制	收付实现制	权责发生制
会计功能	1. 契约功能(契约规制、社会责任践行、资源配置、财政监督、激励与约束) 2. 估值功能(预算安排、绩效考评、财政风险预警、财政透明度、行政成本核算)(章贵桥,2017[①];2021[②])		市场监管功能、投资决策功能
会计要素	五大要素:资产、负债、净资产、收入、费用	三大要素:预算收入、预算支出、预算结余	六大要素:资产、负债、所有者权益、收入、费用和利润
会计报表	资产负债表、单步式收入费用表、现金流量表和净资产变动表	预算收入表、预算结转结余变动表和财政拨款预算收入支出表	资产负债表、利润表、现金流量表和所有者权益表

注:本表根据《政府会计准则——基本准则》《政府会计制度——行政事业单位会计科目和报表》《企业会计准则——基本准则》及相关文献整理而得。

二、不同法律体系下的公共组织会计概念框架

国际上,对公共组织会计概念框架的选择与各国所处的法律体系有很大关系。就全世界范围来看,主要有两大法律体系,一是英美等国普遍沿用的英美法系,它们的公共组织会计概念框架因游离于法律体系之外而不具有直接的法律效力,因此不要求强制执行。二是德国等国沿用的大陆法系,它们的公共组织会计概念框架具

---

① 章贵桥. 政府会计功能、国家善治与政治信任 [J]. 会计研究,2017 (12):19-23+96.
② 章贵桥,杨媛媛,颜恩点. 数智化时代、政府会计功能跃迁与财政预算绩效治理 [J]. 会计研究,2021(10):17-27.

有成文法的特性，并且是会计体系的组成部分，因此具有很高的法律地位，也必须强制遵守和执行（Jones，2013①；Bastian，2017②）。

在实际操作中，2010年国际公共部门会计准则委员会（IPSASB）在征求国际公共部门会计概念框架的意见时，将财务报告目标和使用者、财务报告主体、财务报告要素、财务报告范围、确认和计量、信息质量特征、报告中财务与非财务信息披露等作为其概念框架的重要组成部分。基于此意见征求稿，IPSASB 随后制定出了32项具体的标准，作为国际公共部门通用的财务报告概念框架。而通过研究美国联邦会计准则咨询委员会（FASAB）发布的联邦财务会计概念公告，美国政府会计准则委员会（GASB）发布的州和地方政府会计概念框架公告，在加拿大公共部门会计委员会（PSAB）制定的公共部门会计手册，南非的 ASB 财务报告框架，法国中央政府会计准则委员会（CPAS）制定的中央政府会计概念框架，可以发现这些会计概念框架与 IPSASB 制定的通用标准都有很大的相似之处。因此 IPSASB 制定的公共部门会计概念框架对中国公共组织会计概念框架的选择也有很大的指引作用（Jacobs Kerry，2016③）。

（一）英美法系

美国的会计概念框架制定主要有两个机构，一是联邦会计准则咨询委员会（FASAB）；二是政府会计准则委员会（GASB），虽然它们的服务对象不同，但都主要采取层次分明的制定思路，主要按照概念框架中各要素的重要程度循序渐进进行完善，陆续补充如信息质量特征，要素确认与计量等要素，会计概念框架处于不断丰富和完善的一个过程。

法国中央政府会计准则委员会（CPAS）有一套完整的会计概念框架，主要包括概念框架和会计准则两部分，概念框架部分主要是用来解决一些基本的、概念性的问题，具有客观性，一般不做大幅调整和变化，主要包括财务报告目标、会计原则、财务报告构成、会计基础、财务报告主体、会计信息质量特征、核算对象和会计要素确认计量等。

澳大利亚的会计概念框架在世界范围内有很高的认可度，其会计理论结构具有

---

① Jones R, Lande E, Lüder K, et al. A comparison of budgeting and accounting reforms in the national governments of France, Germany, the UK and the US [J]. Financial Accountability & Management, 2013, 29 (4): 419－441.

② Bastian I. Designing a Public Sector Accounting Exercise Sheet by a Cultural Approach [C] // International Conference on Information Technology Science. Springer, Cham, 2017.

③ Jacobs, Kerry. Theorising Interdisciplinary Public Sector Accounting Research [J]. Financial Accountability & Management, 2016, 32 (4): 469－488.

较强的影响力。早在1999年,澳大利亚联邦政府就使用了合并政府财务报告,而对报告主体的界定是以使用者是否依赖政府报告来评估其资产配置作为依据,重点考虑了外部使用者的需求。还将管理者和与主体有经济利益的相关者的分离程度;主体的经济或政治的重要性及影响;控制资源的规模等财务特征作为对财务主体的考核标准。

(二) 大陆法系

大陆法系的基本精神是强调法典突出理性,国家通过立法制定会计规范,这就使会计框架受到相关法律广泛而深入的影响。对政府会计的管理,大陆法系国家普遍是从财政预算立法的角度,强调会计记录的真实、公允、完整、正确与合法[①]。

在德国,没有单独的、系统的会计法和会计准则,对会计行为的规范寓于有关的法律之中。对于政府会计而言,德国是以公共财政和预算法为依据和准则,以此来满足立法机关的信息需求,是"立法导向的",用于"财政"目的而非"管理"目的。其政府会计核算工作由《基本法》及《下位法》中的《联邦(地方)预算法案》《联邦(地方)管理法规》分层次规定。与此同时,德国政府会计报告的主要特征也是"法律形式重于经济实质"。另外,从会计监管的执法主体看,德国的司法与行政部门在会计监管中占有主导地位。其政府会计监督,是由审计法院负责调查与审计,监督和保障政府会计法律法规的严格执行。

崔伟、缑延红(2011[②])认为,在构建中国公共组织财务会计概念框架时,需要考虑与国际公共组织会计接轨,但同时又要顺应公共组织会计发展的现实趋势。因此搭建与国际趋同同时又符合中国特定国情,且具有可落实性和国际可比性的会计概念框架任重而道远。

三、公共组织会计主要内容

由于政府会计准则体系始终处于进一步完善状态,会计基本准则一般用以代表公共组织会计主要内容,它包括了概念框架、基本内容及运行机制。而会计概念框架中除了包括了会计基本准则中的会计目标、主体、质量特征、会计要素及其确认与计量、政府财务报告等,还有记账本位币、会计期间、持续假设、附注报告要求

---

① Zicke J, Kiy F. The effects of accounting standards on the financial reporting properties of private firms: evidence from the German Accounting Law Modernization Act [J]. Business Research, 2017, 10 (2): 215–248.

② 崔伟,缑延红. 我国政府会计改革若干问题研究 [J]. 山东社会科学, 2011 (9).

等。李晓慧等（2010①）曾就政府会计概念框架提出十大主要内容，即能力与目标、会计和财务报告主体、与预算的关系、会计基础、会计体系建构、财务报表、实现、确认、计量单位、计量对象等，这与美国政府会计政策空间的10个维度具有相似之处。有不同观点认为（陈志斌，2012②），会计目标是公共组织会计概念框架的首要组成部分，其次还应该有明确的会计主体以及质量标准等。而从全局性视角加以考量，周曙光、陈志斌（2021③）指出，构建政府会计准则的执行框架是一个前提，该框架应由制度保障机制、认知驱动机制、执行控制机制、执行反馈机制、人员与技术支持机制、审计协同机制等模块共同组成。

（一）会计目标选择

公共组织会计目标的制定应该是会计理论与实践的起点，但就目前来看，中国公共组织的会计目标还尚未完全明确，更多只是要符合宏观经济运行、预算和内部管理等一般性的原则，对公共组织公共受托责任的体现还不够。于玉林（2011④）认为，会计目标作为会计概念框架的逻辑起点，应结合会计职能来确定，因为会计目标的提出只能是在会计职能的范围之内，而同时需要考虑公共组织会计信息使用者的需求。路军伟（2010⑤）也提出如果在会计目标的制定过程中忽略了公共组织的会计职能，那么将很有可能会导致会计目标不全面、不充分。此外还具有监督公共组织内部预决算执行、日常资金使用监管、提高公共组织资源使用效率、提供公共服务等职能，由此可得公共组织的会计目标也应该具有推进公共治理、管控、提高资源配置效率、进行绩效评价、为政治建设服务等内容。总的来说，公共组织会计具有两个阶段性目标，第一阶段是主要为公共治理服务，这是现阶段的首要目标；第二阶段是为公众服务，是中国公共组织目标努力的方向。

公共组织的会计目标还存在决策有用观和受托责任观的争议，但两者的实质也并不冲突。决策有用观认为公共组织应提供尽可能全面、真实的会计信息给信息使用者提供决策参考，从而对资源进行合理配置；而受托责任观认为信息使用者根据信息来评价受托责任的履行情况，最终决定委托关系的维持或终止。这两种观点都要求公共组织提供相应的财务会计信息，只是用于决策的目的性不同。从公共组织的会计环境来看，应该说这两种观点都统一于中国公共组织的会计目标之中，即公

---

① 李晓慧，孟超，陈立齐. 政府会计管理的三维度研究［J］. 财政研究，2010（9）：62-65.
② 陈志斌. 论中国政府会计概念框架的选择［J］. 会计研究，2012（2）：67-73+99.
③ 周曙光，陈志斌. 政府会计准则的执行框架构建研究［J］. 中央财经大学学报，2021（8）：53-61.
④ 于玉林. 会计系统研究方法［J］. 财会学习，2011（2）：13-16.
⑤ 路军伟. 我国政府会计改革取向定位与改革路径设计——基于多重理论视角［J］. 会计研究，2010（8）：64-70+98.

共组织提供的财务会计信息既需要能够反映公共部门受托责任的履行情况,又要帮助信息使用者实现资源的合理配置(戚艳霞等,2010[①])。

(二) 两种说法下的会计主体确定

确定公共组织的会计主体实质就是明确公共组织人员管理或服务的立场。埃尔登·S. 亨德里克森(Eldon S. Hendriksen)认为,关于会计主体主要有两种说法(亨德里克森,2013[②]),一是"单位说",即会计主体是否具有相应的经济调控、义务承担等能力,主要强调会计主体的控制能力;二是"信息使用者说",从财务会计信息使用者的角度出发,注重对信息的需求。而中国在确定会计主体时主要从两个方面出发,一方面是要利于社会经济决策任务的推进,要反映公共部门的责任受托和利用资源的合理配置;另一方面是要有利于加强和规范公共组织自身的财务管理行为。

(三) 会计要素

会计要素是按照一定的标准对会计核算和监督的内容所作的类别划分,是对政府会计对象的具体化(王彦等,2009[③])。如国际公共部门会计准则委员会(IPSASB)就对设定了不同会计目标的公共部门建议采用不同的会计要素,收付实现制下的会计要素和权责发生制下的公共组织会计要素就必须有所区分,如加拿大、法国、澳大利亚、美国等大都将资产、负债、收入和支出(费用)等作为其会计要素的主要组成部分。

公共组织在会计要素的选择上,还需要结合中国对会计要素的本质特征加以厘定,如周卫华等(2021[④])基于系统论和"管理活动论"对政府会计管理的对象、目标、活动、循环、特征、环境等要素进行全面分析,尝试构建了基于公共价值的政府会计管理的基本理论体系。由于公共组织的日常活动主要是提供公共资源或者公共服务,更强调"服务潜能",而非"经济利益",这势必要求中国公共组织对

---

① 戚艳霞,张娟,赵建勇. 我国政府会计准则体系的构建——基于我国政府环境和国际经验借鉴的研究 [J]. 会计研究,2010 (8).
② [美] 埃尔登·S. 亨德里克森. 会计原理 [M]. 王澹如,陈今池,译. 上海:立信会计出版社,2013.
③ 王彦,王建英,赵西卜. 政府会计中构建二元结构会计要素的研究 [J]. 会计研究,2009 (4): 24-31.
④ 周卫华,杨周南,赵金光. 基于公共价值视角政府会计管理体系研究——兼论政府会计管理活动论 [J]. 会计研究,2021 (2): 3-15.

会计要素的选择上既要体现公共组织的服务本质，又要表达公众对公共组织提供公共服务的趋势所向。

中国政府现阶段的会计改革是以收付实现制作为基础，收付实现制正在不断被权责发生制所取代，而目前中国公共组织的会计要素已经包括了资产、负债、净资产、收入、费用这五个基本类别。

（四）信息质量特征的相关要求

信息质量是指财务会计信息的质量情况，是评价会计目标实现程度的指标，萨德扎德·A（Sadeghzadeh，1993①）指出对提供会计信息的主体而言，必须按照一定的原则来提供相应的信息，而这些原则就是指会计信息的质量特征。公共组织会计信息质量与企业会计信息质量有很大的兼容性，都要求财务报告目标必须要达到一定的质量要求，因此按照国际通行做法，在界定公共组织财务信息质量时也可参照企业财务信息质量的要求。

但需要注意的是，公共组织作为公共服务和公共资源的提供者，相比于企业会计主体，公共组织是较为特殊的会计主体，对信息质量的要求也具有特殊性，这主要体现为相关性和可比性。② 相关性主要表现为信息质量要能集中体现公共组织责任受托的履行情况，而可比性是指不仅在公共组织内部或同级公共组织间的会计信息要具有可比性，还要求公共组织在从事企业性质的活动时采用的会计原则和方法具有可比性。另外，公共组织的会计信息还带有相关的政治经济后果，因为其受众比企业会计信息更为广泛，这对公共组织会计信息的可理解性就提出了更高的要求。

IPSASB曾就政府财务报告需要具备的十条质量特征进行过归纳，主要包括：完整性、真实性、可靠性、重要性、可理解性、相关性、中立性、实质重于形式、可比性和谨慎性，这在一定程度上说明信息质量具有很强的严苛性。就中国信息质量特征，陈志斌（2011③）认为在顺序上应首先满足及时性、统一性、合法性，然后才是可靠性、可理解性、一致性、相关性和可比性；赵西卜（2011④）则认为所有特征里面都应该包括一个总特征，那就是透明度，然后才是可理解性、公正性、真实性、一致性等。

---

① Sadeghzadeh, A., Socially Responsible Accounting Reporting: Financial Aspects, School of Accounting & Finance, University of Wollongong, Working Paper 3, 1993. [EB/OL]. https://ro.uow.edu.au/accfinwp/91.
② Laurie Mook, Rodney Machokoto. Social Accounting [M]. Springer New York, 2017.
③ 陈志斌. 政府会计概念框架结构研究 [J]. 会计研究，2011（1）：17-24.
④ 赵西卜. 对建设我国政府会计准则几个问题的思考 [J]. 财务与会计，2011（1）：49-52.

(五) 会计确认基础

会计确认基础是会计事项的记账基准,主要对费用、收入、支出等进行确认,是形成财务报告的主要来源,选择不同的会计确认基础也就意味着选择了不同的财务报告模式,会计确认基础是整个会计体系的核心。结合中国公共组织的发展情况和会计环境,还不能完全采用权责发生制作为会计确认基础,但朝着权责发生制会计确认基础进行改进,是中国公共组织财务管理的一个发展趋势。

公共组织受托责任的形式直接决定其会计确认基础的选择,因此不同的公共组织要根据自身的受托责任来确定会计核算基础,并提供相应的公共组织财务信息(Jack Diamond,2003①)。孙玉甫(2012②)通过研究其他国家公共组织会计基础的发展进程,再结合中国的实际情况认为收付实现制仍是现阶段中国公共组织的主要会计确认基础,但可以进一步结合其他的会计确认基础,如修正的收付实现制以及部分公共组织所采用的权责发生制,即多种会计基础并存的状态。

(六) 公共组织会计报告建设的意义

公共组织会计报告更多是以财务报表的形式来体现,作为公共组织会计的最终产品,会计报告应该系统全面地体现公共组织日常运营情况,以供信息需求者使用。以中国为例,在很长一段时间里,中国公共组织的经营情况更多只是通过预(决)算报告来体现,较为分散,没有一个完整的、真正意义上的会计公报。因此为加快推进中国公共组织会计报告建设,让信息需求者和广大公民能够获得一份完整的、能够体现公共组织受托责任履职情况的会计报告,2014年,国务院批转财政部《改革方案》,明确要求建立政府会计准则体系和政府财务报告制度框架体系,按照《改革方案》要求,财政部于2015年制定发布了政府财务报告编制办法和操作指南等制度,初步构建起政府财务报告制度框架体系,为开展政府财务报告编制试点工作提供基本规范。2019年12月财政部修订并颁布了《政府财务报告编制办法(试行)》(财库〔2019〕56号)、《政府部门财务报告编制操作指南(试行)》(财库〔2019〕57号)、《政府综合财务报告编制操作指南(试行)》(财库〔2019〕58号),这对于信息使用者进行评价公共组织绩效、自身资源配置具有重要的参考意义。

---

① Jack Diamond. Performance Budgeting: Managing the Reform Process [J]. IMF Working Papers, 2003, 3 (33).
② 孙玉甫. 公共信息会计理论研究 [M]. 上海:立信会计出版社,2012.

四、公共组织会计管理基本要求

（一）需要有科学的政府会计核算模式

所谓科学的政府会计核算模式，是指在政府会计管理体系中，有一套良性的运行机制：

一是在实现公共组织会计功能方面，应根据不同的会计体系要求，在同一会计核算系统中实现财务会计、预算会计的双重功能，即通过资产、负债、净资产、收入、费用五个要素进行财务会计核算，通过预算收入、预算支出和预算结余三个要素进行预算会计核算；

二是在运行管理基础方面，公共组织财务管理应体现不同的财务基础，如财务会计采用权责发生制，预算会计采用收付实现制；

三是在公共组织财务管理的报告方面，应通过财务会计核算形成财务报告，通过预算会计核算形成决算报告，以利于国家权力或监督机构的预算和决算审查。

（二）需要有相对统一的各项单位会计制度

所谓有相对统一的各项单位会计制度，是指公共组织会计对各类公共组织如医院、学校等行业事业单位会计制度的内容要进行相对的统一，才能增加政府各部门、各单位会计信息的可比性，为合并单位、部门财务报表和逐级汇总编制部门决算提供规范的制度安排：

一是在科目设置、科目和报表项目中，一般情况下，不区分行政和事业单位，也不再区分行业事业单位；

二是在核算内容方面，可根据改革需要增加各级各类行政事业单位的共性业务和事项；

三是在会计政策方面，对同类业务尽可能作出同样的处理规定；

四是需要有较为广泛的政府资产和负债核算范围，将净资产按照主要来源分类为累计盈余和专用基金，根据净资产其他来源设置了权益法调整、无偿调拨净资产等会计科目，这样才有利于准确反映政府资产负债信息，为相关决策提供更加有用的信息。

（三）需要有完善的报表体系和结构

公共组织会计报表需要分为预算会计报表和财务报表两大类。以我国为例，财

公共组织财务管理

务报表由会计报表和附注构成,会计报表由资产负债表(见表7-2)、收入费用表(见表7-3)、净资产变动表和现金流量表组成(见表7-4和表7-5),其中,单位可自行选择编制现金流量表。预算会计报表由预算收入表(见表7-6)、预算结转结余变动表和财政拨款预算收入支出表组成(见表7-7和表7-8),是编制部门决算报表的基础。而从公共组织会计管理的结构的完善,其核算内容应细化报表附注应当披露的内容,对会计报表重要项目说明提供了可参考的披露格式、要求按经济分类披露费用信息、要求披露本年预算结余和本年盈余的差异调节过程等。这样调整完善后的报表,才有利于全面反映单位财务信息和预算执行信息,提高部门、单位会计信息的透明度和决策。

表7-2　　　　　　　　　　　　　　　资产负债表　　　　　　　　　　　　　会政财01表

编制单位:　　　　　　　　　　　　　　年　月　日　　　　　　　　　　　　　单位:元

资　产	期末余额	年初余额	负债和净资产	期末余额	年初余额
流动资产:			流动负债:		
货币资金			短期借款		
短期投资			应交增值税		
财政应返还额度			其他应交税费		
应收票据			应缴财政款		
应收账款净额			应付职工薪酬		
预付账款			应付票据		
应收股利			应付账款		
应收利息			应付政府补贴款		
其他应收款净额			应付利息		
存货			预收账款		
待摊费用			其他应付款		
一年内到期的非流动资产			预提费用		
其他流动资产			一年内到期的非流动负债		
流动资产合计			其他流动负债		
非流动资产:			流动负债合计		
长期股权投资			非流动负债:		
长期债券投资			长期借款		
固定资产原值			长期应付款		
减:固定资产累计折旧			预计负债		
固定资产净值			其他非流动负债		
工程物资			非流动负债合计		
在建工程			受托代理负债		
无形资产原值			负债合计		

续表

资　产	期末余额	年初余额	负债和净资产	期末余额	年初余额
减：无形资产累计摊销					
无形资产净值					
研发支出					
公共基础设施原值					
减：公共基础设施累计折旧（摊销）					
公共基础设施净值					
政府储备物资					
文物文化资产					
保障性住房原值					
减：保障性住房累计折旧			净资产：		
保障性住房净值			累计盈余		
长期待摊费用			专用基金		
待处理财产损溢			权益法调整		
其他非流动资产			无偿调拨净资产*		
非流动资产合计			本期盈余*		
受托代理资产			净资产合计		
资产总计			负债和净资产总计		

表 7-3　　　　　　　　　　　收入费用表　　　　　　　　　会政财02表

编制单位：　　　　　　　　　　　年　月　　　　　　　　　　　　　单位：元

	本月数	本年累计数
一、本期收入		
（一）财政拨款收入		
其中：政府性基金收入		
（二）事业收入		
（三）上级补助收入		
（四）附属单位上缴收入		
（五）经营收入		
（六）非同级财政拨款收入		
（七）投资收益		
（八）捐赠收入		
（九）利息收入		
（十）租金收入		
（十一）其他收入		

续表

	本月数	本年累计数
二、本期费用		
（一）业务活动费用		
（二）单位管理费用		
（三）经营费用		
（四）资产处置费用		
（五）上缴上级费用		
（六）对附属单位补助费用		
（七）所得税费用		
（八）其他费用		
三、本年盈余		

表 7-4　　　　　　　　　　　　　　净资产变动表　　　　　　　　　　　　　会政财 03 表

编制单位：　　　　　　　　　　　　　　　　　年　　　　　　　　　　　　　　　　　　单位：元

项目	本年数				上年数			
	累计盈余	专用基金	权益法调整	净资产合计	累计盈余	专用基金	权益法调整	净资产合计
一、上年年末余额								
二、以前年度盈余调整（减少以"-"号填列）								
三、本年年初余额								
四、本年变动金额（减少以"-"号填列）								
（一）本年盈余								
（二）无偿调拨净资产								
（三）归集调整预算结转结余								
（四）提取或设置专用基金								
其中：从预算收入中提取								
从预算结余中提取								
设置的专用基金								
（五）使用专用基金								
（六）权益法调整								
五、本年年末余额								

注："——"标识单元格不需填列。

此外，如前章节所述，我国权责发生制政府财务报告改革仍在不断推进中。政府财务报告包括政府部门财务报告和政府综合财务报告。部门财务报告由政府部门编制，反映本部门（单位）的财务状况和运行情况；政府综合财务报告由各级财政部门编制，反映各级政府整体的财务状况、运行情况和财政中长期可持续性，主要由财务报表、政府财政经济分析和政府财政财务管理情况三部分构成。

《部门指南（2019）》将部门财务报告编制范围由原来"纳入部门决算管理范

围的行政单位、事业单位和社会团体"修改为"部门及部门所属的行政事业单位，与同级财政部门有预算拨款关系的社会团体""企业（集团）下属事业单位不编制政府部门财务报告"。调整的重点是明确不同管理方式下的部分事业单位是否纳入编制范围。

表 7-5　　　　　　　　　　　　　现金流量表　　　　　　　　　　　　会政财 04 表

编制单位：　　　　　　　　　　　　　　　年　　　　　　　　　　　　　　　单位：元

项目	本年金额	上年金额
一、日常活动产生的现金流量：		
财政基本支出拨款收到的现金		
财政非资本性项目拨款收到的现金		
事业活动收到的除财政拨款以外的现金		
收到的其他与日常活动有关的现金		
日常活动的现金流入小计		
购买商品、接受劳务支付的现金		
支付给职工以及为职工支付的现金		
支付的各项税费		
支付的其他与日常活动有关的现金		
日常活动的现金流出小计		
日常活动产生的现金流量净额		
二、投资活动产生的现金流量：		
收回投资收到的现金		
取得投资收益收到的现金		
处置固定资产、无形资产、公共基础设施等收回的现金净额		
收到的其他与投资活动有关的现金		
投资活动的现金流入小计		
购建固定资产、无形资产、公共基础设施等支付的现金		
对外投资支付的现金		
上缴处置固定资产、无形资产、公共基础设施等净收入支付的现金		
支付的其他与投资活动有关的现金		
投资活动的现金流出小计		
投资活动产生的现金流量净额		
三、筹资活动产生的现金流量：		
财政资本性项目拨款收到的现金		
取得借款收到的现金		
收到的其他与筹资活动有关的现金		
筹资活动的现金流入小计		

续表

项目	本年金额	上年金额
偿还借款支付的现金		
偿还利息支付的现金		
支付的其他与筹资活动有关的现金		
筹资活动的现金流出小计		
筹资活动产生的现金流量净额		
四、汇率变动对现金的影响额		
五、现金净增加额		

《综合指南（2019）》对财务报表进行了调整：一是将主要报表由原来的三种精简为两种，保留资产负债表和收入费用表，删除了当期盈余与预算结余差异表。主要考虑一是部门财务报告编制范围调整以后，会出现与部门决算编制范围不一致的情况，从合并财务报表层面看，当期盈余与预算结余总额缺乏比较的基础和意义。删除该表，并不影响大部分行政事业单位按照政府会计制度要求编制本单位当期盈余与预算结余差异表，用于分析权责发生制下当期盈余与收付实现制下预算结余的差异情况。二是根据政府会计准则和制度规定，各单位要分别从单位活动类型和经济性质分类两个维度核算反映收入费用情况，因此本次修订将收入费用表设计为两张表格，以满足部门财务管理需要。

表 7-6 预算收入支出表 会政预 01 表

编制单位： 年 单位：元

项 目	本年数	上年数
一、本年预算收入		
（一）财政拨款预算收入		
其中：政府性基金收入		
（二）事业预算收入		
（三）上级补助预算收入		
（四）附属单位上缴预算收入		
（五）经营预算收入		
（六）债务预算收入		
（七）非同级财政拨款预算收入		
（八）投资预算收益		
（九）其他预算收入		
其中：利息预算收入		
捐赠预算收入		
租金预算收入		

续表

项　目	本年数	上年数
二、本年预算支出		
（一）行政支出		
（二）事业支出		
（三）经营支出		
（四）上缴上级支出		
（五）对附属单位补助支出		
（六）投资支出		
（七）债务还本支出		
（八）其他支出		
其中：利息支出		
捐赠支出		
三、本年预算收支差额		

表 7-7　　　　　　　　　　　　预算结转结余变动表　　　　　　　　　　会政预02表

编制单位：　　　　　　　　　　　　年　　　　　　　　　　　　　　　　单位：元

项　目	本年数	上年数
一、年初预算结转结余		
（一）财政拨款结转结余		
（二）其他资金结转结余		
二、年初余额调整（减少以"-"号填列）		
（一）财政拨款结转结余		
（二）其他资金结转结余		
三、本年变动金额（减少以"-"号填列）		
（一）财政拨款结转结余		
1. 本年收支差额		
2. 归集调入		
3. 归集上缴或调出		
（二）其他资金结转结余		
1. 本年收支差额		
2. 缴回资金		
3. 使用专用结余		
4. 支付所得税		
四、年末预算结转结余		
（一）财政拨款结转结余		
1. 财政拨款结转		

续表

项　目	本年数	上年数
2. 财政拨款结余		
(二) 其他资金结转结余		
1. 非财政拨款结转		
2. 非财政拨款结余		
3. 专用结余		
4. 经营结余 (如有余额, 以"-"号填列)		

表 7-8　　　　　　　　　　　财政拨款预算收入支出表　　　　　　　　　会政预 03 表

编制单位：　　　　　　　　　　　　　　　　年　　　　　　　　　　　　　　　　单位：元

项　目	年初财政拨款结转结余		调整年初财政拨款结转结余	本年归集调入	本年归集上缴或调出	单位内部调剂		本年财政拨款收入	本年财政拨款支出	年末财政拨款结转结余	
	结转	结余				结转	结余			结转	结余
一、一般公共预算财政拨款											
(一) 基本支出											
1. 人员经费											
2. 日常公用经费											
(二) 项目支出											
1. ××项目											
2. ××项目											
……											
二、政府性基金预算财政拨款											
(一) 基本支出											
1. 人员经费											
2. 日常公用经费											
(二) 项目支出											
1. ××项目											
2. ××项目											
……											
总计											

(四) 需要有较强的可操作性

公共组织会计制度在附录中采用可操作性形式，如在会计科目使用说明中，可对同一项业务或事项举例说明，在表格中列出财务会计分录的同时，平行列出相对应的预算会计分录。以我国公共组织固定资产的取得为例（见表 7-9），通过对经济业务和事项举例说明,能够充分反映公共组织会计所要求的财务会计和预算会计"平行记账"的核算要求,便于会计人员学习和理解政府会计的记账规则,也有利于未来单位会计核算信息系统的开发或升级改造。

表7-9　　　　　　　固定资产取得在财务会计与预算会计下的会计分录

取得方式	财务会计	预算会计
（1）购买方式下取得固定资产	借：固定资产 贷：财政拨款收入、零余额账户用款额度、应付账款、银行存款	借：行政支出、事业支出、经营支出 贷：财政拨款预算收入、资金结存
（2）自行建造固定资产	借：固定资产 贷：在建工程	无须进行账务处理
（3）接受捐赠取得固定资产	借：固定资产、在建工程 贷：捐赠收入、零余额账户用款额度、银行存款	借：其他支出 贷：资金结存
（4）无偿调入固定资产	借：固定资产、在建工程 贷：零余额账户用款额度、银行存款、无偿调拨净资产	借：其他支出 贷：资金结存

第二节
公共组织会计管理的理论实践

一、委托代理理论下的会计监督机制

委托代理理论主要用于研究和解决委托人与受托人间的信息不对称,罗斯(Ross)、詹森(Jensen)与麦克林(Meckling)在20世纪70年代提出这一理论体系,设计出一个让代理人按照委托人的意愿和目标来行动的契约机制是委托代理理论的主要任务[1]。公共组织与民众之间也存在这样的委托代理关系,民众是公共资源和权力的所有者,因此是作为委托人,而公共组织代理民众去具体执行,是作为代理方,在公共组织内部的上下级部门之间也存在这样的委托代理关系。由于委托人与代理人在信息上是不对称的,而在目标上也并不是完全一致的,因此极有可能出现代理

---

[1]　Musallam S R, Gunasekaran A, Dubey R. The direct and indirect effect of the existence of risk management on the relationship between audit committee and corporate social responsibility disclosure [J]. Benchmarking, 2018, 25 (9): 4125-4138.

人为实现自身利益而牺牲委托人的利益（李帮义、王玉燕，2016①），也就是所谓的"道德风险"，委托人与代理人之间进行相关博弈，模型如图7-1所示。

	隐藏行动	隐藏信息
事前		3. 逆向选择模型
		4. 信号传递模型
		5. 信息甄别模型
事后	1. 隐藏行动的道德风险模型	2. 隐藏信息的道德风险模型

图7-1 委托代理关系中的博弈模型

公共组织与公众之间存在隐藏行动的博弈，在双方发生关系时，相互间的信息完全对称，但委托代理关系确定之后，公共组织就可以自行行动，而公众只能对公共组织的日常行动进行观测，看到的更多只是结果，而不是行动本身，公众和公共组织在信息获取上是不对等的。所以公共组织完全可以为实现自身利益最大化而隐藏行动，最后的结果就是与公民的期望和目标相背离，在各国的具体实践中，这样的因"道德风险"而导致的权力腐败、公共资源浪费的现象也经常出现。

为了尽量避免或减少公共组织道德风险行为，可以通过公共组织的会计目标和预算制度来对公共组织进行相应的监督，这一监督机制的设立是为了让公共组织能够从社会、从公众的利益出发来进行日常决策和选择。在这一监督机制下，一方面公众可以通过公共组织所公布的财务报告来进行事后监督；另一方面公众还可以就公共组织的活动过程进行事中约束和监督。

公共组织会计体系首先是一个信息管理系统，但与此同时也是一个监督和控制系统，公民可以通过公共组织会计体系对公共资源的使用、配置进行监督和控制，可以确保公共组织是按公众的意愿和受托进行组织活动，又能使公众通过对公共组织的财务报告进行分析，评价公共组织的履职情况，最终实现公共资源使用的经济性和效率性。

二、公共受托责任下会计信息披露的要求与特点

随着中国民主化进程的推进，公民参与民主决策和公共事务的积极性明显增加，对公共组织的信息披露需求也逐渐增加。在公共组织的信息披露中，责任受托主要有三个要素：一是授权方（即公众，有权向公共组织要求信息披露）；二是被授权方（即公共组织，有义务向公众披露相关信息）；三是信息传递通道（即公

---

① 李帮义，王玉燕. 博弈论与信息经济学 [M]. 北京：科学出版社，2016.

组织与公众之间进行有关委托代理关系履职情况的信息传递)。公共领域的公共受托责任的特殊性表现在:要通过信息披露使公众确信公共组织的产出或执行结果是符合预定目标,但同时公众和公共组织间的受托责任关系又具有复杂的层级结构①。公共组织在进行信息披露时,具有以下要求和特点。

一是信息披露的形式和内容要求。在信息披露的形式上,一般采取量化的报告形式以及解释与阐述的形式。财务报告就是典型的量化报告形式,直接用数据表达经济信息,而解释与阐述的形式通常是用文字进行表达,全面描述公共组织的履职情况。这两种形式的区别在于由于受到主观因素影响的强弱而导致信息的刚性不同。信息披露的内容主要包括三个方面的公共受托责任:资源信托层面主要关注资金的预决算对比;效率层面关注投入产出比;效果层面关注实际结果与预期目标。在这三方面的公共受托责任中,只有资源信托层面可以通过直接的数据予以披露,另外两个则需要借助其他的数据或专项报告来进行说明。

二是授权方的多元信息需求。信息的授权方即信息的需求方和使用者,公共组织信息的使用者,主要有公共组织信息的外部使用者(主要是一般公众);公共组织的准内部信息使用者(主要是监督立法机构);公共组织的内部信息使用者(主要是上级部门或部门长官),他们对信息具有最强的获取能力。公共组织信息的不同使用者对信息的需求和获取能力又有所差别,因此公共组织披露的信息要具有多元性。如一般公众作为公共组织的最终授权方,他们关注公共组织资源和资产的保值增值、日常收入与支出的财务信息,但他们对信息的获取能力和甄别能力都较低,对公共组织披露的信息依赖性最强;而监督立法机构主要是去监督公共组织的行为是否符合法律规定和要求,可以通过审计的方式获取公共组织信息,其信息获取能力较强且具有行政命令的性质。

三是公共组织及授权事项的内涵具有复杂性。公共组织作为被授权方,受到公民的授权提供公共服务,负有信息披露的义务,但其行为的多样化导致授权事项的内涵难以界定,并且在具体的授权中,公共组织又存在不同的层级和不同的部门,在授权关系中的角色又各有不同,因此在实际操作中有时难以确定具体的被授权方或授权事项。

三、新公共管理理论下的会计管理绩效提升

国际新公共管理运动兴起于 20 世纪 80 年代,在英、美等发达国家首先掀起,是一场改造公共组织的运动,以现代经济学作为其理论支撑,新公共管理理论主张

---

① 刘笑霞. 政府公共受托责任与国家审计 [J]. 审计与经济研究, 2010, 25 (2).

将企业的管理模式和方法引入公共部门的管理中以提高公共管理绩效,将公众作为"顾客"强调行政绩效的改善,追求公共组织活动的经济和效率①。而公共组织会计作为管理的基础性信息系统,通过提高公共部门财务管理绩效从而提高公共管理的效率具有重要意义。在新公共管理理论的背景下,公共组织财务会计改革的最终目的在于提高公共管理绩效。

相比于现金制,权责发生制核算范围更广,囊括有关公共组织的资产、负债、收入、费用等财务情况,并且更有助于公共组织财务风险防范、预算绩效评价等②。新公共管理运动以来,公众对公共组织的管理绩效有更高的期待,在权责发生制的基础上再导入公共组织成本会计,对强化公共组织财务会计管理,降低公共组织运营成本具有重大支撑作用。

第三节
公共组织会计核算方式

为了贯彻党的十八届三中全会全面深化改革精神,加快公共组织会计改革的进程,2017年财政部印发《政府会计制度——行政事业单位会计科目和报表》(财会〔2017〕25号)、《会计制度(2017)》,并已于2019年1月1日开始在各级各类行政事业单位实施。制度重构了政府会计核算模式,为了适应新的制度就必须加强对公共组织会计核算方法的研究和学习。

一、政府会计核算模式的变革与探索:英国、美国和法国

会计模式是对政府会计行为特征的全面表述与反映。20世纪90年代以来,为降低财政风险和提高政府会计信息的透明度,一些西方发达国家纷纷尝试对政府会计核算模式进行改革。结合白庆辉、张磊(2016③)、贾康等(2021④)以及HM

---

① 何颖,李思然. 新公共管理理论方法论评析 [J]. 中国行政管理,2014 (11).
② 张丽晨. 新公共管理理论视角下高校绩效预算管理路径研究 [J]. 当代会计,2017 (3):12-13.
③ 白庆辉,张磊. 中国政府会计大变革:从收付实现制到"双体系"框架——兼论政府会计改革理念形成的历史渊源与现实意义 [J]. 财会通讯,2016 (19):47-48.
④ 贾康,王晨明,钟玮. 借鉴英美两国经验构建我国政府会计标准体系 [J]. 江西社会科学,2021 (5):48-60.

Treasury（2023①）等，本节将以英国、美国和法国为例，对国际政府会计核算方法进行简要分析和介绍。

（一）英国模式

英国是君主立宪政治体制的国家，实行单一制国家组织结构。在政府会计核算方式改革之前，采用传统的以收付实现制为基础的政府会计核算方式。20 世纪 80 年代，英国经济衰退，为刺激投资和消费，英国政府采取扩张型财政政策，导致了通货膨胀与巨额赤字。下滑的经济形势和滞后的财政体制迫使英国政府全面运用权责发生制并引入资源预算。1994 年，英国政府发布《更好地核算纳税人的钱：政府资源会计与预算》公告（Better Accounting for the Taxpayer's Money：Resource and Budgeting in Government），正式宣告在中央政府部门实行权责发生制会计与预算的政府会计改革。1996 年各部门开始准备实施权责发生制会计，2000 年，英国制定《政府资源与会计法案》（the Government resources and Accounting Act 2000）在本国政府部门实施资源会计和资源预算，以求提升和完善公共管理，提高本国政府部门会计信息（尤其是本国政府资源使用及成本信息）的透明度和准确性，标志着英国全面实行权责发生制基础的预算与会计。

从政府会计核算的结构性改革来看，2012 年以后，英国政府支出可以被划分为资源支出与资本支出两个部分，资源支出被用于日常运营和资源管理，资本支出则被用于投资，对这两者的预算就被称作资源会计与预算报表体系（Resource Accounting and Budgeting，RAB），它描述了政府部门在财政年度内所购置、持有或处置的资源，以及该部门（包括其执行机构及其赞助的非官方部门）在该年度内对相关资源的使用情况，主要包括绩效报告、问责报告与财务报表三个部分（见图 7-2②）。

2023—2024 年英国财政部的相关公开资料显示，政府各部门的资源会计主要只涉及问责制与财务报表两个方面，其中，财务报表由综合净支出表（CSoCNE）、合并财务状况表（CSoFP）、合并现金流量表（CSoCF）、纳税人权益合并变更表（CSoCTE）以及会计注释五个部分组成。

---

① HM Treasury. Department Yellow：Illustrative Statements［EB/OL］. 2023 - 12 - 14［2024 - 11 - 08］. https：//assets. publishing. service. gov. uk/media/657af029254aaa000d050d48/2023 - 24_Department_Yellow. pdf.

② HM Treasury. How to understand public sector spending［EB/OL］. 2013 - 05 - 29［2024 - 11 - 08］. https：//www. gov. uk/government/publications/how - to - understand - public - sector - spending/how - to - understand - public - sector - spending#departmental - expenditure - limits - del. HM Treasury. The Government Financial Reporting Manual：2023 - 24［EB/OL］. 2024 - 06 - 12［2024 - 11 - 08］. https：//www. gov. uk/government/publications/government - financial - reporting - manual - 2023 - 24.

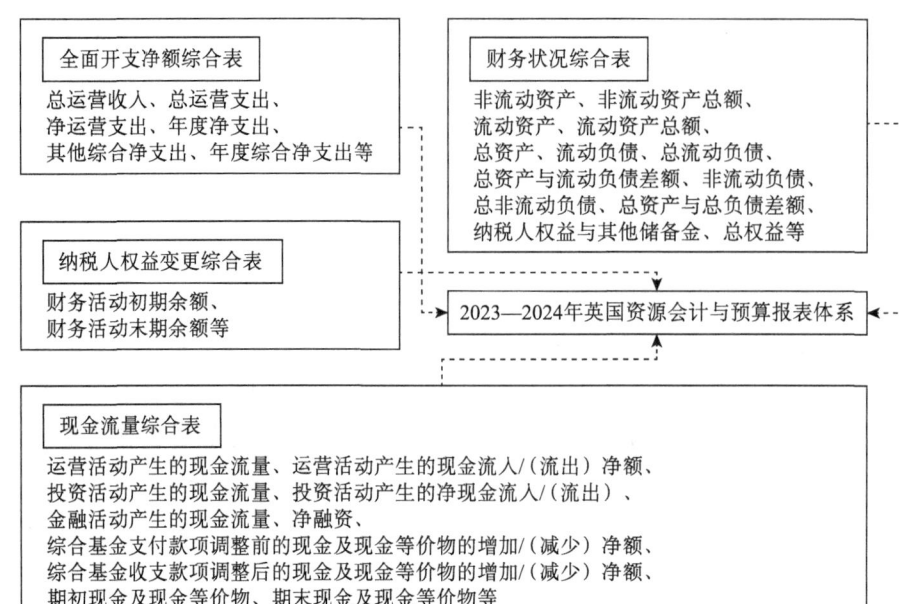

图 7-2 英国政府会计核算模式

其中,全面开支净额综合表汇总了按权责发生制产生和消耗的支出和收入,它还包括其他综合收入和支出,其中包括非流动资产和其他尚不能确认为收入或支出的金融工具价值的变化。财务状况综合表列出了部门的财务状况,它由三个主要部分组成:部门拥有或控制的资产、部门负债和权益(即实体的剩余价值)。现金流量综合表展示了政府部门在报告期内现金及现金等价物的变化情况。纳税人权益变更综合表显示了部门储备金在一年中的变动情况,共同反映了政府部门对自身资源的利用情况。值得注意的是,在 2011—2012 年财政部项目调整之后,资源会计与预算会计已实现基本融合,但仍有一些差异存在,主要在于部门支出、部门收入、地方部门支持项目、公共企业、公私合作(PPP)与研究投入等方面。

在构建政府会计核算模式过程中,英国建立了一套同时满足资源会计与预算系统要求的会计账户和报表体系,并统一按照收付实现制核算本国政府会计的经济活动。这种核算模式的政府会计,摒弃了收付实现制基础下政府会计的弊端,分别核算资源消耗与资本投资,并进行中长期预算编制,保证资源使用和投资的稳定性。政府从注重投入转向注重结果,核算反映政府提供劳务的成本与产出,通过绩效评价,提高各公共部门工作效率。

(二)美国模式

20 世纪 90 年代以前,美国政府也将现收现付制作为其政府会计基础。20 世纪 90 年代初,为了改善政府核算并提升政府财务管理水平以加强绩效管理,联邦政府在联邦会计准则咨询委员会（the Federal Accounting Standards Advisory Board，FASAB）的主导下开启了政府财务会计改革。与君主立宪制所实行的单一制国家组织的英国不同，美国的联邦体制在其政府会计体系中造成了"联邦－州与地方"的二元结构，加之美国政府会计由财务会计与预算会计拼合而成，因此形成了复杂的政府会计体系。美国政府的预算会计被专门用于审查预算资金执行情况，以收付实现制为基础；而其财务会计则是依据政府会计准则，对其一系列经济权利义务关系展开的核算，以权责发生制和经修正的收付实现制为基础。

对于联邦政府而言，其预算会计和财政会计都是由财政部和总统预算管理办公室（OMB）合作负责的。1975年，Andersen会计事务所编制了美国第一份权责发生制财务会计报告，此后，众多联邦机构开始陆续以权责发生为基础编制财务会计报告。政府财务报告主要涉及财务指标、可持续性措施与附录三方面内容，也会根据当年具体情况附带一些专门信息（如政府为应对新冠疫情而产生的支出）。联邦政府财务报告主要根据各个联邦机构经审计的财务报表和机构财务报告中包含的相关信息，按照由联邦会计准则咨询委员会（FASAB）颁布的公认会计原则（GAAP）进行编制而成，并由政府问责局（GAO）负责审核。

美国的州和地方政府则组建了专门的会计机构来负责州和地方政府的会计工作，其预算会计主要涉及现金支出、履约承诺、价格调整、预算追加等项目，并附带财年预测数据。而州和地方政府的财务会计模式则以基金为主体而非政府部门，其编写的财务报告不仅要遵循州和地方政府会计准则委员会（GASB）颁布的准则，还要符合州和地方政府的具体要求。其报告的基金构成如图7-3所示①。

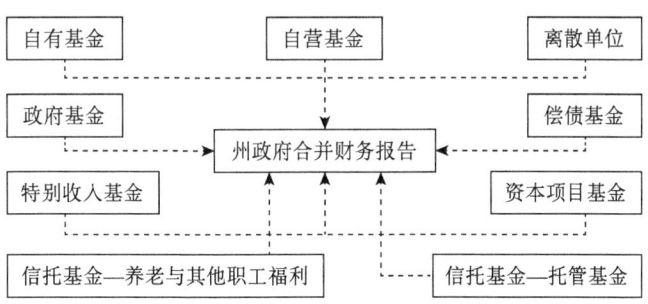

图7-3 美国政府会计核算模式

---

① 根据 U. S. Department of the Treasury. Financial Report of the United States Government ［EB/OL］. 2024－06－02 ［2024－11－08］. https：//fiscal. treasury. gov/reports－statements/financial－report/. Governmental Accounting Standards Board. Governmental Accounting Standards Series ［EB/OL］. 2024－04 ［2024－11－08］. https：//www. gasb. org/standards－and－guidance. 和 Pennsylvania Office of the Budget. Annual Comprehensive Financial Report （ACFR） ［EB/OL］. 2023－06－30 ［2024－11－08］. https：//www. pa. gov/en/agencies/budget/publications－and－reports/annual－financial－report. html#accordion－67c8172f77－item－283ba4fd9c. 整理而得。

(三) 法国模式

与英美不同，法国非常重视建立成文法来进行中央集权管理。2001年，法国议会通过并发布了《财政法组织法》（La loi organique relative aux lois de finances, LOLF），为本国政府预算改革和政府会计体系建设和会计核算模式改革奠定了坚实的法律基础[①]。在政府会计核算方式的构建过程中，法国积极学习和借鉴本国私人组织会计改革的成功经验，吸收国际会计准则（IFRS）、国际公共部门会计准则（IPSAS）和其他国家私人部门和公共组织会计改革的有益经验[②]，在充分立足本国政府的特殊国情的基础上（既要反映政府年度预算执行情况，又要反映政府资产负债、收入费用、运行成本、现金流量等财务状况），建立了三套相互独立的政府会计核算体系：一是以收付实现制为核算基础的政府预算会计体系；二是以权责发生制为基础的对政府所有活动进行核算、主要反映政府真实财务状况的财务会计体系；三是以权责发生制为核算基础，主要反映政府各项政策活动成本的成本会计体系。在 LOLF 公布以后，法国政府并未立刻要求所有的公共组织将会计核算方式换成权责发生制，而是采用了权责发生制和收付实现制两制并行的相对缓和的方式进行，降低了改革可能引起的社会波动与风险。

(四) 小结

在构建政府会计核算模式过程中，与法国等大陆法系的区别是，英、美等国会计的基本特征是"真实与公允"（孙永尧、万寿琼，2021[③]），会计核算考虑了国际财务报告的要求，建立了一套同时满足资源会计与预算系统要求的会计账户和报表体系，并统一按照收付实现制核算本国政府会计的经济活动。这种核算模式的政府会计，摒弃了收付实现制基础下政府会计的弊端，分别核算资源消耗与资本投资，并进行中长期预算编制，保证资源使用和投资的稳定性，使核算反映政府提供劳务的成本与产出，通过绩效评价，提高各公共部门工作效率。当今中国已进入了"全方位、全过程、全覆盖"的预算绩效管理新时代，急需探寻一条绩效预算改革与政府会计改革有机结合的实践路径（马蔡琛、桂梓椋[④]），包括在核算基础、准

[①] 黄严. 新 LOLF 框架下的法国绩效预算改革 [J]. 公共行政评论，2011 (4)：108 - 135 + 187.
[②] 翟悦. 欧美权责发生制政府会计改革模式及经验借鉴 [J]. 地方财政研究，2016 (3)：103 - 107.
[③] 孙永尧，万寿琼. 我国会计基础工作改革研究——基于英美法系角度 [J]. 财政科学，2021 (2)：26 - 38.
[④] 马蔡琛，桂梓椋. 全面预算绩效管理视域下的政府会计准则体系构建——基于国际比较视野的考察 [J]. 河北学刊，2020，40 (3)：132 - 139.

则体系、概念框架大数据平台应用等方面的确定和应用。

二、中国政府会计核算模式的历史演变

随着社会经济的发展,中国政府会计核算模式也随之发生变化。在此,本节将中国政府会计核算模式的演变分为三个阶段:收付实现制下的预算会计核算模式、与权责发生制和财务会计职能接轨的政府会计核算模式以及预算会计和财务会计"双轨制"核算模式。

(一) 以收付实现制为基础的预算会计

新中国成立后,在公有制为基础的计划经济与高度集权财政体制下,中国政府会计实行单一的收付实现制基础和单一收支决算报告下的预算会计。1978年改革开放后,中国政府与市场在社会经济中的角色越发明晰,政府职能开始向提供公共产品与服务转变,为了配合经济社会的发展,中国围绕以收付实现制为基础的预算会计核算模式出台了一系列的改革措施(见表7-10)。

表7-10　　　　中国收付实现制下的预算会计的改革(1983—2009年)

年份	措施
1983	财政部修订了《财政机关总预算会计制度》,充实总预算会计的机构建设
1988	修订《财政机关总预算会计制度》和《行政事业单位会计制度》,对预算会计制度进行了相应的改革调整
1995	为了响应党的十四届三中全会建立社会主义市场经济体制的决定,财政部发布了《预算会计核算制度改革要点》
2003	财政部成立政府会计改革领导小组,正式启动政府会计改革研究工作
2004	财政部发布了《民间非营利组织会计制度》,确立了非营利组织会计部门的制度规范
2007	政府会计改革被写入《国民经济和社会发展第十一个五年规划纲要》,目标是建立规范统一的政府会计准则制度体系和政府综合财务报告制度
2009	为了配合财政预算体制改革,中国修订了《高等学校会计制度》和《医院会计制度》

(二) 与权责发生制和财务会计职能接轨的政府会计核算模式

2010年之后中国社会经济进一步发展,2013年党的十八届三中全会决定全面深化改革,明确经济、政治、文化、社会、生态文明五大体制改革要点,提出国家治理体系和治理能力现代化的新要求,提出"建立权责发生制政府综合财务报告

制度"。2014年中国全面修订《预算法》，规定各级政府财政部门应当按年度编制以权责发生制为基础的政府综合财务报告，报告政府整体财务状况、运行情况和财政中长期可持续性。这一时期的政府会计改革借鉴了企业会计的成功经验，将权责发生制引入政府会计核算领域。

2014年，国务院批转财政部发布《改革方案》，明确政府会计改革的目标规划和总体部署，政府会计改革涉及会计目标、会计科目、会计核算基础、会计核算方法、会计核算范围等，此时的行政事业单位会计已经具有单位财务会计职能而非以往"预算执行"会计。2019年，为了反映政府向社会提供公共服务支出和机关运行成本等财务信息，进一步推进权责发生制政府综合财务报告制度改革，财政部又根据《会计法》《会计制度（2017）》和《准则》（第78号）对以往的政府财务报告编制办法和操作指南进行修订，印发了《编制办法（2019）》《部门指南（2019）》《综合指南（2019）》三项制度，自2020年1月1日起实施。此外还颁布了《基本指引》对事业单位建立权责发生制综合财务报告制度作出了指示，并于2021年1月1日起实施。

根据《综合指南（2019）》，编制权责发生制政府综合财务报告，全面、准确反映各级政府资产负债和成本费用等财务状况和运行情况，为强化政府资产管理、降低行政成本、提升运行效率、防范财务风险，促进财政可持续发展等提供信息支持，是加快完善系统完备、法制健全、权责清晰、公平普惠、科学规范、运行有效的现代公共组织财务管理制度，服务推进国家治理体系和治理能力现代化的一项基础工作。

（三）预算会计与财务会计"双轨制"政府会计核算模式

为了积极贯彻落实党的十八届三中全会精神和《国务院关于批转财政部权责发生制政府综合财务报告制度改革方案的通知》（以下简称《改革方案》），2015年财政部颁布《政府会计准则——基本准则》（中华人民共和国财政部令第78号）；2016年财政部会计司发布《会计改革与发展"十三五"规划纲要》，提出总体目标——建立健全与社会主义市场经济相适应的会计体系，深入推进会计工作法治化、信息化、现代化。为了加快建立健全政府会计核算标准体系，经反复研究和论证，财政部在2017年编制了《会计制度（2017）》，于2019年1月1日起正式实施。

《会计制度（2017）》正式提出了在中国实施以收付实现制为基础的预算会计和以权责发生制为基础的财务会计"适度分离并相互衔接"的"双轨制"会计核算模式。所谓"适度分离"，是指适度分离政府预算会计和财务会计功能，决算报告和财务报告功能，全面反映政府会计主体的预算执行信息和财务信息。而"相互衔接",是指在同一会计核算系统中政府预算会计要素和相关财务会计要素相互协调,决算报告和财务报告相互补充,共同反映政府会计主体的预算执行信息和财务信息。这种会计核算模式兼顾了现行部门决算报告制度的需要,又能满足部门编制权责发生制财务报告的要求,对于规范政府会计行为,夯实政府会计主体预算和财务管理基础,强化政府绩效管理具有深远的影响。随即,为了反映政府向社会提供公共服务支出和机关运行成本等财务信息,2019 年,财政部又根据《会计法》《会计制度(2017)》和《准则》(第 78 号)等颁布了《基本指引》对事业单位建立权责发生制综合财务报告制度作出了指示,并于 2021 年 1 月 1 日起实施。

三、中国会计核算未来发展趋势

《制度》的提出和实施为中国进一步构建统一、科学、规范的政府会计核算标准体系,夯实政府财务报告的编制基础提供了保障,并体现了政府会计核算模式完善相关法律建设、强化财务会计功能和改进预算会计功能的发展方向。

(一)继续完善相关法律建设

政府会计改革是一项系统性工程,发达国家政府会计核算改革和政府会计体系构建大多有一定的法律制度作为支撑。中国除了从发达国家学习先进的会计核算模式之外,更要学习其完善的法制体系。除了要建立健全政府会计相关法律体系,确立政府会计体系建设的重要性和必要性、明确会计管理人员的责任义务、促进会计信息披露、以法律手段促进政府会计核算体系的完善之外,还要逐步完善政府审计法律法规、企业会计法律法规等体系建设。如在完善《会计法》《预算法》《政府会计准则》的同时,积极获取《宪法》《公司法》《证券法》《公务员法》等相关法律法规的支持,从多方面支持和促进中国政府会计核算模式的完善。

(二)进一步巩固财务会计的地位

《制度》在财务会计核算中全面引入权责发生制,未来将在会计科目设置和账务处理说明中着力强化财务会计功能。如增加财务会计要素的核算内容,将财务会计核算的范围进一步扩大,并原则上要求按照权责发生制进行核算;增加应收款项和应付款项的核算内容,采用权益法对长期股权投资进行核算,加强对无形资产的成本核算、完善与对固定资产、公共基础设施、保障性住房等公共资产的计提折旧或摊销，引入坏账准备等减值概念，确认预计负债、待摊费用和预提费用等。强化财务会计功能在公共组织会计核算中的作用，对于科学编制权责发生制政府财务报告、准确反映单位财务状况和运行成本、促进中国政府会计理论与实践研究与国际接轨都具有重要的意义。

（三）继续改进预算会计的作用

根据《改革方案》要求，《制度》已经对预算会计科目及其核算内容进行了调整和优化，未来将进一步完善预算会计功能。进一步规范预算会计核算内容，预算收入、预算支出和预算结余。在核算基础上，预算会计除按《预算法》要求的权责发生制事项外，均采用收付实现制核算，有利于避免现在制度下存在的虚列预算收支的问题。在核算范围上，为了体现新《预算法》的精神和部门综合预算的要求，《制度》将依法纳入部门预算管理的现金收支均纳入预算会计核算范围，如增设了债务预算收入、债务还本支出、投资支出等。调整完善后的预算会计，能够更好贯彻落实《预算法》的相关规定，更加准确反映部门和单位预算收支情况，更加满足部门、单位预算和决算管理的需要。

政府会计改革是具有历史性、长期性和复杂性的任务。除了对本国公共组织会计核算模式进行探索外，还要参考借鉴各国的成功经验、完善相关法律法规、重视顶尖会计人才的发掘和培养、搭建高效的智慧化公共会计信息系统，从多方面入手，促进公共组织会计核算模式的发展。

第四节
中国公共组织会计管理改革的策略分析

公共组织会计管理改革涉及诸多的经济体，是一项全面的系统工程，不仅是关于公共组织财务体系的改革，而且也是对公共组织自身管理的一次改革。一方面中国历年来财政预算管理理论可作为借鉴和指导，另一方面企业会计改革的经验也可作参考。公共组织会计管理改革的实质是相关经济主体意见偏好的表达过程，也是公共组织自身进行行政改革的过程，处理好公共组织会计管理改革对建立起具有中国特色的公共组织会计管理体系，充分发挥公共组织提供公共服务的职能具有重要作用。

一、公共组织会计管理改革的成本与收益分析

陈志斌、李敬涛（2015[①]）认为，公共组织会计改革会带来新的成本与收益的调整，各经济主体也会进行新的博弈。从收益上看，尽管公共组织会计改革的策略不同，但在宏观上都会带来公共组织运行透明度的增加，以及公众对公共组织认可度的提升，总收益都是增加的。从成本上看，公共组织会计改革的成本主要在于改革带来的交易成本，又可以细分为两个方面的成本，一是实施成本，即为了配套新的会计改革方案，需要从技术、人员、制度上进行新的配套；二是摩擦成本，被认为是改革中的关键成本，即改革中遇到的来自各方利益所得者的阻力。

在中国公共组织会计改革的具体实践中，实施成本总体可控，因为作为单一制的国家，中国可以全面利用已有的资源和能力来推动改革，技术更新、人员培训、配套制度建设等都可以高效统一推进，因此实施成本并不是改革的重难点[②]。而摩擦成本因具有复杂性和难以量化性成为改革的重点。在中国现阶段的会计管理制度中，摩擦成本的形成原因主要有三个：一是来自公共组织会计改革中利益受损者为维护自身利益对改革设置障碍，这些障碍会增加改革进程中所花费的成本；二是既得利益者在应对利益受损者抵抗时所耗费的成本；三是公共组织为减少上述两种成本而进行调节所带来的成本。前两种成本的存在引发出第三种成本，这也是导致中国很多改革迟迟难以推进的原因，中国公共组织会计改革进程缓慢也正是这样大背景下的一个缩影。

既然减少改革的摩擦成本是推进中国公共组织会计改革的关键之处，这就要求在推进改革的过程中要考虑和平衡好各方的利益，尤其是利益受损方，在必要的时候可对利益受损方进行相应的补偿，以消除其对改革的抵触心理，从而减少改革阻力和有效降低改革的摩擦成本。对利益受损方进行补偿这只是事后的处理方式，就公共组织会计改革的推进过程中，事前征集民意，广泛听取各方关于改革的意见，从而更加科学地制订改革方案更为重要。

二、不同时期改革手段的选择分析

改革手段主要分为强制性改革和非强制性改革两种，具体使用哪种改革手段要

[①] 陈志斌，李敬涛. 政府善治目标的实现与政府会计治理效应 [J]. 会计研究，2015（5）.
[②] 宋伟官. 我国政府会计制度变迁问题研究 [J]. 财经问题研究，2014（4）.

根据改革的对象、目标、内容来确定。从中国的改革历程来看，改革手段更多的是以强制性改革为主，即借助经济、行政、法律等手段从上而下推行改革，这种改革手段是以集权作为前提条件，并且适合于大范围的制度改革。在公共组织的会计改革中，用强制的手段推动各方经济主体按照统一的模式进行变革，最终形成一套统一、完善的公共组织会计法律制度，便于后期的管理和效率提升，具有一定的合理性。

而非强制性改革，也称诱致性制度变迁是一种自下而上的制度变迁，是指单个经济主体为实现自身利益最大化，在给定的约束机制下自发进行改革，这是个人或群体在响应制度不均衡所引致的获利机会时进行的自发性变迁（林毅夫，2003[①]）。在诱致性制度变迁中，自发的变迁者需要首先花费一定的时间和精力去获取公共组织内的一致意见，在这个过程中所耗费的组织成本和谈判成本是制度变迁者不得不考虑的问题。在公共组织的会计改革中，公共组织通过自发进行变革，有助于促进公共组织对改革的适应性。

因此，中国公共组织会计的改革中，可以采用强制方式和诱致方式相结合的改革手段，并且在不同的时期可以采用不同的方式。改革初期，可以侧重于强制的方式，通过自上而下推广确保改革方案能够在大范围内得到有效实施，而在改革过程中，为了减少改革阻力，尤其是减少摩擦成本可更多偏向于诱致方式。在这两种方式的交替过程中，当出现较大偏差或不可抗力影响时，可使用强制方式来加以调整，确保改革的顺利进行；当偏差不大即按既定方向发展时可进行使用诱致的方式，发挥公共组织自身的力量。

科学、合理地交替这两种方式可以推动公共组织会计改革的顺利实施。强制方式可以帮助公共组织统一和完善自身会计制度体系，在平衡好各方利益的基础上，新的改革方案还能够得以实施，而诱致方式可以在一些关键时刻减少改革阻力。通过多元的改革手段组合能够更好建立和统一公共组织会计体系，并有效减少改革成本。

三、会计信息中介作用机制分析

公共组织会计改革不应该只有公共组织参与其中，公众作为公共组织会计改革涉及最广的群体也应该参与其中，而公众参与的中介主要是通过公共组织会计信息，公众是公共组织会计信息最普遍的需求者。

一方面公共组织会计信息具有较强的专业性，另一方面公众对公共组织会计信息的理解能力参差不齐，这都会导致公众对公共组织会计信息的需求降低。张琦、

[①] 林毅夫. 信息化对制度变革的需求 [J]. 中国信息界，2003 (15)：15-15.

张娟（2012①）、张军等（2020②）还从成本收益等视角对公共组织会计信息进行分析，虽然公众可以从公共组织会计改革中获得一定的利益，但不可否认的是公众获取公共组织会计信息也有一定的成本，并且有时候这种成本还较高，基于成本和收益的对比，公众就有可能对公共组织会计信息表现出"理性的无知"的状态。"理性的无知"的存在也会导致公众对公共组织会计信息需求减弱，最后导致公共组织会计信息供给大于需求的局面。

可见，增加公众对公共组织会计信息的需求量对推进公共组织会计改革具有重要作用，而要增加公众对信息的需求，一方面要增加公众对公共组织会计信息的理解能力，这就需要公共组织会计信息的提供者尽可能地表述清楚、通俗、便于理解，也需要专家学者、媒体等对公共组织公布的会计信息进行及时的加工处理，便于公众进行了解。另一方面还要降低公众获取公共组织会计信息的成本，这可以从公共组织会计信息供给方来进行考虑。

通过专家学者、媒体等来建立起一个信息中介（见图7-4），这个中介及时对公共组织发布的各项会计信息进行筛选、加工、解读，公众再通过这个中介获取关于公共组织的会计信息，这样省时、省力，既可以增加公众对公共组织会计信息的理解，又降低了公众获取公共组织会计信息的成本。张琦、张娟（2013③）等认为通过成本和收益的比较后，公众对公共组织会计信息的需求量就会有效提升，初始的"理性的无知"的状态会有明显的改善。信息中介机制可以有效引导公众的价值取向，从而促进公共组织会计改革的具体实施。

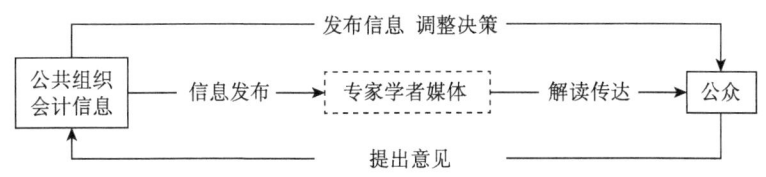

图7-4 信息中介在公共组织会计改革中的作用机制

四、公共组织自身配套改革机制建设分析

在公共组织的会计改革过程中，公共组织自身内部其他方面的改革也要跟上，

---

① 张琦，张娟. 供求矛盾、信息决策与政府会计改革——兼评我国公共领域的信息悖论[J]. 会计研究，2012（7）：24-31.
② 张军，刘波，陈文川，等. 现代财政制度构建中政府会计功能作用机制研究[J]. 会计研究，2020（9）：178-192.
③ 张琦，张娟. 预算制度变迁、网络化环境与政府财务信息传导机制[J]. 会计研究，2013（12）：25-32.

做到配套协调，这样改革才能持续推进。公共组织既要有意愿还要有能力才能更好推进改革进程，作为会计改革的"初级行动集团"，公共组织的行动力取决于自身的能力，因此在改革过程中公共组织也要加强和完善自身的决策能力、组织能力、执行能力，要把握好会计改革的策略和方向。

减少公共组织会计制度的内在矛盾和弊端是中国公共组织进行会计管理改革的出发点，希望通过改革合理减少公共组织开支，提高资金的使用效率以实现资源优化配置，当然这也是评价公共组织财务是否实现公开化、透明化的内在要求。公共组织会计改革是公共组织管理改革的重要组成部分，也是构建公开、民主、高效的公共组织管理体系的关键环节。①

因此为了与组织会计改革相配套，公共组织在完善自身能力的建设过程中可以从如下三个方面着手：一是在公共组织内部要全面树立起改革意识，关于意识形态对组织发展和经济增长的影响，诺斯（2002②）认为意识形态在制度变迁中能够降低交易成本，对较好实现制度变迁有一定的推动作用，因此公共组织在推动会计改革的过程中要注意意识引导，激发各部门参与改革的积极性；二是要完善公共组织内部与会计改革相应的配套设施；三是注重监督机制建设，无论是会计管理还是公共组织其他方面的管理都需要透明的监督机制来保证公共组织的合理、合法运行，这将是公共组织长远发展必不可少的动力源泉。

与会计改革相配套的制度建设，需要在法律的框架下进行，以此形成一个公共组织自我约束机制③。该机制主要包括以下内容：首先是信息公开系统，公众可以便捷地从中获取与公共组织相关的会计信息，增加公共组织决策的公众知晓度，让公众可以真正参与到公共组织会计改革中来，也便于为公众利用公共组织信息进行自身决策提供信息支撑；其次是完善公共组织会计绩效评价系统建设，公共组织为了获取公众更好的绩效评价，会自发地去完善现有公共组织会计的弊端，会计改革的自身驱动力增强，公众也可以行使自己的评价权利；最后还要完善有关公共组织自身发展的法律体系，将公共组织的发展路径、战略决策等纳入法治化管理。

---

① IPSASB. Conceptual Framework for General Purpose Financial Reporting by Public Sector Entities [M]. International Federation of Accountants, 2014.
② 道格拉斯·诺斯. 经济史上的结构和变革 [M]. 厉以平译. 北京：商务印书馆，2002.
③ 刘刚. 政府会计核算中存在的问题与措施研究 [J]. 企业科技与发展，2017（10）：122-124.

第八章
公共组织财政审计管理

党的十八大以来,审计机关深化对各级公共组织预算执行和决算草案审计,持续加大对财政存量、政府债务、转移支付、专项资金、"三公"经费,以及中央八项规定精神、国务院"约法三章"要求落实情况的财政审计力度,积极加大对经济运行中苗头性、倾向性问题和风险隐患的揭示力度,推动盘活沉淀资金、统筹整合专项资金,这要求公共组织必须提高财务资源的使用效能。学习和研究公共组织财政审计管理的相关内容,有助于推动建立权责清晰、财力协调、区域均衡的公共组织财务管理关系,促进建立全面规范透明、标准科学、约束有力的公共组织财务管理制度,保障公共组织财务资金的安全高效使用。

第一节
公共组织财政审计概述

一、审计的起源与理论基础

(一) 审计的起源

关于审计的起源,最早可追溯到奴隶社会早期。作为人类文明的发源地之一,埃及在跨入奴隶社会后就建立了监察体系,派专门的人员对全国各地的收支进行核准、监督,虽然没有专门的审计机构或审计人员,但也被视为审计的萌芽[①]。此后的古希腊也在一定程度上继续效仿这一监察体系。而审计真正取得进一步的发展是古巴比伦建国之后,建立了一个专门的"清查神庙账目者"职位,这被视为早期审计专员的雏形,后来还设置了专员对各地的税收、政务等进行定期和不定期的监督[②]。在国外审计早期的发展过程中,国家审计的特征较为明显。

在中国五千多年的文化发展过程中,审计经历了漫长而曲折的演化历程。关于中国审计的起源,在史学界存在"奴隶社会早期说"(方宝璋,1995[③])、"春秋战国说"(赵友良,1992[④])、"西周说"(陈绍闻,1989[⑤];李孝林,2011[⑥])等,其中"西周说"得到了学术界主流的认可,并以《周礼》作为其主要依据。在西周当时设有"宰夫"一职,主要负责"以考百官府群都鄙之治,乘其财用之出入,凡失财用物辟名者,以官刑诏冢宰而诛之;其足财善物者,赏之。"即"宰夫"兼具经济监督和行政监察的职责,虽然没有以"审计"进行命名,但也被学术界广泛认可为中国审计的雏形[⑦]。

---

① 文硕. 世界审计史 [M]. 北京:企业管理出版社,1996.
② 朱龙华. 世界历史 [M]. 北京:北京大学出版社,1991.
③ 方宝璋. 中国古代审计史话 [M]. 北京:中华书局,1995.
④ 赵有良. 中国古代会计审计史 [M]. 上海:立信会计图书用品社,1992.
⑤ 陈绍闻,姚家华,徐培华. 中国经济史学要籍介绍 [M]. 昆明:云南人民出版社,1989.
⑥ 李孝林. 基于简牍的经济、管理史料比较研究 [M]. 北京:社会科学文献出版社,2011.
⑦ 张宏. 中国审计史料简介 [J]. 审计研究,1992 (2):3-13.

尽管就国内外审计产生的具体时间，已有研究存在较大分歧，仍需进一步的史料考证，但就审计的起源仍有一些共性的认识。首先审计的起源与会计之间有密切的联系，审计是会计产生之后，为便于会计监察而产生的一种检查方式，对会计内容进行实时核查以确保相关部门或组织严格按照财经法规进行日常经营管理活动①；其次审计的产生源于财政和经济监督，一方面在审计的发展之初就是为了对国家的各项收支进行监督，确保其职能的实现，当权者为了维护自身的统治，必须对财政的收支情况做到全面掌控；另一方面通过审计可以实时了解国家的经济运行状况，便于宏观经济政策的实施而不只局限于是会计的附属品②；最后审计起源于受托经济责任关系之后，纵观审计的整个发展历程，受托责任都贯穿其中。③ 经济生活中所有权和经营权的分离产生了经济责任受托，委托者将其财产委托给受托者进行经营管理，而受托者有义务接受委托者的监督，于是审计就这样产生于两者之间。

（二）审计的内涵

审计活动具有悠久的历史，目前国际上对于审计的定义还没有统一的概论，具有代表性的，是由美国会计学会（the American Accounting Association，AAA）在1973年提出的——审计是以收集证据为基础，以客观标准为依据，查明被审计对象所认定的结果，进行科学评估，并将其系统完整的审计结果传递给有关使用者的过程④。

在中国，关于审计的基本概念也经历了一个反复实践和不断认识的过程，概括起来主要有以下三种认识：

第一种是将审计等同于会计查账或检查，认为审计就是按照一定的方法或技术对各项会计计算或报告进行审查，以判断各项经营活动的合法性和合理性。该表述主要结合了会计的特点和原则，也是会计师查账的具体流程和写照，但这只是审计的表象，并没有体现出审计的本质和要求。

第二种认为审计必须是组织或部门以外的第三者对该组织或部门的经济经营活动进行检查。即审计必须是第三者以国家的政策法规作为依据，对有关单位的会计报表、凭证等进行检查，避免故意欺骗和无意疏漏等问题，目的在于提高社会活动的经济效益。该表述首次突出了审计人员的地位，第三者的引入表明审计需要进行公证，但仍没有体现出审计的特征。

第三种把审计视为进行经济检查和监督的一种工具，也被称为"工具论"。认为审计可以在事前、事后以及临时性地依法对各级组织或部门的收支进行审查，以

---

① 刘云，李霁. 关于审计起源的探讨 [J]. 审计研究，2000（5）：13 - 16.
② 郝云松. 关于国家审计历史的几点思考 [J]. 审计研究，2010（6）：49 - 54 + 60.
③ 李金华. 浅谈我国审计的现状和发展 [J]. 中央财经大学学报，1998（8）：1 - 4 + 36.
④ 谭建立. 中国审计文化历史变迁的特征探讨 [J]. 审计研究，2018（2）：32 - 39.

明确其会计账目中是否有不合法、不经济的地方。陈晓睦（1985①）在当时认为审计既是对会计工作的合法性、合规性进行审查，也是对组织责任承担者的业绩，包括诸如经济和社会效益、经营效率等在内各项指标进行评价和审核。在第三种表述中突出了审计的监督功能，符合中国财政审计的发展方向，但仍需进一步完善。

三种认识的不断深入，也反映了审计在不同时期内涵的补充和完善。潘序伦等（1936②）将审计分为广义审计和狭义审计，广义的审计是针对于会计师而言，认为其在审计时，除了要对会计事实进行核准，还要提出相应的建议，而狭义的审计则局限于会计审查。这为中国后续关于审计的认识奠定了一定的基础。1985年中国关于审计的第一条规定《审计工作暂行规定》由国务院发布，明确了"谁审计谁"的问题，审计的主体可以是审计机关及其委托的社会审计组织，审计主体必须代表国家和人民的利益，而审计的对象是各级政府部门、企事业单位等与国家财政相关的单位。1989年中国召开了审计学研讨会，对政府审计的本质进行了探讨，认为政府审计独立于一般的经济监管，而是由审计机关按照《审计工作暂行规定》进行的有目的监管。2010年颁布了的《中华人民共和国审计法实施条例》进一步强调了审计的监督功能，不仅要对财务信息的真实性和公允性进行审查，还要对公共部门所提供的公共服务质量，对公共资源的运用等进行评价。

结合本书的研学目标，我们将审计定义为监督主体为确保审计范围内的各个被审对象严格按照相关规定进行经济活动而实施的一种全面的、综合的监督管理工具。客观公正的审计对完善各项法规建设，明确经济主体责任具有重要意义，但随着经济建设的深入推进，我们对审计的基本概念应该用发展的眼光来看待。

（三）审计的理论基础

审计作为一种经济活动，是为了满足特定的社会需要而产生的，在社会发展过程中，国家和政府接受人民的委托管理和配置公共财产，就必须基于人民的利益严格履行自身义务。人民通过一定的监督、审查机制了解国家、公共组织和企业等的活动，而审计就是这种监督机制的重要组成部分。为了深入了解和开展审计工作，需要对审计的理论基础有正确的认识，并且要将审计的理论基础和审计实践相联系。

由于审计活动本身的复杂性，理论界对审计产生的动因也持有不同的态度，但主流的观点认为审计是产生于公共责任受托基础之上的一种监督形式，并且随着审

---

① 陈晓睦. 审计含义商讨 [J]. 审计研究, 1985 (1): 30-31.
② 潘序伦, 顾询. 审计学, 上册 [M]. 北京: 商务印书馆, 1936.

计实践的发展，受托责任的内涵不断巩固，外延得到了新的拓展，由此受托责任理论被学术界广泛认为是研究审计和审计理论体系的基础或逻辑起点①。所谓公共责任受托，其本质是不同类型的组织和人民之间的一种委托代理关系②。人民作为权利的所有者是委托方，公共组织按照相关法律和人民的意愿对公共资源进行配置是代理方。人民希望其委托的权力能够得到高效、合理的运用，因此要求代理方及时公开说明或汇报权力执行的效果，且要对自身行为的合法性、真实性、经济性负责。

将公共责任受托引入审计中，需要立足责任受托的本质并结合实践发展的需要来构建审计的理论基础。可以说，责任受托关系是审计发展的动因和客观基础，而审计也随着责任受托关系外延的拓展而逐渐深化。从受托责任的发展历程来看，从最开始的财产保管受托发展到经营管理受托，受托的责任逐渐加强，而受托的范围也从特定委托人发展到非特定委托人。这就要求审计从弊端审计不断转向财务审计，再从单纯的财务审计转向经营管理审计、绩效审计等，审计有了多重目标，超出传统的领域，审计的综合性特征加强③。

二、财政审计的对象和内容

（一）财政审计的概念

考虑到本书的研学背景及目标，本书引用国家审计署对于财政审计的定义：财政审计是审计机关根据国家法律和行政法规的规定，对国家财政收支及相关经济活动的真实、合法和效益情况进行的监督检查。在中国，财政审计以规范预算管理、推动公共组织财务管理体制的完善、促进建立公共财政体系、保障财政安全、提高公共财务绩效水平为目标，坚持"揭露问题、规范管理、促进改革、提高绩效"的审计思路，全面提升预算执行审计的层次和水平④。

（二）财政审计的对象

财政审计的对象主要是参与国家财政收支管理及有关经济活动的各级政府和相

---

① 杨肃昌. 对构建国家审计理论体系的思考 [J]. 审计与经济研究, 2012 (2): 13-21.
② 刘笑霞. 政府公共受托责任与国家审计 [J]. 审计与经济研究, 2010, 25 (2): 23-31.
③ 徐宝勤. 审计基础理论与实务 [M]. 北京：北京理工大学出版社, 2010.
④ 国家审计署.《审计署2008—2012年审计工作发展规划》[EB/OL]. http://www.audit.gov.cn/n4/n19/c42109/content.html 2008-7-11/2019-12-14.

关部门、各级财政的预算单位和其他管理分配使用财政资金的单位，主要包括：（1）管理分配使用财政资金的本级政府及其组成部门、直属机构，下级政府和其他有关部门、单位。（2）负责征收财政收入的税务、海关和其他有关部门、单位。（3）其他取得财政资金的单位和项目等。

（三）财政审计的内容

随着社会经济的发展，中国财政审计的内容发生了一定的变化，《审计署2008—2012年审计工作发展规划》首次指出财政审计的内容主要包括：中央财政管理审计、中央部门预算执行审计、中央转移支付审计、中央税收征管审计、中央企业国有资本经营预算审计、地方财政收支审计、固定资产投资审计、农业资金审计、社会保障审计、专项资金审计以及当时国家重点关注的汶川地震抗震救灾和灾后恢复重建审计。中国当前公共组织财政审计仍然以财政财务收支与预算执行审计为重点，审计机关依法对公共组织的全部收入和支出、组织部门管理或其他单位受公共组织委托管理的资金，以及相关经济活动进行全面审计，主要内容可以概括为：

1. 财政预算执行及决算草案审计

对各级公共组织预算执行及决算草案进行审计，主要监督检查预决算的真实、合法和效益情况，以及财税政策执行、政府预算体系建设、重点专项资金管理使用、财政体制运行、政府债务管理等情况，促进加快建立现代财政制度，建立权责清晰、财力协调、区域均衡的中央和地方财政关系。

2. 部门预算执行及决算草案审计

对各级党政工作部门、事业单位、人民团体等的部门预算执行和决算草案进行审计，主要监督检查部门预决算的真实、合法和效益情况，重点关注贯彻中央八项规定及实施细则精神、"三公"经费和会议费支出等情况，促进严格预算约束，建立全面规范透明、标准科学、约束有力的预算制度。

3. 税收审计

税收审计是指对海关、税务系统收入征管情况进行审计。主要监督检查依法征收、税制改革推进，以及结构调整、科技创新、大众创业、环境保护等方面税收优惠政策落实情况及效果，推动清费立税，完善税收体系，促进建立税种科学、结构优化、法律健全、规范公平、征管高效的税收制度。

三、公共组织财政审计的特点

刘家义（2015①）、周维培（2019②）、张立民、许钊（2014③）等研究指出，由于财政审计本身所具有的内在特性，完善的财政审计在公共管理中不仅是国家治理体系现代化的重要标志，而且可以促进相关治理制度的建立和优化，并可从决策力、执行力、廉洁性、绩效性等方面促进国家治理能力的现代化。具体体现在如抑制"三公"经费（张琦，2018④）、促进提升公共投资绩效（邓大松，2019⑤）、优化制度建设（池国华，2019⑥）等方面。我们将中国公共组织财政审计的特点概括为：

（一）宏观整体性

财政审计涉及财政政策、财政体制、财政制度等国家宏观调控方面的事项，要重点关注政府间财政关系以及财政政策与货币政策、产业政策等方面的协调情况，并对涉及宏观政策方面的问题作出审计评价。此外，财政审计还要对政府的所有收入和支出进行监督，涉及政府活动的方方面面；同时，财政审计要从国家治理的高度对财政活动进行总体把握，形成一个完整的体系，对财政管理的总体情况作出评价。因此我们说，公共组织财政审计具有宏观整体性的特征。

（二）政策落实性

财政审计通过对政府部门财政收支规模、结构、管理和政策实施效果的审查，揭示预算分配和执行中存在的突出问题，提出完善资金分配、加强预算管理等方面的建议，促进提高政策实施效果，因而政策落实性是财政审计的内在特质。

---

① 刘家义. 国家治理现代化进程中的国家审计：制度保障与实践逻辑［J］. 中国社会科学，2015（9）：64-83+204-205.

② 周维培. 从"鉴证"到"问责"——全球视野下国家审计服务国家治理的路径分析［J］. 审计研究，2019（4）：3-10.

③ 张立民，许钊. 审计人员视角下的国家审计推动完善国家治理路径研究［J］. 审计研究，2014（1）：9-17.

④ 张琦，宁书影，郑瑶. 国家审计的"三公"预算治理效应——基于中央部门的经验证据［J］. 审计研究，2018（4）：53-61.

⑤ 邓大松，张永春，杨晶. 审计促进提升公共投资绩效路径研究［J］. 审计研究，2019（2）：48-54.

⑥ 池国华，郭芮佳，王会金. 政府审计能促进内部控制制度的完善吗——基于中央企业控股上市公司的实证分析［J］. 南开管理评论，2019（1）：31-41.

第二节
公共组织财政审计的中外比较研究

各国政府在财政审计制度建设、审计意见等方面都存在较大差异。与私营部门审计制度的国际趋同趋势相比，各国公共部门财政审计制度更加依赖于国家政体、财政管理制度乃至法律文化等因素，从而在财政审计制度发展上各具特色（吕德尔；Lüder，1992[①]；陈立齐，2015[②]）。比较中外财政审计的历史脉络有助于优化中国的财政监督机制，进而促进公共组织财务管理体统的完善。本书以英美为例，简要概述其政府财政审计的发展历程，为促进中国公共组织财政审计的建设提供灵感。

一、英国的财政审计

英国是最早建立议会制的国家，也是最早设立立法型财政审计的国家[③]。1215年英国皇室签署的《大宪章》（Magna Charta）就明确规定政府的财政收入必须来自经过议会批准的法定税收，通过议会对政府资金进行监督，限制封建统治者的权力，为立法模式的财政审计的发展奠定了政治基础。1314年英国出现正式的负责审计政府开支的公职人员——财政审计师（the Auditor of the Exchequer）。1559年在伊丽莎白一世的时期，英国设立"拨款审计处"（the Auditors of the Imprest），正式负责审计国库支付。1689年《权力法案》（the Bill of Rights）进一步限制了王权，保障了议会的权力。在英国财政审计现代化进程初期，财政审计监督主要由财政部执行，议会的监督是间接的，无法真正体现立法监督思想，财政审计效率不高[④]。

19世纪60年代，随着英国海外殖民扩张，需要审查的账目激增，迫切需要立法性质的财政审计监督普及到包括海军部和陆军部在内的一切行政机构。在这种情

[①] Lüder, K. G. Contingency Model of Government Accounting Innovations in the Political Administrative Environment [J]. Research in Governmental and Non-Profit Accounting, 1992, 7 (4): 99-127.
[②] 陈立齐. 当前中国政府会计改革：现实意义与国际环境 [J]. 会计与经济研究, 2015, 29 (4): 3-9.
[③] 王家新, 王会金, 裴文英. 中英国家审计比较研究 [J]. 审计与经济研究, 2003 (4): 25-27.
[④] Stuart Weir, David Beetham. Political Power and Democratic Control in Britain: The Democratic Audit of the United Kingdom. Contributors [M]. London: Routledge, 1999.

况下，英国于 1866 年颁布《国库和审计部法案》（Exchequer and Audit Department Act），一切行政机构的各项支出应由议会领导的主计审计长审核是该法案的核心，《国库和审计部法案》的出台，标志着现代英国财政审计监督体制的建立和第一个立法模式审计制度的诞生①。19 世纪，合规性审计是审计人员传统的正式职能的全部，在维持行政管理和财务行为的秩序和纪律中不可或缺。但它对行政活动的经济性，对改善、简化、合理化或改革毫不关心，只是一个消极性的控制行为②。

从 20 世纪 60 年代开始，许多议员和学者认为公共组织财政审计的范围需要现代化，以反映 20 世纪政府角色的重大变化。随着政府职能的扩张和公共支出的膨胀，1983 年《国家审计法》明确提出建立国家审计署（National Audit Office，NAO）。NAO 隶属议会下院，其主要职责一是依《国库及审计部门法》对政府机关财务报表进行审计与鉴证，即财务审计；二是依《国家审计法》对各机关使用公有财物及政府经费作出经济性、效率性及效益性检查与评估，即绩效审计。除此之外，依据《国家审计法》还设立了公共账户委员会（the Public Accounts Commission，TPAC）来监督 NAO 的工作（这些建议都纳入了后来的《预算责任和国家审计法》）。

进入 21 世纪，英国的财政监督体系得到了进一步的完善。2000 年《政府资源和会计法案》颁布，规定由注册会计师事务所审计整个公共部门的综合账目；2011 年《预算责任和国家审计法》（Budget Responsibility and National Audit Act 2011，BRANA）出台以绩效为重心的财政审计体系基本成形；2014 年英国颁布《地方审计和问责法》，规定取消审计委员会，并对地方公共机构实行新的审计安排，至此，英国形成了从中央到地方的相对完善的财政审计监督体系和有力的法律支撑③。

英国是立法型财政审计制度的鼻祖，考察其财政审计模式的形成过程，不仅对于窥探整个立法型审计制度形成的全貌，还对包括中国在内的现代国家财政审计制度的改革，都具有十分重要的理论与实践意义。

二、美国的财政审计

美国的财政审计制度深受英国议会对政府财政控制观念的影响。在 1787 年宪法（Constitution of the United States）颁布之前，美国财政审计事务皆由议会办理。1789 年美国国会立法成立财政部（U.S. Department of the Treasury），由财政部对政

---

① 中华人民共和国审计署. 英国国家审计制度变迁及其结构功能分析 [EB/OL]. http://www.audit.gov.cn/n6/n41/c19783/content.html. 2012 - 1 - 12/2019 - 12 - 13.
② 王家新，王会金，裴文英. 中英国家审计比较研究 [J]. 审计与经济研究，2003（4）：25 - 27.
③ National Audit Office. History of the NAO [EB/OL]. https://www.nao.org.uk/about - us/our - work/history - of - the - nao/2013 - 2 - 28/2019 - 12 - 15.

府的财务活动进行监督。财政部部长口头或书面向国会参众两院提交审计报告,依国会指示履行职责。

20 世纪 20 年代,为了优化联邦政府财务管理效果,美国国会于 1921 年制定《预算与会计法》(the Budget and Accounting Act),成立审计总署(General Accounting Office,GAO),直属国会,自此财政部的财政审计职能划归 GAO。在美国三权分立的体制下,GAO 大大增强了国会制衡行政部门的能力,这也是美国财政审计制度的重要特点之一。

20 世纪 40 年代前,GAO 协助国会监督行政机关的支出情况,主要工作是审核各机关送审的凭单。在约翰 R. 摩卡尔(John R. McCarl)担任审计长时,曾实施部分付款凭证的事前鉴证制度,但随着支出凭单大量增加,审计工作负荷过度。1950 年颁布《预算与会计程序法》(the Budget and Accounting Procedures Act)时,放弃凭单的鉴证手续,废止事前审计制度。

自 1975 年安达信会计师事务所受托为联邦政府编制首份权责发生制财务报表之后 20 年左右的时间,美国财政部一直试编联邦政府财务报告,但一直不接受审计。1981 年 6 月,鲍歇尔(Charles A. Browsher)就任美国审计长,在其任期中,GAO 曾两次修政府审计准则,在 GAO 与国会间建立了有效的沟通制度,将各机关年度决算的审计交由公开执业的会计师审计之后,GAO 则将其工作重点转移到政府绩效审计,审计范围涉及财政赤字、国防安全、信息资源的运用、人口老龄化、波斯湾战争中武器的使用效率、改善全国医疗健康计划、全球化的挑战等。在此期间,美国的绩效财政审计成为世界性的标杆[1]。直至 1991 年成立联邦会计准则咨询委员会(Federal Accounting Standards Advisory Board,FASAB),并发布系列联邦政府会计准则,联邦政府整体及其各组成部门才从 1997 年开始正式依据 FASAB 制定的准则编制年度财务报告,并接受审计。

美国政府财政审计中,各部门向财政部和美国行政管理和预算局(Office of Management and Budget,OMB)报送经各部门内审机构(内审机构有时将审计工作外包给会计师事务所)审计的年度财务报告[2];再由财政部会同 OMB 依据各部门提交的财务报告,采用 FASAB 准则规定的合并方法编制联邦政府整体的年度财务报告;联邦政府整体的年度财务报告经 GAO 审计后对外公布。

公开发布的联邦政府整体年度财务报告以财务报表为主体,财务报表接受 GAO 审计,包括资产负债表、运营净成本表、运营活动和净资产变动表以及社会保险报表,此外还包括运营净成本和统一预算赤字调节表、统一预算和其他活动现

---

[1] 咸啸艳,王昊,易仁萍. 中外绩效审计制度变迁及我国现行制度体系完善的思考 [J]. 审计研究,2005(6):22-25.

[2] Grasso P G, Sharkansky I. The Auditing of Public Policy and the Politics of Auditing: The U. S. GAO and Israel's State Comptroller [J]. Governance, 2002, 14 (1): 1-21.

金余额变动表,以全面反映联邦政府的财务状况、运营绩效等方面的信息,并通过列示运营净成本与预算赤字的调节情况除此之外,美国各个联邦部门的合并财务报表通常包括在其绩效和责任报告中,在构成上与联邦政府整体的财务报表构成相类似,并侧重增加了预算资源表①。这种财政审计程序和模式,很好地做到了权责发生制会计信息与收付实现制预算会计信息相互对比和衔接,这一点对于新《政府会计制度》改革实践中的中国具有重要的借鉴意义。

三、中国财政审计的发展

(一) 古代中国的财政审计

中国古代财政审计的目的主要是满足帝王对各级官员进行考核的需要,以维护王权或皇权统治,从而加强中央集权。中国财政审计的雏形源于四千多年前的舜禹时代,春秋时期正式称为"上计"。西周时期,设立了类似财政审计的"大夫"最高行政长官,对官计总负责,宰夫之下设立各官职,分别保管物资财产、监督九府出纳;秦汉时,御史大夫行使审计监督的大权,财政审计的地位得到显著的提升;西汉年间,中国颁布了《上计律》,为当时中央财政监督提供了法律依据,是我国最早与财政审计相关的法律;隋唐时,建立了"比部"制度,比部由司法部门领导,独立于财政系统,负责对上至中央,下到地方的各级政府部门的财政收支文书、计簿等财务记录的载体进行稽考核查,具有很强的独立性和权威性;宋代,中国审计一词开始出现,中央设立三司作为最高财政机关,再下设不同分工的审计机构,元丰改制之后,户部作为最高的财政部门,由其内设机构对地方上报账簿进行核查,比部作为最高审计机关,需要对户部所审账簿进行再审,实现了财政和审计的分离;元朝取消了比部,由户部负责账簿的审核工作;明初时期恢复比部,洪武年间,设都察院左右都御史、十三道都察御史分别对中央账簿和地方的税赋收支等账簿进行审查,另设六科负责各部财政开支的审查及中央各部官员的考核;清朝实行科道审计,中央设立都察院,下设十五道督察史,同时将六科归入都察院,负责对十五省的检查工作,并稽查中央的各衙门②③。

---

① 中国会计学会,会计司.关于美国、加拿大政府会计改革与内部控制建设情况的调研报告. [EB/OL]. http://www.asc.net.cn/news/newscontent.aspx?newsid=0f30a4c6-cb84-48b0-aca9-77d4f85c57b7&pagecode=menu_ax 2013-11-12/2019-12-16.
② 黄文德,方宝璋.略论中国古代上计制度中的审计职能 [J]. 审计研究,2014 (2):14-17.
③ 谭建立.中国审计文化历史变迁的特征探讨 [J]. 审计研究,2018 (2):32-39.

(二) 近代中国的财政审计

1840年,鸦片战争后,垂死边缘的清政府为了挽救统治,开展一系列改革运动。戊戌变法后,清政府预备立宪,并准备借鉴西方经验建立审计院,拟定了《审计院管制草案》,但由于清政府的覆灭最后并没有得到实施。1912年10月中央设立审计处,下设五股负责全国财政收支和国有财产的监管。1913年,开始在全国各省设立审计处分处,由中央审计处垂直领导。1914年,撤销各地分处,仅在中央设立一级审计机构"审计院",直接对国家元首负责。同年《审计法》颁布实施,奠定了审计机关的法律地位。

1927年,民国时期设监察院并下设审计部,同时出台了《审计部组织法》,指出由审计部对中央及地方各机关单位的预算、计划进行监督,稽查经济犯罪等违法行为。中华民国时期,审计建制不断发展变化,但是这一过程当中,政府审计在机构建设、职权范围和审计方法等方面取得了长足进步。民主革命时期,在中国共产党的领导下,《审计局组织法》开始颁布实施。

(三) 现代中国的财政审计

新中国成立后,在很长一段时间里,由于对政府审计认识不足等各种原因,一直没有设立独立的财政审计机构。20世纪50年代中期之后,审计监督寓于财政、监察工作之中,由财政和监察机关负责财政预算决算的审查和预算执行监督,监察相关违反财经纪律的现象。80年代,中国开始在各个领域追求解放和发展生产力,一系列相关的改革措施也随即出台(见表8-1)。政府作为社会政治经济的中心,拥有大量社会资源,为了充分发挥审计在推动发展社会主义经济中的作用,财政审计在国家的推动和支持下迅速成长。

表8-1　改革开放后到党的十八大前中国公共组织财政审计推进措施(1983—2010年)

年份	事件
1983	国务院正式宣布在中央设立审计署,以及各级地方审计机关,从此展开对中央到地方全面的财政审计
1994	第八届全国人民代表大会常务委员会第九次会议通过了《中华人民共和国审计法》(文中统称《审计法》)为加强公共组织财政审计,维护国家财政经济秩序,提高公共组织财务资源的使用效益,促进廉政建设,保障国民经济和社会健康发展提供了法律支撑
2003	审计署发布了《审计署关于成立财政审计、环境审计和经济责任审计协调领导小组有关事项的通知》,成立了财政审计协调领导小组
2005	国家审计署发布《审计署关于进一步深化财政审计工作的意见》
2006	第十届全国人民代表大会常务委员会第二十次会议对《审计法》进行了修正

续表

年份	事件
2008	审计署制定《审计署2008—2012年审计工作发展规划》明确了财政审计的目标、内容和要求,并指出要整合资源,构建国家财政审计大格局
2010	国务院制定并通过了《中华人民共和国审计法实施条例》(以下简称《审计条例》),进一步完善了中国的审计监督制度,推进财政审计工作的落实;国家审计署制定《中华人民共和国国家审计准则》(以下简称《审计准则》),对规范和指导对公共组织的财政审计行为,进而保证审计质量,防范审计风险,发挥审计保障国家经济和社会健康运行的"免疫系统"功能发挥了重大作用

注:表格根据全国人大、国务院及相关部门文件整理而得。

党的十八大以来,中国不断探索完善财政审计组织方式,为加大审计资源整合力度,采取了一系列措施(见表8-2)。

表8-2　党的十八大以来中国推进完善公共组织财政审计体系的措施(截至2018年)

年份	事件
2013	刘家义审计长在全国审计工作会议上系统阐述了审计监督全覆盖的深刻内涵,为全面认识和理解审计监督全覆盖指明了方向
2014	国务院下发《关于加强审计工作的意见》,对审计监督全覆盖作出了进一步的说明;同年,党的十八届四中全会公报中明确指出:完善审计制度,保障依法独立行使审计监督权
2015	中共中央办公厅、国务院办公厅印发了《关于完善审计制度若干重大问题的框架意见》(以下简称《审计框架意见》),提出"到2020年,基本形成与国家治理体系和治理能力现代化相适应的审计监督机制";配套颁布了《关于实行审计全覆盖的实施意见》(以下简称《审计实施意见》)提出实现审计全覆盖
2017	党的十九大报告中指出要"改革审计管理体制"
2018	《深化党和国家机构改革方案》以及中央审计委员会一次会议中都强调"构建集中统一、全面覆盖、权威高效的审计监督体系",更好发挥财政审计在公共管理体系中的重要作用

《审计框架意见》明确了财政审计在保障国家重大决策部署贯彻落实、维护国家经济安全、推动深化改革、促进依法治国、推进廉政建设中的重要作用。配套地,《覆盖实施意见》指出要全面审计公共资金、国有资产、国有资源和领导干部履行经济责任情况等,做到"应审尽审""凡审必严""严肃问责"。财政审计进入转型升级的新阶段,呈现出新的动态与趋势。此外,2018年《中共中央关于全面深化改革若干重大问题的决定》明确要求"加强行政监察和审计监督",党的十九大报告中也要求"深化国家监察体制改革","制定国家监察法",2018年3月成立监察委员会,并颁布了《中华人民共和国监察法》(简称《监察法》),《监察法》和《审计法》《会计法》《政府会计准则》《政府会计制度》《审计准则》等法律法规的陆续出台,共同支撑着中国公共组织财政审计体系的成长和发展。

第三节
大数据与财政审计

习近平总书记指出,要增强改革创新本领,就是要善于结合实际创造性推动工作,要善于运用互联网技术和信息化手段开展工作。2014年国家审计署在全国反腐过程中提出了用大数据技术擦亮"反腐利剑"的观点。2015年《国务院办公厅关于运用大数据加强对市场主体服务和监管的若干意见》指出,要将大数据全面应用于公共部门财政资金的审查监督。探究大数据背景下的审计分析,有助于更好地搭建财政审计管理体系,完善中国公共组织财务管理系统。

一、大数据概述

2015年,国务院印发《促进大数据发展行动纲要》,提出要全面推进中国大数据发展,实施国家大数据战略。"大数据"并非一个确切的概念,最初,这个概念是指需要处理的信息量过大,已经超出了一般电脑在处理数据时所能使用的内存量,因此必须改进处理数据的工具。互联网数据中心(IDC)认为"大数据"是为了更经济、更有效地从高频率、大容量、不同结构和类型的数据中获取价值而设计的新一代架构和技术,用它来描述和定义信息爆炸时代产生的海量数据,并命名与之相关的技术发展与创新。如谷歌的Map Reduce和hadoop平台,这些技术使人们可以处理的数据量极大地增加。更重要的是,这些数据不需要像传统的数据库中以表格整齐地排列。2013年,"大数据之父"维克托·迈尔·舍恩伯格(Viktor Mayer-Schönberger)和肯尼斯·库克耶(Kenneth Cukier)提出,大数据不用随机分析法(抽样调查)的捷径,而是对所有数据进行分析处理,即"样本=总体"。普遍认同大数据有"4V"特点,即Volume(数据体量巨大)、Velocity(处理速度快)、Variety(数据种类多)、Value(价值密度低,商业价值高)。后经研究发展完善,将"4V"理论中最后一个"V"改为Veracity(真实性)。

国内研究从不同角度对"大数据"给出了定义,如秦荣生(2014[①])认为

[①] 秦荣生.大数据、云计算技术对审计的影响研究[J].审计研究,2014(6):25-30.

"大数据"是指所涉及的数据量规模大到无法利用现行主流软件工具,在一定的时间内实现收集、分析、处理或转化成为帮助决策者决策的可用信息。杨凯茜(2015[①])将大数据理解成是用传统的方法不能直接获取的来自人、机、物的大量网络数据的集合,这些数据包括结构化数据、半结构化数据和非结构化数据,具有大量化、多样化和快速化的优点。

二、大数据对财政审计的意义

2014年,AICPA颁布的《在无线世界中重构审计》白皮书勾绘了大数据时代的审计场景,并从数据科学视角提出审计数据分析是发现异常、模式识别、建模和可视化的科学,大数据技术的发展与应用对审计方式、审计证据采集、审计数据分析、审计结果应用产生了巨大影响。秦荣生(2014[②])指出:大数据可以促进持续审计方式的发展、总体审计模式的应用、审计成果的综合应用、相关关系证据的应用、高效数据审计的发展和大数据审计师的发展。构建和完善新时代财政审计体系,首先需要认识大数据对财政审计系统的影响。

(一) 大数据有利于推进财政审计的延续性

在传统财政审计中,审计人员只是在被审计单位的某一个财政周期完成后才进行审计,而且审计过程中并不是审计所有的数据和信息,只是抽取其中一部分进行审计。这种事后和有限的审计很难对被审计单位复杂的资金活动和管理系统及时作出正确的评价,也难以判断被审计单位公共资金活动的真实性和合法性。而大数据技术可以促进持续审计方式的发展,使财务信息与大数据较好交叉融合,对公共组织财务数据进行实时反馈和存档,将"事前""事中""事后"审计变成一个动态延续过程,有效提升财务数据审计质量并对风险进行实时控制[③]。

(二) 大数据有利于推进财政审计整体性

利用大数据和互联网信息技术可以对公共组织进行跨层级、跨部门、跨地区的

---

① 杨凯茜. 浅谈大数据审计的特点及实现——以审计署对2012年中石油的审计结果为例 [J]. 财经界, 2015 (18): 315-316.

② 秦荣生. 大数据、云计算技术对审计的影响研究 [J]. 审计研究, 2014 (6): 25-30.

③ Authorized Public Auditing of Dynamic Big Data Storage on Cloud with Efficient Verifiable Fine-Grained Updates [J]. IEEE Transactions on Parallel and Distributed Systems, 2014, 25 (9): 2234-2244.

全局性和整体性数据收集和分析。对公共组织进行整体性财政审计，可以有效规避审计抽样风险。在收集总体的所有数据的情况下，通过数字化分析可以看到更细微、深入的信息，对数据进行多角度的深层次分析，从而发现隐藏在细节数据中的对审计问题更具价值的信息[1]。大数据给财政审计提供了一种能够从整体上把握被审计公共组织资金活动的技术手段，从而帮助审计人员能从总体的视角发现以前难以发现的问题。

（三）大数据有利于提高财政审计成果的应用价值

目前，财政审计的成果主要表现为被审计单位的审计报告，其格式固定，内容单一，包含的信息量较少。大数据在财政审计中的应用，可以使审计成果除了审计报告外，还有在财政审计过程中采集、挖掘、分析和处理的大量的资料和数据，可以提供给被审计单位改善组织运行效率，促进审计成果的综合应用，提高审计成果的综合应用价值。

三、如何加强大数据环境下的财政审计

2015 年《国务院办公厅关于运用大数据加强对市场主体服务和监管的若干意见》指出要加强大数据在政府财政审计中的应用。"十三五"规划纲要提出的实施国家大数据战略预示着中国已全面进入大数据时代，如何在财政审计中尽可能挖掘大数据手段的效用，本书认为应从以下方面入手。

（一）建设和完善大数据应用的审计法规

中国现行法律、法规和审计准则中对大数据的应用还没有完善、明确的规定，因而在财政审计中应用大数据没有坚实的法律基础。大数据应用的合法性问题是审计立法面临的一项重要而迫切的课题[2]。只有拥有符合其发展规律的法规支持，大数据应用才能成为包括财政审计人员在内的所有审计工作者依法审计的基础。不解决与大数据等信息技术应用相关的审计法律依据问题，大数据应用就很难在审计领域中真正展开。无论是审计中大数据的采集、存储制度化、规范化，还是大数据分

---

[1] Sookhak M, Gani A, Khan M Buyya R. Dynamic remote data auditing for securing big data storage in cloud computing [J]. Information Sciences, 2015 (380): 101-116.

[2] 马志娟，梁思源. 大数据背景下政府环境责任审计监督全覆盖的路径研究 [J]. 审计研究, 2015, 187 (5): 30-36.

析结果及相关电子证据的法律地位,都是大数据在审计领域应用中必须要解决的问题。这是大数据在财政审计中充分发挥效用的重要前提。

(二)搭建大数据财政审计分析平台

建设大数据审计分析平台是一项基础性的工程,对促进大数据在财政审计中的应用具有重要意义。大数据审计分析平台是以审计公共组织大数据为中心,实现远程存储和移动计算,减少数据移动带来的损耗,大数据审计分析平台不仅可通过云计算的 IaaS、PaaS 和 SaaS 三大服务模式实现相应的功能(张为民,2009[①]);也可将关联的社会嵌入优势对平台进行建设(牛艳芳等,2018),包括"点、线、面、块"的网络分析方法体系,以及图数据库存储和可视化展现要求进行搭建;还可着眼于即实时监控预警模块、审计查询模块、数据采集转换模块等加以具体构建(赵荣秀,2022[②])。因此,结合公共组织会计信息系统,构建跨部门、跨地区公共组织财政审计大数据平台具有现实可操作性。此外,在建立大数据审计分析平台在实际工作中,要牢固树立大数据审计理念,创新技术方法,提高财政审计质量和效率。

(三)研究和拓展财政审计大数据分析方法

大数据财政审计存在数据多元异构、管理层级多、分散性强、社会影响性大等特点,单一的简单的数据分析方法很难适应财政审计数据的需要。财政审计大数据的应用要从数据贯通审计项目、常态化监测开展、大数据新技术使用以及内外部数据的挖掘等方面(朱雅珣,2021[③]),运用"总体分析、发现问题、分散核实、系统研究"的信息化审计方式,综合运用多种大数据分析方法进行数据挖掘分析,以"高耦合性"的报表填报工具为支撑,精心设计框架结构、字段属性、逻辑控制、表间关联等要素,提高数据处理和汇总的精准度,积极推动各级支出的预算执行数据与国库支付数据贯通、中央对地方转移支付数据与地方财政收支数据贯通,不断探索实现审计全覆盖,提升审计成果。

作为经济转型升级的新动能与政府治理创新的新手段,大数据的应用对于公共组织财政审计既是机遇也是挑战。财政审计在提高政府治理能力与促进社会公平正义方面承担着不可推卸的责任,要抓住大数据的时代机遇,立足国情,建设具有中国特色社会主义的大数据财政审计。

[①] 张为民. 云计算:深刻改变未来 [M]. 北京:科学出版社,2009.
[②] 赵荣秀. 基于大数据的财政审计系统构建 [J]. 财会通讯,2022 (9):144-148.
[③] 朱雅珣. 大数据思维助力聚焦主责主业——以财政收入审计为例 [J]. 审计研究,2021 (6):3-6.

第四节
完善中国现代化财政审计体系建设

党的十八大以来，不断探索完善财政审计组织方式，加大审计资源整合力度。从加强顶层设计入手，统筹谋划中央预算执行审计工作，以财政审计总体方案为载体，构建以财政部具体组织中央预算执行审计和发展改革委组织分配中央财政投资审计为引领、以中央部门预算执行审计和地方财政收支审计为两翼、以重点专项资金和重大投资项目审计为支撑的审计组织体系，通过审计总体方案把各方面资源连接起来，加强信息共享，努力打造相互支撑、互为印证的财政审计体系，切实增强财政审计的宏观性和整体性。为进一步优化中国的财政审计体系建设，可以从以下方面入手。

一、提升绩效审计在财政审计中的地位

根据 2018 年 11 月出台的《中共中央 国务院关于全面实施预算绩效管理的意见》（中发〔2018〕34 号）（下文简称"《意见》"），今后财政预算执行审计还将进一步加强。就目前来讲，可以在本级预算执行审计、部门财务收支审计、国家重大政策措施落实情况跟踪审计中，将财政绩效审计管理情况作为重点，建立符合法律规定和当地实际情况的财政绩效审计评价指标。同时，在绩效审计中要关注项目的实施过程，资金的运用情况。此外在与财政审计配套的投资审计、经济责任审计、自然资产资源离任审计等其他项目中，也应适当加大绩效管理审计力度，探索完善公共组织财务管理行业性评价指标体系。

2019 年的政府工作报告中提出要将"继续创新和完善宏观调控，确保经济运行在合理区间"作为"十大重点任务"之一，要求各级政府和财政部门当好"铁公鸡"、打好"铁算盘"、管好"钱袋子"、"推进财税体制改革，预算绩效管理改革全面启动"绩效审计是公共组织财务管理系统的重要环节，是构建绩效责任导向型公共组织、提升公共组织公信度的现代管理工具。因此，在公共组织财政审计的过程中应关注财政资金绩效。

二、财务报告审计与预算审计并驾齐驱与协同

预算审计与财务报告审计是一对既相区别又相联系的概念。预算审计是对政府

预算制度执行情况进行的审计；而财务报告审计则是对政府国有资产与资源管理责任的审计，它们都是保障国家财政现代化管理与可持续发展的重要手段，其审计对象基本相同（天津市审计学会课题组，2022①）。

预算审计与财务报告审计的具体目标侧重略有不同，预算审计主要关注预算制度的科学性、规范性、严肃性，推动资金的高效使用，力图提升财政绩效；而财务报告审计则更强调政府资产的债务与成本方面，重视资产管理与风险防范。此外，两者的内容也有所区别，预算审计的主要内容是预算收支，而财务报告审计则聚焦于资产、负债、净资产、收入和费用，并关注财政主体间的合并抵消事项。最后，两者的会计基础也存在区别，预算审计的基础是收付实现制，而财务报告审计则是基于权责发生制展开的。

可以看出，预算审计与财务报告审计之间存在极强的功能互补性。国家审计署在2020年发布的《政府财务报告审计办法（试行）》中指出，财务报告审计既可单独实施，也可结合预算审计统筹开展。从现实角度出发，为充分利用已有的审计力量与实践经验，避免审计资源浪费，当前开展政府财务报告审计工作的最优选择是协同开展预算审计与财务报告审计。这一过程必然存在许多挑战，因此，政府需要以系统性策略来确保预算审计与财务报告审计间协同机制的实现，基本构思如图8-1所示。

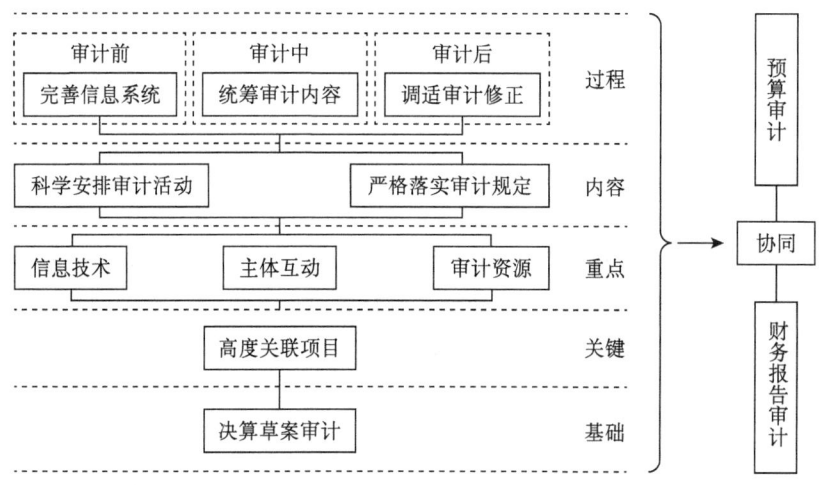

图8-1　财务报告审计与预算审计并驾齐驱与协同

中国当前公共组织财政审计仍然以财政收支与预算执行为重点审计对象。虽然权责发生制政府财务报告改革已经启动，但预算报告仍以收付实现制为基础，政府

---

① 天津市审计学会课题组，谢津秋，苏倩，等．预算执行审计与政府财务报告审计协同机制研究[J]．审计研究，2022（4）：31-40．

财务报告与预算报告编制基础的差异必然导致两者在审计目标、审计流程与组织工作上的差异。因此就有可能出现预算执行审计、决算草案审计与政府财务报告审计三足鼎立的公共部门财政预算及财务报告审计格局①。因此将三者的审计进行协调是中国财政审计体系建设中尤需关注的一个方面。

三、促进财政审计结果公开化

张立民（2006②）、陈宋生（2014③）、刘静（2015④）、郑小荣等（2024⑤）等都将财政审计结果公开作为财政审计领域研究的一个重要问题。国际审计组织（International Organization of Supreme Audit Institutions，INTOSAI）三大宣言——1977年《利马宣言——审计规则指南》、2007年《墨西哥宣言》和2014年《北京宣言》——均将财政审计结果公开视为审计机关的重要权责，而世界许多国家早已把政府审计结果公开作为审计制度的组成部分（郑小荣，2017⑥）。现有的法律法规、规章和规范性文件为实施财政审计公开起到了一定的保障作用，但也还存在着相关规定比较笼统，相关的制度设计不够系统，条款不够明确等问题。因此要以法律、法规、部门规章、政府规章为基础，建设具有完整性、整体性和层次性的科学的财政审计公开制度体系，审计机关内部的规章制度也要进行衔接和有效互补，从而进一步完善中国的财政审计系统，提升公共组织财务管理机制的有效性。

---

① 李宗彦，郝书辰. 权责发生制政府财务报告审计制度探讨——英、美两国实践经验及启示［J］. 审计研究，2018（1）：51-58.
② 张立民，聂新军. 构建和谐社会下的政府审计结果公告制度——基于政府审计信息产权视角分析［J］. 审计研究，2006（2）：7-13.
③ 陈宋生，陈海红，潘爽. 审计结果公告与审计质量——市场感知和内隐真实质量双维视角［J］. 审计研究，2014（2）：18-26.
④ 刘静. 审计结果公告的公民参与策略研究［J］. 审计研究，2015（2）：48-55.
⑤ 郑小荣，洪婕，毕馨艺，等. 国家审计整改报告公开对审计效能感知的影响研究——基于认知心理学的理论分析和网络实验法的实证检验［J］. 审计研究，2024（6）：52-62.
⑥ 郑小荣. 政府审计结果公开对腐败普遍性信念的作用及机制——基于认知心理学的理论分析［J］. 中南财经政法大学学报，2017（4）：35-45.

第九章
公共组织资产管理

党的十九大报告指出，要完善各类国有资产管理体制、促进国有资产保值增值和有效防止国有资产流失。公共组织资产作为国有资产的重要组成部分，是公共组织履行职能的物质基础，是有效提供公共产品和提高社会公共服务水平的重要保障，离不开公共组织的财务管制和控制。因而，进一步规范公共组织会计主体的会计核算，提高会计信息质量，保障权责发生制政府综合财务报告制度改革顺利推进，夯实公共组织资产管理基础，提高公共组织财务管理体系运转绩效，对于在当前推进国家治理现代化具有重要意义。

第一节
公共组织财务资产管理概述

一、公共组织资产管理相关概念

（一）资产

要清晰界定公共组织资产的范畴，首先要明确"资产"（Asset）的范畴。"资产"属于经济学或会计学范畴，主要是指企业或其他私人部门资产，是具有可计量性的一种经济资源。国际公共部门会计准则 IPSAS 将资产定义为"由过去事项形成的，由会计主体控制、预计将导致经济利益或服务潜能流入主体的资源"；国际会计准则 IAS，将资产表述为"由于过去事项形成的由企业控制预期会导致未来经济流入的企业资源"；在中国，资产是"在企业过去的交易或者事项形成的、由企业拥有或者控制的、预期会给企业带来经济利益的资源"。其中，"企业过去的交易或者事项"包括购买、生产、建造行为或其他交易或者事项，预期在未来发生的交易或者事项不形成资产；"由企业拥有或者控制"是指企业享有某项资源的所有权，或者虽然不享有某项资源的所有权，但该资源能被企业所控制；"预期会给企业带来经济利益"，是指直接或者间接导致现金和现金等价物流入企业的潜力[1]。需要指出的是，经济资源要确认为资产还要满足两个条件：一是与该资源有关的经济利益很可能流入企业；二是该资源的成本或者价值能够可靠地计量。

（二）公共组织资产

根据美国联邦会计咨询委员会 FASAB 的定义，公共组织资产是"由联邦政府

---

[1] 中华人民共和国财政部条法司. 中华人民共和国财政部令第76号——财政部关于修改《企业会计准则—基本准则》的决定［EB/OL］. http：//tfs. mof. gov. cn/zhengwuxinxi/caizhengbuling/2014 07/t20140729_1119494. html2014 - 7 - 23/2019 - 12 - 17.

控制的体现经济利益或服务的资源"①。在中国,根据《准则》(第78号)公共组织资产是公共组织会计主体过去的经济业务或者事项形成的,由该主体控制的,预期能够产生服务潜力或者带来经济利益流入的经济资源。其中,"服务潜力"是指政府会计主体利用资产提供公共产品和服务以履行政府职能的潜在能力;"经济利益流入"表现为现金及现金等价物的流入,或者现金及现金等价物流出的减少。

(三)公共组织资产管理

公共组织资产管理涉及法律和监管制度(西蒙斯·R.A;Simons R.A,1993②)、组织结构(卡加诺夫和纳亚尔·斯通;Kaganova & Nayyar – Stone,2000③)、管理理念(费尔南多·费恩霍尔茨和罗斯玛丽·莫拉莱斯·费恩霍尔茨;Fernando Fernholz & Rosemary Morales Fernholz,2007④)、人力资本战略(卡加诺瓦·O.;Kaganova O.,2008⑤)、信息和技术资源以及监测和透明度(怀特·A.D.和菲尔普斯·A.;White & Phelps,2010⑥)等各种因素。因此,从整体上看,公共组织资产管理是指公共组织对国家所拥有的公共资产进行的一系列管理活动,包括公共部门对国有资产所有权的行使、管理权限的划分、资产的保值增值、收益的享有和处分等进行的监督,目标是实现资产收益最大化与满足社会公共利益两大目标的协调,同时防止国有资产的流失,并实现公共资产的有效运营。在中国,公共组织资产管理涉及对行政事业性国有资产的管理,这类资产包括行政单位、事业单位通过各种方式取得或形成的资产,如使用财政资金形成的资产、接受调拨或划转、置换形成的资产、接受捐赠并确认为国有的资产等。

---

① Federal Accounting Standards Advisory Board. Handbook of Federal Accounting Standards and Other Pronouncements, as Amended [EB/OL]. http://files.fasab.gov/pdffiles/2019_fasab – handbook.pdf 2019 – 6 – 30/2019 – 12 – 18.

② Simons, R. A. Public Real Estate Management – Adapting Corporate Practice to the Public Sector: The Experience in Cleveland, Ohio [J]. The Journal of Real Estate Research, 1993, 8 (4): 639 – 654.

③ Kaganova, O., & Nayyar – Stone, R. Municipal Real Property Asset Management: An overview of World Experience, Trends, and Financial Implications [J]. Journal of Real Estate Portfolio Management, 2000, 6 (4): 307 – 326.

④ Fernando Fernholz, Rosemary Morales Fernholz. A Toolkit for Municipal Asset Management [R]. Research Triangle Park and Durham, NC: RTI and Duke University, 2007.

⑤ Kaganova, O. Integrating Public Property in the Realm of Fiscal Transparency and Anti – Corruption Efforts [A]. G. Peteri. Finding Money: Public Accountability and Service Efficiency through Fiscal Transparency [C]. Budapest: Open Society Institute, 2008: 209 – 231.

⑥ White A D, Phelps A. Rationale, practice and outcomes in municipal property asset management [J]. Journal of Corporate Real Estate, 2010, 12 (3): 157 – 174.

二、公共组织资产的类型

对于公共组织财务资产,不同国家有不同的分类。美国联邦会计咨询委员会将政府资产分为:国库资金余额(Fund Balance with Treasury)、现金和其他货币资产(Cash and other monetary assets)、存货(Investments)、应收款项(Receivables)、库存和相关资产(Inventory and related properties)、不动产、厂场和设备(Property, plant and equipment, PPE)等①。英国《政府资产名录》将资产主要分为:有形固定资产(Tangible Fixed Assets)、无形固定资产(Intangible Fixed Assets)、政府固定资产投资(Fixed Asset Investments)三大类。根据《准则》(第78号),中国公共组织财务资产主要包括:国家财政资金形成的资产、国家直接划拨给公共组织的资产、公共组织按照国家规定,运用公共组织资产收入形成的资产以及接受捐赠和其他经法律确认为国家所有的资产,主要表现为:存货、投资、固定资产、公共基础设施、政府储备物资五个大类(见图9-1)。

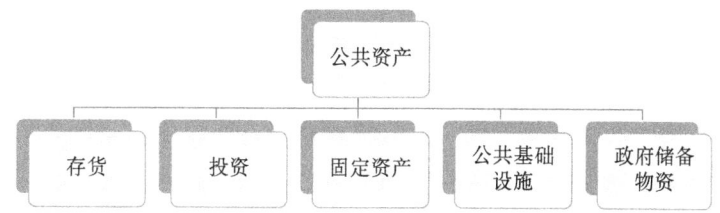

图9-1 中国公共组织财务资产的类型

(一)存货

存货是指公共组织会计主体在开展业务活动及其他活动中为耗用或出售而储存的资产,如材料、产品、包装物和低值易耗品等,以及未达到固定资产标准的用具、装具、动植物等。

(二)投资

投资,是指公共组织会计主体按规定以货币资金、实物资产、无形资产等方式形成的债权或股权投资,分为短期投资和长期投资。短期投资,是指政府会计主体

---

① FASAB. FASAB Handbook of Federal Accounting Standards and Other Pronouncements, as Amended [OB/EL]. https://fasab.gov/accounting-standards/2019-06-30/2019-12-30.

取得的持有时间不超过1年（含1年）的投资。长期投资，是指政府会计主体取得的除短期投资以外的债权和股权性质的投资。

（三）固定资产

固定资产是指公共组织会计主体为满足自身开展业务活动或其他活动需要而控制的，使用年限超过1年、单位价值在规定标准以上，并在使用过程中基本保持原有物质形态的资产，一般包括房屋及建筑物、专用设备、通用设备等。单位价值虽未达到规定标准，但是使用年限超过1年的大批同类物质，如图书、家具、用具等也属于公共组织固定资产。

（四）公共基础设施

政府公共基础设施规模庞大，为经济社会发展提供了强有力的基础支撑条件。公共基础设施是指公共组织会计主体为满足社会公共需求而控制的，同时具有以下特征的有形资产：(1) 是一个有形资产系统或网络的组成部分；(2) 具有特定用途；(3) 一般不可移动。

公共基础设施主要包括市政基础设施（如城市道路、桥梁、隧道、公交场站、路灯、广场、公园绿地、室外公共健身器材，以及环卫、排水、供水、供电、供气、供热、污水处理、垃圾处理系统等）、交通基础设施（如公路、航道、港口等）、水利基础设施（如大坝、堤防、水闸、泵站、渠道等）和其他公共基础设施。

（五）政府储备物资

政府储备物资是政府资产的重要组成部分，是指政府会计主体为满足实施国家安全与发展战略、进行抗灾救灾、应对公共突发事件等特定公共需求而控制的，同时具有下列特征的有形资产：(1) 在应对可能发生的特定事件或情形时动用；(2) 其购入、存储保管、更新（轮换）、动用等由政府及相关部门发布的专门管理制度规范。

政府储备物资包括战略及能源物资、抢险抗灾救灾物资、农产品、医药物资和其他重要商品物资，通常情况下由政府会计主体委托承储单位存储，对于保障国家安全、服务国计民生具有重要意义。

三、公共组织资产管理的总体问题

目前世界各国公共组织资产管理面临的总体问题是，制度及其运行的不协同、不协调，公共资产低效管理运行无法满足公共部门绩效管理的需要。一是财务管理系统设计无法有效运行并匹配公共资产管理，包括资产生命周期财务核算管理无法实现具有成本效益分析性质的资产经济责任（Giglio, et al., 2018[①]）、公共组织的财务管理模式不能良好地体现治理属性（Kaganova, 2020[②]）、资产会计与报告不能体现资产管理的绩效等（李秀梅，2019）；二是数字财务应用水平较低不利于动态管理资产的投资与使用，包括物联网数字财务数据在资产管理中应用问题（Brous, 2017[③]）以及资产分类管理边界模糊、底数不清、权责不明和规制欠缺等（赵西卜、邵贞棋，2019）；三是事关公共组织资产管理的财务体系机制不健全，包括资产管理制度体系不能全面提供权责发生制下政府预算或受托资产管理的相关信息（姜宏青等，2020[④]、李朝芳，2021[⑤]）、预算管理一体化改革要求下的收支资产预算管理和计量的科学性问题等（曹静韬，2019[⑥]；姜宏青、孙西茹，2023[⑦]）。

第二节
公共组织资产管理的国际经验

通过对不同国家公共组织资产管理的比较分析，有利于更好地认识与公共组织资产管理相关的各种要素，为优化中国公共组织资产管理体系、模式、机制等提供思路和参考案例。

一、美国联邦资产管理

20 世纪 50 年代之前，美国联邦政府资产管理由各部门分散执行，规模效应

---

① Giglio J M, Friar J H, Crittenden W F. Integrating lifecycle asset management in the public sector [J]. Business Horizons, 2018, 61 (4): 511 – 519.

② Kaganova O, Amoils J M. Central government property asset management: a review of international changes [J]. Journal of Corporate Real Estate, 2020, 22 (3): 239 – 260.

③ Brous P, Janssen M, Schraven D, et al. Factors Influencing Adoption of IoT for Data – driven Decision Making in Asset Management Organizations [J]. IoTBDS, 2017, 2: 70 – 79.

④ 姜宏青，陈中天，王安. 我国行政事业性资产价值管理体系研究 [J]. 中国行政管理，2020 (4)：13 – 20.

⑤ 李朝芳. 行政事业单位资产管理与预算管理的有效结合：基于信息流视角 [J]. 地方财政研究，2021 (1)：33 – 43.

⑥ 曹静韬. 规划预算下的政府资产管理探析 [J]. 中国行政管理，2019 (9)：16 – 21.

⑦ 姜宏青，孙西茹. 以需求为导向的政府资产预算的应计逻辑 [J]. 会计与经济研究，2023, 37 (3)：21 – 37.

低下，采购成本偏高，资产监控能力较弱；同时，对资产处置没有统一的政策和专门的部门负责，造成各部门多余资产闲置或无偿借给州政府使用，资产利用效益低下。为了解决分散管理导致的职能重复、支出浪费、资产闲置等问题，提高联邦政府资产管理水平，1949年，哈里·S. 杜鲁门（Harry S. Truman，1884—1972）执政时期，美国国会通过了《联邦财产与管理服务法》（Federal Property and Administrative Service Act，FPASA），将国家档案局（National Archives Establishment）、财政部联邦工程署（the Federal Works Agency）、财政部联邦供应局（the Bureau of Federal Supply）、战争资产管理局（the War Assets Administration）、公共工程局（the Public Buildings Administration）、合同结算办公室（the Office of Contract Settlement）等多个分散的机构合并组成总务管理局（General Services Administration，GSA）负责对联邦政府一般性资产进行统一管理①。赫伯特·克拉克·胡佛（Herbert Clark Hoover，1874—1964）执政时期，进一步强化了总务管理局的职能。

联邦政府注重资产管理的绩效性，2004年，乔治·沃克·布什（George Walker Bush，1946—）下达了联邦不动产管理总统令，以促进联邦不动产的有效使用和国家利益最大化。2008年起，总务管理局每年都会发表《绩效与责任报告》（Performance and Accountability Report，PAR），详细论述本财年各部门包括政府资产管理效益等主要绩效指标和结果，并在网上公示，接受社会监督。除此之外，联邦政府将信息化管理作为政府资产管理的有效手段。总务管理局成立了信息完整性和访问办公室（GSA's Office of Information Integrity and Access），为政府资产管理提供技术支持，通过与预算管理办公室及首席信息官委员会（the Chief Information Officers Council，CIOC）的合作，为政府资产管理提供决策。2019年，总务管理局与联邦首席信息官（the Federal Chief Information Officer，CIO）发起了一个政府范围的人工智能实践社区（Government-Wide AI Community of Practice），将人工智能引入公共组织资产管理的过程之中②。

总务管理局通过集中管理、坚持绩效原则、搭建信息化资产管理平台，有效解决了分散管理中存在的高成本、闲置浪费等问题，并形成了系统的联邦政府资产管理机制，培养了专业能力，有效提高了联邦政府资产管理效益。

---

① U. S. General Services Administration. A Brief History of GSA［EB/OL］. https：//www. gsa. gov/about-us/background-history/a-brief-history-of-gsa2019-4-23/2019-12-18.

② U. S. General Services Administration GSA Launches Artificial Intelligence Community of Practice［EB/OL］. https：//www. gsa. gov/blog/2019/11/05/gsa-launches-artificial-intelligence-community-of-practice2019-11-5/2019-12-18.

二、澳大利亚联邦政府资产预算化管理

第二次世界大战后，一直到20世纪80年代，澳大利亚政府职能扩张，国家公共部门不断膨胀，政府财政面临巨大压力，而与此同时，政府管理效率低下引起公众的普遍不满。为了应对政府的财政危机和信任危机，澳大利亚联邦政府提出紧缩性财政政策，加强对公共部门产出效率和效果的重视程度。1983年，澳大利亚开始推行行政管理改革，建立了增强行政管理效率、透明度和引入竞争的新公共管理机制。1984年开始，政府对公共组织预算和会计制度实施改革。在预算改革中，澳大利亚联邦政府引入零基预算（Zero Based Budget，ZBB）编制方法，以往的基数预算编制方式被取代，各部门获得的财政拨款不再逐年增加，每年剩余资金允许结转使用。除此之外，澳大利亚联邦政府还出台了一系列权责会计与预算改革措施（见表9-1），这些改革措施使政府执行部门在获得更多自主权的同时，必须履行应尽的职责，提高产出效果，并提供准确的部门报告，提高了政府资产的使用效益。

表9-1　　　　　　　　　澳大利亚财务与预算改革（1995—2000年）

年份	措施
1995	所有联邦部门开始以权责发生制会计记账基础来编制预算
1997	出台《财务管理与会计法案》，对联邦政府资产管理提供法律支撑
2000	将权责发生制会计记账方法推广至所有政府部门，以产出和结果为导向的预算编制方法开始实施

1995年，澳大利亚国家审计署（The Australian National Audit Office，ANAO）确立了"全面资产战略管理"——政府各部门、机构在结合资产需求和实际情况基础上，以政府公共服务目标为要求，从全局立场出发实施资产管理工作。同年，ANAO首次对一般政府部门的资产进行审查[1]，并将审查结果载于《1995—1996财年第27号审计报告书—资产管理》（Audit Report No.27，1995—1996，Asset Management.），同时概括了资产管理的"五项原则"[2]，为联邦资产管理树立了

---

[1] Australian National Audit Office. Asset Management [EB/OL]. https://www.anao.gov.au/work/performance-audit/asset-management1998-4-15/2019-12-19.

[2] "五项原则"具体包括：资产管理决策要与单位战略规整在一起；资产管理决策需要以若干资产使用备选方案比较作为基础，这些方案都以"生命周期"成本、收益、持有者风险的计量结果作为体现；资产状态、使用情况、使用效果都要有会计记录；资产处置要选择公平交易中净现值最大的选项；资产管理需要建立起一个有效的内部控制结构。资料来源：Australian National Audit Office. Asset Management [EB/OL]. https://www.anao.gov.au/sites/default/files/anao_report_1997-1998_41.pdf.

标杆①。

1997年,澳大利亚出台《联邦机关与公司法》(Commonwealth Authorities and Companies Act 1997),要求所有公共权力机构与公共企业履行职责,报告财务状况并接受审计。同年,澳大利亚联邦政府颁布了《一般性审计法案》(Auditor-General Act 1997)赋予审计机构对公共组织使用公共资金、资产、资源的合规性和绩效性实施进行独立检查的权利和义务。此外,澳大利亚在政府资产管理改革过程中也广泛引入市场机制,如公私合作模式、使用者付费模式等,从公共组织与私人组织以及公共组织内部机构之间两个层面,建立起完善市场化管理机制②。

此外,澳大利亚还构建了与自身公共组织资产模式相适应的管理机构体系(见图9-2)。1998年澳大利亚将管理服务部(Department of Administration and Service, DAS)和财政部进行了重组,成立了财政与行政管理部(DOFA)。DOFA下设的"公共财产管理司"具体管理澳大利亚国内的除国防财产外所有政府财产。公共财产管理司设有股权、资产出售分部以及不动产和建筑分部。股权、资产出售分部管理和指导政府资产出售、合同事务,处理与资产出售有关的各种问题。不动产和建筑分部专司政府不动产的建设、运营、维护和处置,制定相关政策。2001年,DOFA授权外事部和贸易部具体管理澳大利亚海外财产,这些财产包括领事馆,以及租借给海外公务人员使用的房屋。国防部(DoD)负责管理自己的财产,同样要求遵守公共财产管理原则,与其他各政府机构保持一致。

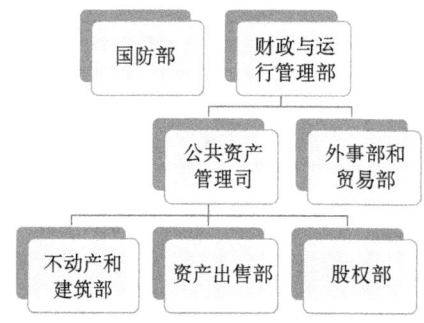

图9-2 澳大利亚政府资产管理机构结构

在政府资产管理改革的过程中,澳大利亚的政府资产管理体制得到重塑,形成了"节约、高效"的政府资产改革模式③。

---

① Australian National Audit Office (ANAO). Results of the 1995-1996 Financial Statements Audits of Commonwealth Entities [EB/OL]. https://www.anao.gov.au/sites/default/files/ANAO_Report_1996-1997_19.pdf.

② Olga Kaganova, James Mckellar. Managing Government Property Assets [M]. Washington, D.C.: The Urban Institute, 2006.

③ 王彦荣. 澳大利亚政府资产管理对我国的启示 [J]. 经济研究参考, 2006 (54): 25-28.

三、英国政府资产管理

第二次世界大战后,英国政府职能逐渐扩张,建立起了"从摇篮到坟墓"全覆盖的国家福利体系,但随之而来的政府开支过大、经济总体运行效率低下等问题越来越突出,使英国不得不开始对包括资产管理在内的公共组织财务管理体系进行改革,以促进政府机构运行和资产使用效益的提高。

英国政府将降低管理和持有公共资产的成本,以最低的成本提供最佳的公共服务,使现有公共资产的运营效率和服务潜力最大化作为资产管理改革的目标。1996年《会计审计规范》提出在地方政府资产管理上将会计管理和预算管理分离,将预算作为政府资产核算和监督的一个独立体系。1997年,工党领导人安东尼·查尔斯·林顿·布莱尔(Anthony Charles Lynton Blair,1953—)提出了两大政策目标:增加基础设施投入以及控制税率减轻社会负担。为了尽可能实现这两个看似相互矛盾的政策目标,唯一的出路就是提高政府资产的使用效率。为此,工党执政后立刻着手对政府公共资产进行审计,并于1998年正式制定了第一版《政府资产名录》(List of Government Asset),详细地登记了包括英国各部委及其执行局、非部委公共机构、国民医疗服务机构等政府性机构的资产数量和价值等内容,同时还对各地方政府开展资产清查和审计并形成报告提出了要求。同年,英国开始准备编制一套以权责发生制为基础的包括所有公共部门的英国政府整体财务报告(Whole of Government Accounts)①。英国政府会计系统的特征表现为两个方面:在会计与预算中同步全面应用权责发生制基础和编制权责发生制基础上的政府整体公共部门合并财务报表②,这就很好地将政府资产管理与政府整体财务管理效益相联系,更加突出了资产管理绩效性在公共组织财务管理中的重要性。

在英国政府资产管理实践中可以看出,资产的所有权归政府,财政部门主要从资产配置角度履行对资产的管理职能,具体管理和使用由各部门负责,体现了所有权与使用权相分离的特点。在财政预算的编制程序和对财政支出的控制上,各部门和机构在向议会和财政部门申请预算时必须详细说明资产的使用途径和效益,体现了资产管理与预算管理相结合的特点③。通过对政府资产管理的改革,资产的使用程序更加规范,配置效率更高,从而有效提升了政府机构的运行绩效。

---

① HM Treasury. Whole of Government Accounts [EB/OL]. https://www.gov.uk/government/collections/whole-of-government-accounts2019-8-12/2019-12-19.

② 郭俊华.英国政府会计改革:政府统一账户的最新发展及评价 [J].国际经贸探索,2008(5):79-84.

③ 财政部资产管理司.英国国有资产管理情况及启示 [J].预算管理与会计,2016(4):59-63.

第三节
中国公共组织资产管理的发展

党的十八届三中全会将建立权责发生制的公共组织综合财务报告制度作为深化公共组织财务管理体制改革的重要举措。自从 2000 年以来，中国在部门预算改革、国库集中收付制度改革和政府收支分类改革以及建立权责发生制的政府会计核算改革等方面都取得了一定的进展，为完善公共组织财务管理体系奠定了良好的基础。但公共组织资产管理改革还存在许多不尽完善之处，需从整体上看待公共组织资产管理的发展方向，以应对未来公共组织资产管理改革和实践的现实需求。

一、中国公共组织资产管理改革的成就

在当前中国经济社会发展进入新阶段，改革进入攻坚期和深水区的宏观背景下，全面加强公共组织资产管理，着力构建覆盖全面的公共组织资产管理体系，是深化公共组织财务管理的重要举措，也是国家治理体系和治理能力现代化建设的重要保障。近年来，中国公共组织资产管理主要围绕完善管理体制、健全管理制度、构建全程监管体系、推进信息化建设以及强化公共基础设施等方面进行，并取得了一定的成果。

（一）管理体制改革

在公共组织资产管理改革中，中国在完善管理体制方面采取了一系列措施（见表 9-2）。截至 2019 年底"国家统一所有，政府分级监管，单位占有使用"的资产管理体制，以及与此相适应的"财政部门—主管部门—各公共组织"的资产管理模式已在全国初步建立①。

表 9-2　　　　中国公共组织资产管理体制改革的措施（2004—2019 年）

年份	事件
2004	财政部成立了行政资产管理处和事业资产处，承担制定行政事业单位资产管理的政策、制定并组织开展具体管理工作的职责

---

① 财政部预算司. 重要预算部门编制指南（2020 年）[M]. 北京：中国财政经济出版社，2019.

续表

年份	事件
2006	财政部公布《行政单位国有资产管理暂行办法》和《事业单位国有资产管理暂行办法》（财政部第35、36号令，下文简称"两个部令"）明确规定了中国公共组织资产的管理体制
2014	财政部部内调整，成立了资产管理司，进一步整合了公共组织资产管理的职责
2018	全国36个省已经明确了由财政部门负责公共组织资产管理工作，其中35个省级财政部门成立了专门的公共组织资产管理机构
2019	财政部印发《关于修改〈事业单位国有资产管理暂行办法〉的决定》进一步完善了中国公共组织资产管理体制
2019	财政部印发《政府会计准则第10号——政府和社会资本合作项目合同》，对适应权责发生制政府综合财务报告制度改革需要，规范政府方对政府和社会资本合作项目合同的确认、计量和相关信息的列报，提高会计信息质量具有重要的指导意义
2020	《全国人民代表大会常务委员会关于加强国有资产管理情况监督的决定》经人大会议通过，构建了包括人大监督、政府监督、财政监督、审计监督、行业监督、社会监督六位一体的全方位监督模式，推动各相关管理部门强化主体责任、主动接受监督，推进国有资产管理公开透明和规范有效，从而进一步提高国有资产利用效率，促进国有资产保值增值
2022	财政部发布《关于盘活行政事业单位国有资产的指导意见》（财资〔2022〕124号），明确了各级财政部门和行政事业单位在资产盘活工作中的职责和任务，建立了资产盘活的工作机制和流程，推动了公共组织资产管理体制在资产盘活方面的改革和完善
2024	《关于加强行政事业单位数据资产管理的通知》（财资〔2024〕1号）发布，提出地方财政部门应当结合本地实际逐步建立健全数据资产管理制度及机制，规定了行政单位数据资产使用形成的收入的管理方式，填补了公共组织在数据资产管理体制方面的空白，为数据资产的规范管理提供了制度依据

（二）管理制度建设

资产管理制度是规范和加强资产管理的依据。2006年"两个部令"的颁布，明确了公共组织资产的管理体制和各部门、单位的管理职责，对公共组织资产配置、使用、处置等各个关节进行了规范。此后财政部根据"两个部令"逐渐加强了对公共组织资产管理的制度体系建设，先后出台了包括公共组织资产配置、使用、处置管理、清查核实及年度报告等在内的资产管理办法，全国各级政府也配套出台了相应的本地区公共组织资产管理办法，中国公共组织资产管理的制度框架已经基本形成。

（三）监管体系构建

对于公共组织资产的监管，中国从资产的配置、使用、处置、收入等方面采取了一系列措施（见表9-3），进一步完善了公共组织资产管理的监督体系。

表9-3　　　财政部关于完善中国公共组织资产管理监督体系的措施（截至2020年）

年份	事件
2009	财政部要求中央各部门在编制年度预算时按规定编制新增资产配置预算，印发通用资产配置标准
2018	财政部印发《关于进一步加强和改进行政事业单位国有资产管理工作的通知》（财资〔2018〕108号）和《财政部关于进一步做好政府会计准则制度新旧衔接和加强行政事业单位资产核算的通知》（财会〔2018〕34号），从会计角度进一步规范了公共组织资产管理监督体系
2019	颁布《财政部关于加快做好行政事业单位长期已使用在建工程转固工作的通知》（财建〔2019〕1号）
2020	《行政事业性国有资产管理条例（草案）》出炉，保障行政单位履行职能和所属事业单位提供基本公共服务的行政事业性国有资产纳入法治轨道加强管理监督
2024	《关于强化制度执行 进一步推动行政事业性国有资产管理提质增效的通知》（财资〔2024〕155号）发布，从落实资产管理职责、夯实基础管理工作、规范资产管理行为、推动资产盘活利用、用好一体化系统、提高资产报告质量等方面提出了具体要求，以全面强化制度执行，推动行政事业性国有资产管理提质增效

（四）信息化建设

2009年，中国开始在全国范围内建设公共组织资产管理信息系统，借助现代化手段，不断提升资产信息化管理水平，进一步充实公共组织信息化财务管理系统（见表9-4）。

表9-4　　　关于完善公共组织资产信息化管理的措施（2010—2019年）

年份	事件
2010	国务院办公厅颁布《关于进一步做好政府机关使用正版软件工作的通知》（国办发〔2010〕47号）为公共组织资产管理信息化奠定了物质基础
2011	《关于进一步规范和加强政府机关软件资产管理的意见》（财行〔2011〕7号）进一步规范和加强了公共组织软件管理工作；同年结合新修订的《固定资产分类与代码》（GB/T 14885—2010）对当时信息化实施情况进行了全面系统的总结，启动了"系统"升级改造工作
2013	完成了"系统"（二期）升级改造工作，并颁布了《行政事业单位国有资产管理信息系统管理规程》（财办〔2013〕52号），对"系统"的使用管理及各方责任进行了规范
2018	"系统"（三期）搭建完成，强化了数据治理内容，并对"系统"的应用进行了优化
2019	财政部关于修改《事业单位国有资产管理暂行办法》的决定指出，建立和完善事业单位国有资产管理信息系统，对事业单位国有资产实行动态管理
2021	《行政事业性国有资产管理条例》（国务院令第738号）正式施行，明确要求中央行政事业单位完善资产信息卡、规范核算入账、加强权属登记、定期盘点对账等基础管理工作，通过预算管理一体化系统动态更新相关资产信息，实现全过程信息化管理

续表

年份	事件
2024	《中央行政事业单位国有资产使用管理办法》（财资〔2024〕116号）发布，明确要求中央行政事业单位完善资产信息卡、规范核算入账、加强权属登记、定期盘点对账等基础管理工作，通过预算管理一体化系统动态更新相关资产信息，实现全过程信息化管理

（五）公共基础设施管理

中国公共基础设施规模庞大，为经济社会发展提供了强有力的基础支撑条件。近年来国家采取了一系列措施（见表9-5），规范公共基础设施的管理。本节以政府部门为例，根据财政部颁布的《综合指南（2019）》，展示了公共基础设施的明细报表（见表9-6—表9-8）。对公共基础设施进行严格规范的记录，有利于促进公共组织资产管理的规范化和严谨性。

表9-5　　　　关于加强公共基础设施管理的措施（2017—2019年）

年份	措施
2017	财政部关于印发《政府会计准则第5号——公共基础设施》的通知（财会〔2017〕11号），确立了公共基础设施的会计核算方式
2018	财政部印发《公共租赁住房资产管理暂行办法》（财资〔2018〕106号），进一步规范了公共租赁房屋资产管理
2019	国家发展改革委、财政部印发《关于深化农村公共基础设施管护体制改革的指导意见》的通知（发改农经〔2019〕1645号），全面推进了公共基础设施的规范化管理

表9-6　　　　　　　　公共基础设施明细表（原值）　　　　　　　　单位：万元

项目	年初数	本年增加	本年减少	年末数
市政基础设施				
轨道交通				
城市道路桥梁				
地下综合管廊				
园林绿化				
供水设施				
城市燃气设施				
集中供热				
城市排水和污水处理设施				
城市环境卫生设施				
公共文化体育设施				

续表

项目	年初数	本年增加	本年减少	年末数
其他				
交通运输基础设施				
公路				
航道				
港口				
水利基础设施				
其他公共基础设施				
原值合计				

表 9-7　　　　　公共基础设施明细表（累计折旧/摊销）　　　　单位：万元

项目	年初数	本年增加	本年减少	年末数
市政基础设施				
轨道交通				
城市道路桥梁				
地下综合管廊				
园林绿化				
供水设施				
城市燃气设施				
集中供热				
城市排水和污水处理设施				
城市环境卫生设施				
公共文化体育设施				
其他				
交通运输基础设施				
公路				
航道				
港口				
水利基础设施				
其他公共基础设施				
累计折旧（摊销）合计				

表 9-8　　　　　　公共基础设施明细表（净值）　　　　　　单位：万元

项目	年初数	本年增加	本年减少	年末数
市政基础设施		—	—	
轨道交通		—	—	

续表

项目	年初数	本年增加	本年减少	年末数
城市道路桥梁		—	—	
地下综合管廊		—	—	
园林绿化		—	—	
供水设施		—	—	
城市燃气设施		—	—	
集中供热		—	—	
城市排水和污水处理设施		—	—	
城市环境卫生设施		—	—	
公共文化体育设施		—	—	
其他		—	—	
交通运输基础设施		—	—	
公路		—	—	
航道		—	—	
港口		—	—	
水利基础设施		—	—	
其他公共基础设施				
净值合计				

二、权责发生制下的公共组织资产管理

在中国，政府历来高度重视资产管理，但资产管理仍存在账户反应不明晰、资产闲置和使用效率低等问题。党的十八届三中、四中全会决议，2014年修订的新《预算法》，2015年国务院发布《关于批转财政部权责发生制政府综合财政报告制度改革方案的通知》（国发〔2014〕63号）的文件明确提出，通过权责制会计加强资产管理与受托责任，再加上财政部颁布的《准则》（第78号）、《会计制度（2017）》和《基本指引》都表明，更多地使用权责发生制进行会计核算是一种趋势，而权责发生制会计能够更全面地确认、计量政府资产，能够为合理、有效的政府资产管理提供更加准确的信息①。因此，未来在制度优化过程中，需在深入剖析单位成本核算对象、成本项目与范围、成本归集与分配等成本会计核算核心环节的

---

① International Federation of Accountants. Accrual Practices and Reform Experiences in OECD Countries [EB/OL]. https：//www.ifac.org/publications/accrual-practices-and-reform-experiences-oecd-countries2017-2-24/2019-12-20.

基础上，以系统视角探讨公共组织单位成本核算法，化解成本分配难等问题（王文兵等，2022①），同时改进政府资产会计与财务报告实务，合理利用权责发生制资产负债表为公共组织资产的管理提供服务。

三、与预算管理相结合的公共组织资产管理

2006年财政部公布《行政单位国有资产管理暂行办法》和《事业单位国有资产管理暂行办法》明确要求在公共组织资产管理活动中，应当坚持资产管理和预算管理相结合的原则。许多重要文献研究如布鲁恩·M和劳梅特·P（Bruun & Laumet, 2016②）、曹静韬（2019③）等也认为，将预算管理思想融入公共组织资产管理体系的建设中，是优化和完善公共组织财务管理体系的必然选择。2018年到2020年《中央预算部门编制指南》也都将推进预算管理与资产管理相结合作为公共组织财务管理改革的重点内容。

但在实际工作中，一直存在公共组织资产管理与预算管理相脱节的问题。如公共组织资产的管理机构掌握资产管理权，但不负责预算编制，无权确定部门、单位的投资性支出指标，进而导致存量管理与增量管理脱节④；预算机构具体掌握预算编制权，负责确定预算收支指标，但并不负责管理资产，由于没有掌握充分的存量资产信息导致投资性支出指标的确定带有很大的盲目性，进而难以优化增量资产配置。因此，建立和完善相互匹配的公共组织资产管理和预算管理体系，是公共组织资产管理体系建设的重点推进方向。我们要按照中央深化改革要求和新《预算法》等规定，做好公共组织资产管理的预算制度顶层设计，充分发挥公共组织资产预算服务国家战略的作用，明确公共组织资产管理的预算功能定位，对公共组织资产的配置、使用和处置进行全过程预算管理。如预算编制部门和资产使用部门共同建设公共组织资产管理信息系统，有效规避在预算过程中由于信息不对称而导致的管理脱节问题，从而盘活公共组织资产，优化资产配置，提高资产效能，提高公共组织资产配置的科学性、使用的有效性和处置的规范性。

---

① 王文兵，宋慧，王立彦，等. 政府成本会计：国际借鉴与中国的发展［J］. 当代财经，2022（4）：124 - 136.
② Bruun M, Laumet P. Managing Asset Maintenance Needs and Reaching Performance Goals within Budgets [J]. Transportation Research Procedia, 2016 (14): 2976 - 2984.
③ 曹静韬. 规划预算下的政府资产管理探析［J］. 中国行政管理，2019（9）：16 - 21.
④ 增量资金是指预算，存量资金则指资产。资料来源：陆庆平. 服务国家治理 全面加强政府资产管理［J］. 中国财政，2015（23）：53 - 54.

第十章
公共组织财务风险管理

公共组财务风险既有局部性的,也有整体性的。作为公共组织财务管理的一个重要内容和管理系统要素,其机制运行以及控制存在内生和外生性问题,需要从风险界定、风险识别、风险衡量、风险评估、风险控制等方面进行管理,以保障公共组织财务管理体系机制的正常运行。

第一节
公共组织财务风险概述

现代公共经济理论表明,如果将公共管理领域看作市场,政府作为公共产品和服务的提供者,则必然存在维系制度运行的交易费用。当政府调控职能较弱而制度的交易费用过高时,势必会造成纳税人税负过高却得不到有效的公共服务,使政府面临"破产"的风险。于是公共部门围绕经济理论进行了研究,探讨了以政府为代表的公共组织财务风险的界定问题,并提供了公共组织财务风险的界定和分类方法。

一、公共财务风险管理理论溯源

1950年,美国的加拉格尔(Gallagher)在调查报告《费用控制的新时期——风险管理》中,首次使用了"风险管理"一词[①]。1964年,威廉姆斯·C.亚瑟(Williams·C. Arthur·Jr)和汉斯·理查德·M(Heins·Richard·M)出版了《风险管理与保险》一书(威廉姆斯、汉斯,1990[②]),介绍了风险和风险管理的相关概念,并分析了企业经营活动面临的各种风险以及涉外风险和家庭风险(刘钧,2013[③])。同时,美国的大学把风险管理带进经济管理课程,开展风险管理的教育和培训。由此,风险管理逐渐形成了独立的理论体系,发展成为一个专门的学科。1983年,风险和保险管理协会(The Risk Management Society)在美国召开国际年会,经过各国专家学者联合商讨,通过了《101条风险管理准则》,这标志着风险管理开始由理论步入实践。

20世纪70年代,风险管理方法被广泛传播到英国、法国、德国、日本等国家,为满足风险管理实务的需要,风险管理的理论研究在这些国家也相继发展起来,并融入自然科学和社会科学的各个领域。

在宏观经济理论的发展过程中,卢卡斯(Lucas R. E.,1976[④])、约翰·梅纳

---

① 刘钧. 风险管理概论[M]. 北京:清华大学出版社,2013.
② 威廉姆斯,汉斯. 风险管理与保险[M]. 北京:中国商业出版社,1990.
③ 刘钧. 风险管理概论[M]. 北京:清华大学出版社,2013:27.
④ Lucas R. E. Econometric policy evaluation:A critique[C]//Carnegie - Rochester conference series on public policy. North - Holland,1976(1):19 - 46.

德·凯恩斯（John Maynard Keynes，1883—1946；2009①）对经济周期理论提出了独到的见解，世界各国纷纷针对当时面临的经济大萧条进行了财政政策部署；海曼·明斯基（Hyman Minsky，1919—1996；2008②）力图构建一个将实体经济与金融世界有机结合在一起的宏观经济不稳定性理论框架，旨在将货币和金融、投资政府支出和赤字、通货膨胀以及贫困和就业等金融与实体问题均纳入其中，从而回归真正的凯恩斯，明斯基的内生增长不稳定性理论是其最为重要和核心的经济理论贡献。

此后，Buchanan③、马丁·费尔德斯坦（Feldstein, M., 1939—2019；1976④）等在李嘉图等价效应（Ricardo Equivalence）的基础上（Seater，1976⑤），对政府过度举债风险进行了研究。从美国中央与次级政府之间的财政关系看，由于地方政府没有能力创造货币，这些债券天生就要比联邦政府债券风险要高，从而引发了许多对各级政府债务危机的探讨，如大卫·E. 怀尔达森（David E. Wildasin，2001⑥）及巴里·R. 温加斯特（Barry R. Weingast，2009⑦）等。从公共部门政府资产负债角度来界定财政风险的问题，巴里·艾森格林（Barry Eichengreen）和阿索卡·莫迪（Hana Polackova Brixi & Ashoka Mody）认为（Barry，Mody，2000⑧），各类公共部门面对的风险首先来自其收入、资产、或有直接负债的结构。当资产负债结构或收支结构严重失衡的时候，政府的净价值就会受到威胁，这种威胁可以直接上升为财政赤字与债务负担。

基于宏观财政风险管理的理论和实践，风险管理理论已经从传统风险管理阶段发展到现代风险管理阶段，从宏观经济风险预测和治理发展到微观组织行为风险识别与控制的全面风险管理阶段，风险管理系统目标设定、控制策略、技术手段等也朝着多视角多维度的方向发展并日趋成熟，对微观风险管理实践的指导性也不断增强。

---

① 约翰·梅纳德·凯恩斯. 就业、利息和货币通论 [M]. 陆梦龙，译. 北京：中国社会科学出版社，2009.

② Hyman Minsky. Can 'It' Happen Again? Essays on Instability and Finance [M]. New York: M. E. Sharpe, 2008.

③ Buchanan, J. Perceived Wealth in Bonds and Social Security: A Comment [J]. Journal of Political Economy, 1976 (2): 337 - 342.

④ Feldstein, M. Perceived Wealth in Bonds and Social Security: A Comment [J]. Journal of Political Economy, 1976 (2): 331 - 336.

⑤ Seater J J, Mariano R S. New tests of the life cycle and tax discounting hypotheses [J]. Journal of Monetary Economics, 1985, 15 (2): 195 - 215.

⑥ David Wildasin. Fiscal Competition in Space and Time [J]. Public Economics, 2001, 87 (11): 2571 - 2588.

⑦ Barry R. Weingast. Second generation fiscal federalism: The implications of fiscal incentives [J]. Journal of Urban Economics, May 2009 (65): 279 - 293.

⑧ Barry Eichengreen, Ashoka Mody. Lending booms, reserves and the sustainability of short - term debt: inferences from the pricing of syndicated bank loans [J]. Journal of Development Economics, 2000, 63 (1): 5 - 44.

二、公共组织财务风险的界定

关于公共组织财务风险的界定问题，属于一个局部和整体问题，需要遵循系统的方法来加以认识。

从宏观层面研究来看，由于历次经济危机给全球经济带来了危害，各国政府将财政风险界定为财政赤字存在难以偿还的可能性。例如，以《马斯特里赫特条约》设立的警戒线为公共财政风险的判断标准，认为3%的赤字率和60%的政府负债率是公共财政风险的临界点。后续也有不少研究者采纳吸收该思想并作出进一步研究发展，如张春霖（2000[1]）、武彦民（2003[2]）等。丛树海（2005[3]）、刘尚希（2010[4]）等提出广义的财政风险就是公共风险，即来自经济、自然、社会和政治等方方面面的不利因素致使国家财政、银行信用和货币流通出现混乱和动荡的可能性。

从微观层面研究来看，Johnson、Kioko 和 Hildreth（2012[5]）基于金融项目风险的界定，将美国州政府的财务信息纳入信用风险评估；Umehara（2009[6]）界定了日本各级政府机构的风险信息内容和项目；玛丽 H. 库克（Cooke，2013[7]）介绍了间歇性和数量驱动型的医疗保健提供和报销系统直接导致了不理想的美国医疗保健成本趋势，其原因是成本风险内容的不确定性，容易导致风险的不可识别。而魏长升、张轶（2011[8]）指出，公共组织财务风险应依据以往的行政财务服务对公共产品和服务的资源配置情形来界定：行政单位财务风险是指由于各种主客观因素，使行政单位难以合法、有效地获取并使用财务资源，从而无法充分提供公共产品和服务，最大限度地提高社会福利。徐跃（2016[9]）指出行政单位财务风险在于

---

[1] 张春霖. 如何评估我国政府债务的可持续性？[J]. 经济研究, 2000 (2): 66-71.

[2] 武彦民. 我国财政风险的现实性和可控性 [J]. 经济理论与经济管理, 2003 (4): 22-25.

[3] 丛树海. 财政扩张风险与控制 [M]. 北京：商务印书馆, 2005.

[4] 刘尚希. 公共风险视角下的公共财政 [M]. 北京：经济科学出版社, 2010.

[5] Johnson C L, Kioko S N, Hildreth W B. Government-wide Financial Statements and Credit Risk [J]. Public Budgeting & Finance, 2012, 32 (1): 80-104.

[6] Umehara E. Using Game Theory to Investigate Risk Information Disclosure by Government Agencies and Satisfying the Public: The Role of the Guardian Agent [J]. IEEE Transactions on Systems, Man, and Cybernetics - Part A: Systems and Humans, 2009, 39 (2): 321-330.

[7] Cooke M H. Financial risk for total health care costs: The impact of financial incentives on physician behavior [J]. Dissertations & Theses - Gradworks, 2013.

[8] 魏长升, 张轶. 行政单位财务风险管理目标体系探讨 [J]. 商业会计, 2011 (4): 65-66.

[9] 徐跃. 行政单位财务风险防控探析 [J]. 中国商论, 2016 (32): 91-92.

有限财政资源的投入是否有效保障了行政单位日常运行和职能发挥，主要包括财务收支是否规范、行政运行成本是否合理等。

从整体视角来看，公共组织财务管理既有公共管理的宏观层面政府债务风险判断，也有对微观层面资源配置赋予职能的界定。由于公共组织既是一些制度的安排者，又是在既定制度环境下的执行者，因此对于公共组织的这一"混合型管理者"来说，公共组织财务风险在组织体系之间的关系并非固定不变，而在乎如何看待国家治理的结构及其内在的制度成本，所以对公共组织财务风险的界定，需要处理好整体与局部之间的关系，科学界定风险，才有利于政府运用可供选择的方案进行预防和控制。

三、公共组织财务风险分类

风险分类有着多种不同的分类方式（见图10-1），包括：

（一）按照损失可能性分类

王雍君（2019①）根据威胁公共组织实现其预定目标或招致损失的可能性将公共组织财务风险分为可持续性风险、配置风险、运营风险和战略风险。可持续性风险是指政府需要通过政策、预算程序及一份完整的资产与负债管理战略，管理其或有负债和引发财政风险的其他预算外来源。配置风险是指资源配置以消费者偏好和公民偏好为两个主要选项来契合公众偏好，但偏好理论有其局限性，因而会存在一定的配置风险。运营风险是指政府或公共组织不能以合理的成本有效交付服务的风险，即运营绩效不能满足3E的风险，决策风险和消失的预算为其中两个主要形式。

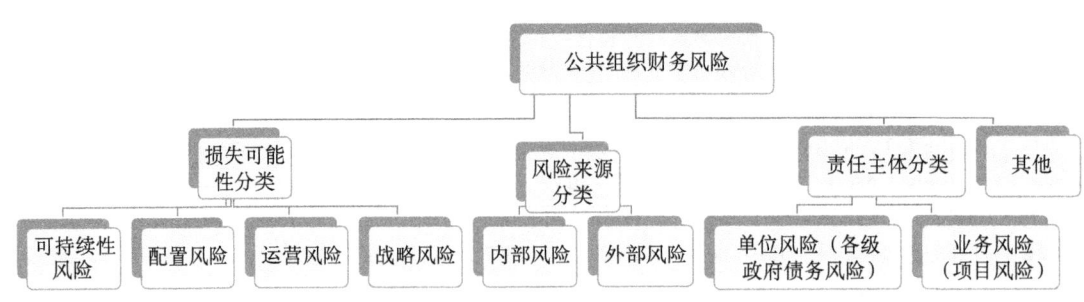

图10-1　公共组织财务风险分类

---

① 王雍君. 公共预算与财务管理［M］. 北京：科学出版社，2019.

（二）按照风险来源分类

公共组织面临的风险按照来源可分为外部风险和内部风险。外部风险主要是指单位履行职责和提供服务过程中违法违规所面临的法律政策风险，各种经济因素、技术因素、市场因素带来的经济风险，社会文化、消费者行为等社会风险以及自然灾害等其他因素产生的风险。内部风险主要是指单位机构设置、运营方式、资产管理、业务流程等管理风险，道德风险，财务风险及其他导致运营安全、员工健康、环境保护等风险。

（三）按照责任主体分类

按照管理层级，公共组织财务风险可以分为两类：即单位风险和业务风险。其中，单位风险是指以各级政府为主体所形成的风险，主要指政府性债务风险。业务风险是指单位或部门在具体的项目活动中所形成的风险。

第二节
公共组织财务风险衡量与评估方法

在公共组织管理系统中，确定风险是第一步，而问题的关键是如何运用风险管理方法加以控制，这就需要从逻辑上建立一套方法，包括如何识别、如何评估和如何衡量，为公共组织财务管理提供科学的风险防范和化解机制。

一、公共组织财务风险识别

（一）风险识别方法

风险识别方法是单位用于找出风险点的方法。本节根据张晓杰、徐涛（2015[①]），总结了几个常用的公共组织财务风险识别方法，包括：

---

① 张晓杰、徐涛、于静霞等. 公共组织财务管理与组织治理实务［M］. 北京：经济科学出版社，2015.

1. 风险清单法

风险清单法是识别风险最基本而又非常重要的方法。风险清单是指一些由专业人员设计好的标准表格或问卷、表格或问卷力争覆盖组织可能面临的各种风险。被问者对照清单上的每一项进行回答，通过回答，风险管理者逐渐构建出风险框架，识别出主要风险。

2. 财务报表分析法

财务报表分析法能综合反映一个风险管理单位的财务状况，单位存在的许多问题都能从财务报表中反映出来。财务报表分析法识别风险的基础是风险管理单位的财务信息具有真实性，如果财务报表不真实，就无法识别风险管理单位面临的潜在风险。

3. 流程图法

流程图法是识别风险管理单位面临潜在损失风险的重要方法。流程图法就是把单位的经济业务活动的过程按照流程图的方式绘制出来，体现一个项目的流程图和具体责任部门以及相互关系，针对流程中的关键环节和薄弱环节调查风险、识别风险的办法。流程图可用网络图来表示，也可利用 WBS 来表示。

4. 小组讨论和访谈

由单位领导、中层和普通员工组成讨论小组进行讨论，或对相关人员进行访谈，从而识别单位可能影响单位目标实现的风险事件。在进行小组讨论与访谈法进行风险识别时，应注意甄别讨论人员和被访人员的资质及专业相关性。

5. 实地检查法

到现场实际检查各个部门经济活动的运作十分重要。通过直接观察单位的各种设施及进行的各种操作，能够深入了解单位的活动和行为方式。

（二）风险识别的关注点

1. 注重对单位层面的风险的关注

单位层面的风险识别主要从组织、机制、制度、岗位和信息系统入手，主要包括内部控制工作的组织情况，内部管理制度和制衡机制的建立、执行情况，也包括内部控制关键岗位人员的管理情况，财务信息的编报情况以及信息技术的运用情况，具有综合性特点，需要从整体上加以关注。

2. 重视对业务层面风险的关注

业务层面风险识别从梳理业务流程、明确业务环节入手，主要包括各项经济业务活动的业务流程是否清晰合理，流程中的相关岗位的职责权限是否明确，不相容岗位是否相互分离；每个环节的授权审批是否科学，相关信息是否得到全面记录；各项管理要求是否在内部管理制度中予以明确，各项制度是否得到有效执行，关键控制措施是否得到落实等。业务层面的公共组织财务风险特点是项目环环相扣，不仅要关注其整体，而且还要关注各环节，一个环节发生风险，将会导致整个项目的失败。

(三) 风险识别维度设定

目前，各国对于公共组织财务类风险识别并没有统一的标准，而在财政管理实践中通常从三个维度对风险进行设定。

1. 期限设定

界定财政风险时，各国考虑的时间框架并不一致，可能是近期、中期或长期。例如，澳大利亚政府考虑4年的财政前景；英国则指出时间跨度直接影响财政风险的性质，因此其同时考虑未来5年和未来50年两个时期因素。

2. 数量设定

一些国家在识别财政风险时采用了数字标准或者设置了一些门槛，以此来确定哪些潜在的事件应该在财政预测中进行考虑。例如，新西兰定义财政风险为中期预测中任何一年中超过1000万美元，并且概率在20%—50%的事件。

3. 分类设定

分类设定方法没有特别的定式，如芬兰政府将财政风险划分为宏观经济发展、政府负债和政府资产相关的风险。英国的财政风险分类法最为全面，其类别包括宏观经济风险、金融部门风险、债务利息风险、收入风险、支出风险、资产负债表风险，根据对公共部门净债务和产生结果可能性的潜在影响，每一项风险都予以排名[①]。

---

① 娄洪，李春阳. 经合组织国家财政风险识别与管理 [J]. 预算管理与会计，2018，328 (12)：60-61.

财务风险管理的收益非常广泛[1],确认风险裸露(Risk Exposures)是风险管理过程最重要的步骤,是指由于参与一些与风险有关的交易造成损失或伤害(Loss or Injury)的可能性,这是五步管理法中的第一步[2]。从这一步开始,所有其他步骤即可循序而进。如果风险确认很高却未被确认,整个风险管理就会大受连累。因此,在年度基础上对风险裸露予以确认至关重要,方法就是采用风险损失=风险概率×风险后果进行评级与预警[3],数据采集方式主要有清单(Checklists)、调查(Surveys)、问卷(Questionnaires)、记录、档案(Files)、年度报告、特定报告、流程图(Flowcharts)、专业判断和单边检查(One-site Inspections)。

二、公共组织财务风险衡量

风险分析与风险衡量是风险评估的前提工作。

(一)风险分析

风险分析是运用定量或定性的方法在风险识别的基础上对风险发生的可能性和对单位目标实现的影响程度进行排序,因此风险分析具体的关注点在于风险发生的可能性和对目标的影响程度分析。定性方法与定量方法都可用于风险分析,其中,定性分析是指凭借经验和直觉把风险发生概率的大小或损失高低程度进行定性分级。定性方法是指运用定性术语评估并描述风险发生的可能性及其影响程度。定性方法一般有问卷调查、集体讨论、专家咨询、情景分析、政策分析、行业标杆比较、管理层访谈、由专人主持的工作访谈和调查研究等。定量方法是指运用数量方法评估并描述风险发生的可能性及其影响程度,常用的定量方法有概率分析、统计推论、计算机模拟、失效模型与影响分析、事件树分析等。定性方法和定量方法都各有优劣,定性方法的缺陷在于受评估人主观判断的影响较大,可多方面收集风险材料和多方面收集专家和相关人员意见来提高定性方法分析结果的客观性,因此,

---

[1] 直接利益至少包括减少财产损失、降低事故频率与严重性、减少不必要的支出、为公仆和公众提供安全的环境、缩短向公众提供服务的中断期。

[2] 管理公共财务风险的五个标准步骤依次如下:确认风险和风险裸露(identify perils and risk exposures),评估裸露的重要性(assess the significance of the exposures)包括确定损失发生的可能性(频率和时间)及其财政影响(the fiscal impact)即严重性,选择一种风险管理方法——消除、转移还是控制(焦点是风险融资即风险储备),实施选择的风险管理方法,以及评估风险管理规划。

[3] 考虑到风险概率和风险后果的权重及政府负责的义务,财务风险损失的一般公式调整为 $L = (aP) \times (bR) \times f$ 这里 L 表示预期或实际的财务风险或损失;a 表示风险概率 P 的权重;b 表示风险后果即严重性 R 的权重;f 表示风险损失中由政府承担支付责任的比例。$a + b = 1$。

在风险难以量化或者无法量化、定量评价所需数据难以获取时,一般采用定性方法。在实际的风险分析过程中,定性与定量相结合的分析方法比较常见。

(二) 风险衡量

风险衡量是在对过去损失资料分析的基础上,运用概率论和数理统计方法对某一特定或者几个风险事故发生的损失频率和损失程度作出估计,以此作为风险应对的依据。风险衡量的基础是充分、有效率的数据资料,风险衡量是对损失发生的频率和程度量化分析的过程,风险衡量是风险管理的重要手段。衡量风险需做好损失概率和损失程度两方面工作,损失概率是损失发生的可能性,损失程度是指风险事故发生可能会造成的损失值,即风险价值。影响衡量风险损失程度的因素很多,如风险单位的机构设置、设施、损失形态、损失的时间和损失金额等。在风险衡量方法方面,对风险的概率分布进行研究可用来描述损失原因所致各种损失发生可能性大小的分布情况,概率分布有离散型和连续型两种类型,其中,二项分布、泊松分布和正态分布较为常用。另外,中心趋势测量也是确定风险概率分布中心的重要方法,如算术平均数、加权平均数、中位数等。

在衡量风险损失概率和风险损失程度后可据此进行风险损失的归类和优先性排序,损失越大的事项越应置于财务风险管理的优先位置。一旦发生风险暴露和损失就要对风险损失进行归类和排序,并且用风险控制技术来避免、消除或控制风险,无论涉及的是哪类风险。表10-1和表10-2提供了风险损失概率和损失程度的排序。

表 10-1　　　　　　　　　　风险损失概率的分类与排序

序号	损失概率等级与赋值	详细描述举例
1	极高	在多数情况下预期会发生
2	较高	在多数情况下很有可能发生
3	中等	在某些时候可能发生
4	较低	在多数情况下都不太可能发生
5	极低	几乎不发生或在例外情况下发生

表 10-2　　　　　　　　　　风险损失程度的分类与排序

序号	损失程度等级与赋值	详细描述举例
1	灾难 (catastrophic)	单项损失可威胁组织生存
2	危机 (critical)	单项损失可严重影响预算
3	严重 (Serious)	单项损失可中度影响预算
4	边际 (marginal)	单项损失只低度影响预算
5	轻微 (negligible)	很可能不会导致预算损失

表10-1和表10-2中的"赋值"是指人为地赋予每个等级的风险价值，即由高到低分别为1、2、3、4、5，损失概率价值和损失程度价值都是如此，两类价值相乘即为风险损失，乘积越小（最小为损失概率价值1×损失程度价值1=1），在风险管理中给予越高的优先级，乘积越大（最大为5×5=25），给予的关注度越低。这样，各类风险事项在风险管理中的关注度从最高1级到最低25级，由此可构造纵横各为赋值1—5级的损失概率/损失程度矩阵，损失概率为横，损失程度为纵。

三、公共组织财务风险评估

（一）风险评估程序

1. 确定评估基准

减少风险是要付成本的，因此应将风险限定在一个合理的可接受的水平。风险评估基准就是项目主体针对每一种风险后果确定的可接受水平（也称安全指标）。评估基准是通过对大量损失资料的分析，承认损失事故的发生是不可完全避免的前提下，从当前的科学技术水平、社会经济情况以及人们的心理等因素出发，确定一个社会都能接受的最低风险界限，并作为衡量单位风险严重程度的标准。运用评估基准对系统进行衡量是风险评估的关键，根据衡量的结果以确定是否要采取控制措施，以及控制到什么程度。如果估计出的损失发生概率和损失严重程度大于评估基准，说明单位较危险，应采取控制措施，消除风险因素或降低其危害程度；如果估计的结果小于评估基准，表明虽然存在一定的风险，但公众能够接受。

2. 确定风险水平

确定了风险评估基准之后，下一步就要确定项目的整体风险水平，项目整体风险水平是综合了所有的个别风险之后确定的。根据帕累托准则（Vilfredo Pareto；Shermock 等，2013[①]），20%的风险构成了对项目严重威胁的80%。一般情况下，项目面临的各种风险的严重性和发生频率都呈现这种"二八原则"的分布规律，

---

① Shermock Kenneth, et al., Patterns of Non-Administration of Ordered Doses of Venous Thromboembolism Prophylaxis: Implications for Novel Intervention Strategies [J]. PLOS ONE, 2013, 8 (6): 1-7.

即后果严重的风险出现的机会少,可预见性低;出现机会多的风险,后果不严重,可预见性也相当高。

3. 将风险进行比较

风险评估的最后一步是将项目整体风险水平同整体评估基准、各单个风险水平同单个评价基准比较,看一看项目风险是否在可接受的范围之内,进而确定该项目应该就此停止还是继续进行。

(二) 风险评估方法

1. 风险坐标图法

风险坐标图法是将风险衡量的两个维度放在同一平面上,即将风险发生可能性和风险发生后对目标的影响程度作为横纵坐标绘制直角坐标系,可用定性方法和定量方法来描述坐标系的横纵坐标刻度。如采用定性方法可将风险发生的可能性分为"极低""较低""中等""较高""极高",将风险发生后对目标的影响程度分为"灾难""危机""严重""边际""轻微"等。定量方法是用具体的有实际意义的数值来描述风险发生可能性和风险对目标的影响程度,如用概率来表示风险发生可能性,用损失金额来表示风险发生后对目标造成的影响。

2. 风险度评估法

风险度评估可以分为风险事故发生频率评估和风险事故造成损害程度评估。一般来说,风险度评估可采用定量或定性的方法将风险分为1—10级,级别越高,危险程度越重。风险度评估法可以按照风险评估的分值确定风险的大小,分值越大,风险越大;反之,则风险越小。

3. 概率分析法

分析风险的概率分布的一个重要方法是直方图法。直方图形象直观地反映了数据分布的情况,通过直方图可以观察和分析风险与概率分布。通过观察直方图的分布状态以及将其与公差标准相比,可以判断风险管理单位是否存在异常因素,以便采取措施,将异常因素消除在萌芽状态。风险管理下限越偏离规定的标准,风险越大。

4. 风险价值法

VAR指风险值,是应金融资产风险衡量的需要,于20世纪80年代末提出的,

1994年摩根银行首先将其作为风险衡量的工具。VAR的计算方法大多围绕着资产报酬分布特征的确定而展开，有三种基本方法：方差－协方差法、历史模拟法、随机模拟法。VAR的优点在于能够将风险具体化为一个可以与收益匹配比的数字，有利于经营目标的实现，因此VAR法常作为金融风险的一种度量方法。

第三节
公共组织财务风险控制

公共组织财务风险一经存在，就需要有应对措施。从而需要研学控制风险损失的策略，针对不同系统、不同类别的风险采取相应的风险防范和化解机制，将风险控制在最小范围内。

一、控制风险损失策略

（一）风险规避（Risk Avoidance）

风险规避是指单位对于超出可承诺范围的风险，不去承担非意愿的、必有损失暴露的活动、行动或规划，但并非总是可行。风险规避主要有两种形式，一是事前单位经过分析讨论，发现该项目的风险很高，且缺乏对风险进行有效管理的专业人员和专业水平，选择放弃项目；二是中止已经开展有风险的项目。

（二）风险预防（Risk Prevention）

风险预防是已知某项目有多种可能的结果，而且可以预估采取某种行动可能导致的结果以及每种结果出现的可能性，但不能确定最后的结果。这一策略是要预防风险源的发生，聚焦最大限度地控制风险发生频率。

（三）风险减少（Risk Reduction）

风险减少是指当损失发生时努力减少损失严重性。

（四）隔离裸露（Segregation of Exposures）

这是一种同时预防风险和减少风险的专门形式，包括在不同地点分离资源、活动或规划。

（五）多管齐下（Duplication）

多管齐下也称为留有退路，如电脑资讯备份、拓展服务渠道。

（六）风险融资（Risk Financing）

在风险保留（Retention of Risk）即自己承担风险的情况下，需要为承担的风险提供相应资金，即风险融资，包括多种方法：损失支付（Expensing of Losses）、风险储备（Reserves）、借款（Borrowing）支付、自我保险（Self-insurance）。

（七）风险转移（Risk Diversification）

风险转移又称风险分担，指风险损失招致的财务负担可转移给组织外部，将风险控制在可承受的范围之内，风险转移分为财务型和非财务型转移两类，财务型风险转移可以细分为非保险转移和保险转移两类。

（八）风险承受（Risk Tolerance）

风险承受是指单位对于可承受范围内的风险，在权衡成本权益后，不准备采取措施降低风险或减轻损失的策略。如果经过分析后，认为自身有足够的能力承受风险造成的损失时，可以采取该策略，自行消化风险损失。

二、公共组织财务风险的防范

作为典型的单位型公共组织，地方政府的收支矛盾是公共资源配置的一大难题。各级政府为弥补公共支出的不足而发行各种债务，以维持公共品和服务的有效提供，意味着债务具有偿还的风险，因此，法治国家对于政府举债都有严格的法律法规控制，以防范债务风险。

在对地方政府债务的风险管理中,各国采取了不同的控制模式(见表10-3)。可以看出,针对地方债务,有采取基于市场资源配置约束型的,有采取行政约束型的,也有采取行政约束和债务市场约束性的,如俄罗斯。

表10-3　　　　　　　　　各国地方债务风险防范模式比较

	模式	代表性国家
1	基于市场约束	美国
2	基于行政约束	英国
3	基于债务危机完善市场约束和行政约束	巴西、俄罗斯
4	基于市场机制完善和行政规范	中国

中国于2014年8月和2014年9月分别出台《中华人民共和国预算法》(2014年修正)和《国务院关于加强地方政府性债务管理的意见》来指导地方政府债务工作,属于行政约束型,而后又发布多部文件对地方政府举债融资进行管理(见表10-4)。

表10-4　　　　　　　　　地方政府举债融资机制体系文件

发文时间	文件名称
2014年	《地方政府存量债务纳入预算管理清理甄别办法》财预〔2014〕351号
2015年	财政部关于印发《地方政府一般债券发行管理暂行办法》的通知 财库〔2015〕64号
2015年	财政部关于印发《地方政府专项债券发行管理暂行办法》的通知 财库〔2015〕83号
2015年	《关于地方政府债务实行限额管理的实施意见》财预〔2015〕225号
2016年	国务院办公厅关于印发《地方政府性债务风险分类应急处置预案》国办函〔2016〕88号
2016年	财政部关于印发《地方政府性债务风险分类处置指南》财预〔2016〕152号
2016年	财政部关于印发《地方政府一般债务预算管理办法》财预〔2016〕154号
2016年	财政部关于印发《地方政府专项债务预算管理办法》财预〔2016〕155号
2017年	财政部关于印发《新增地方债务限额分配管理暂行办法》财预〔2017〕35号
2018年	《中共中央 国务院关于防范化解地方政府隐性债务风险的意见》中发〔2018〕27号
2018年	财政部关于印发《地方政府债务信息公开办法(试行)》的通知 财预〔2018〕209号

三、公共组织财务风险化解机制

(一)案例和方案的选择

(1)本案例公共组织财务风险识别方法关注单位风险,即案例选取某地级市

2016—2019 年地方政府债务风险为例；

（2）风险识别采用财务报表识别法，将债务风险界定为风险余额占 GDP 的 20% 为界；

（3）案例识别维度选择期限、数量、分类三个维度；

（4）案例将先确定评估基准，采用风险价值法中的历史评估方法。

表 10 – 5　　　　　2020—2023 年样本市地方政府债务主要来源结构调查

分类	2020 年		2021 年		2022 年		2023 年	
	总额（亿元）	占比（%）	总额（亿元）	占比（%）	总额（亿元）	占比（%）	总额（亿元）	占比（%）
年度债务总额	204.88	100	317.79	100	422.58	100	544.45	100
国际金融机构贷款	10.87	5.26	11.32	3.56	10.74	2.54	12.29	2.26
政策性银行贷款	43.04	21.01	100.73	31.70	143.21	33.89	202.93	37.27
国内金融机构贷款	93.21	45.50	140.98	44.36	204.93	48.50	268.82	49.37
上级政府借款	8.83	4.31	8.83	2.78	8.95	2.12	6.97	1.28
国债转贷	12.48	6.09	12.73	4.01	12.58	2.98	12.93	2.38
单位借款	29.80	14.34	32.78	10.32	29.48	6.98	31.28	5.75
个人借款	7.17	3.50	10.43	3.28	12.69	3.00	9.24	1.70

注：债务来源结构参考中华人民共和国财政部 http：//www.mof.gov.cn/index.htm.（二）风险化解机制与可选债务偿还方案。

1. 一般预算的增长与债务偿还

地区经济增长将带动地方政府税收及一般预算的增长，成为政府偿债的资金来源之一。因此，严格规费征收，加大资产置换力度，增加土地经营收入（2007 年以来，中国地方政府的土地经营收入将逐步纳入地方预算管理），除去土地经营成本之后用于偿还地方债务的比重可根据实际情况相应提高。此外，还可以建立政府各部门和单位的偿债储备基金，并纳入预算管理，提高财政预算偿债资金的比重。

2. 项目单位自筹还款与民间资本参与

近年来，地方政府债务有部分是项目单位自筹资金，这类资金还款占据了地方债务的一定比重。因此，地方建设资金可以采取项目的市场化运作等方式来筹集，充分吸收民间资本投资公共建设领域，在一定程度上可以减轻项目筹资负担。

3. 借新还旧与债务资金流转

在地方政府信用日益得到金融系统认可的条件下，借新还旧已成为政府偿债周转的资金来源，因此，这种方式还可以在一定的时期内延续，并成为地方债务资金偿还流转的重要手段。

4. 债务结转与转移支付要求

在地方债务结构中，还有一部分欠款和挂账款，占地方债务余额的一部分。这类债务中有的是经上级政府核定挂账，有的是次级政府公益性项目工程款，这类地方债务部分可以结转，部分需要中央和省级财政转移支付，因此可以作为短期性的结转，从而相对减少债务偿还的流动性要求。

（二）地方财政能力预测与债务风险化解的具体方案

根据我们对所调研的样本市地方经济和财政能力的预测，结合该市 2004 年以来的财政能力相关指标、GDP 增长指标、政府部门实际预测数据对本方案有关数据进行估计：一是将风险控制期设定为 16 年，目标是地方债务规模控制在国际上所认可的警戒线，即将 2040 年占预算内财政收入设为 20% 的水平；二是对由于 2021 年土地储备经营收入预算管理，但土地成本类偿还至少占土地经营收入的 70%，因此本书将各年预算内财政收入的预测数减去土地经营收入的 70% 并运用最小二乘法估算而得；三是为体现稳定原则，假设 2024 年地方债务值为地方债务控制的最大值，而 2025 年地方债务余额不变（或者接近于零）；2026—2040 年该项指标变动缓慢，以后各年则适当增加偿债的力度，2025—2040 年的地方债务偿还趋势见图 10 - 2。

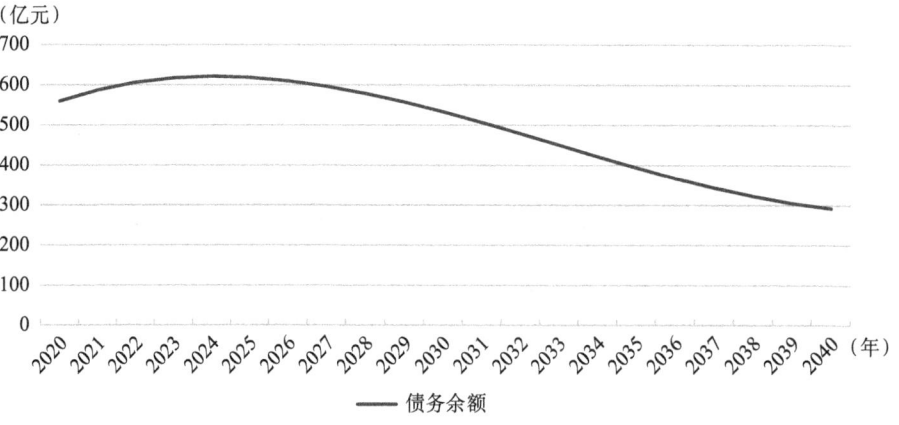

图 10 - 2　地方债务风险控制方案预测方案

为使 2024 年的地方政府债务余额增长率接近零，并且从 2025—2040 年，地方财政债务余额能够沿着一条倒置的抛物线下降，我们以债务余额为因变量 Debt，以年度数 t 为自变量，构建了如下方程：

$$\text{Debt} = 621.0 + 0.457 \times (t-2024) - 3.25 \times (t-2024)^2 + 0.121 \times (t-2024)^3$$

将财政能力预测值代入方程,可得 2025—2040 年债务余额变化的估计值(见表 10-6):

表 10-6　　　　　2025—2040 年地方债务风险控制变化情况估计值

年份	地方预算内财政收入(亿元)	债务余额(亿元)	债务余额增加绝对数(亿元)	债务余额减少额占预算内财政收入的比例(%)	债务余额占预算内财政收入的比重(%)
2025	540.93	618.33	-2.67	0.49	114.31
2026	745.24	609.88	-8.45	1.13	81.84
2027	703.52	596.39	-13.49	1.92	84.77
2028	1 175.41	578.57	-17.82	1.52	49.22
2029	1 010.31	557.16	-21.41	2.12	55.15
2030	1 174.28	532.88	-24.28	2.07	45.38
2031	1 267.91	506.45	-26.43	2.08	39.94
2032	1 288.90	478.61	-27.84	2.16	37.13
2033	1 359.88	450.07	-28.54	2.10	33.10
2034	1 419.43	421.57	-28.50	2.01	29.70
2035	1 513.91	393.83	-27.74	1.83	26.01
2036	1 601.59	367.57	-26.26	1.64	22.95
2037	1 378.56	343.53	-24.04	1.74	24.29
2038	1 391.84	322.42	-21.11	1.52	23.17
2039	1 376.56	304.98	-17.44	1.27	22.16
2040	1 459.95	291.93	-13.05	0.89	20.00

通过对 2025—2040 年地方债务控制的规划预测,我们可以举例说明如下两种风险控制具体方案以供参考:

方案一:偿债预算和地方逐步控制债务增长的方案。一方面,减少当年的举债份额;另一方面,在财政预算中增加另一部分债务份额的偿债预算。例如,2025 年的地方债务资金余额减少数为 618.33 亿元 × 0.49% = 3.02 亿元,那么,相应增加偿债财政预算 1%,为 618.33 亿元 × 1% = 6.183 亿元。显然,这一方案的优势是不增加当年财政预算的偿债负担。

方案二:基数提取滚动方案。该方案在估计某个偿债年度经济增长或财力增长形式较好的基础上,提前在次年的还款预期基础上,按照一定的比例实现提取偿债资金并进入当年的预算,这一预算值也同样进入次年的预算进行滚动。显然,这一方案要求对当年经济增长形势和次年偿债压力进行准确判断。

(三) 小结

本节以单位债务风险防范为例本节虚设案例并基于以单位债务的基本假设情形，介绍了债务指标值偏高低的状况，同时，针对经济增长的预测（在项目中体现为对项目收入的预测），提出了化解单位债务风险的具体方案，为防范和解决公共组织财务风险方案的设计提供了一种思路。本方案不仅适用于注重单位债务风险防范的各级政府，同时对于中国政府债务和具体项目的风险控制也将具有借鉴作用。需要强调两点：第一，在实操中需要根据所面临管理对象的实际情况，例如在本案例中，地方债务风险控制预期10年是笔者的一个项目风险期的设定，在实际工作中可以调整。第二，本节在此只是简要列举两种简单而具有可操作性的方案提供参考，相信还有更加科学的地方债务预测和控制方案，在此不一一列举。

四、公共组织财务风险管理建议

各公共组织需要采取完善的管理措施，科学地控制财务风险，坚持严谨性的原则，建立健全风险识别系统、预警系统和财务风险管理系统，有效规避风险。

(一) 改革会计准则，完善信息披露

安德烈斯·纳瓦罗－吉拉等（Andrés Navarro－Galera, et al., 2015[1]）认为，一个公共组织披露其财务风险，再加上对利益攸关方需求的更多认识，可以促进环境、社会和经济可持续性领域的透明度，而当地的人口特征可以促进环境可持续性信息的发布。可见完善预算会计制度，需要更详细地陈述会计目标，完整地反映公共组织的受托责任，不仅要提供预算执行情况的会计信息，还要提供预算与实际执行情况比较的信息，以及除预算管理活动以外的所有财务活动的信息，并适当公开其预算编制和执行过程，向公众提供预算报告并提示风险，完善对风险的监控，加强对预算的监督。在会计准则中明确地规定公共组织会计信息使用者的内涵，建立一个完整的、针对各种会计信息使用者的信息公示体系，定期对信息使用者关注的各种公共组织会计信息进行公示。

---

[1] Andrés Navarro－Galera, et al. Identifying Motivation of the Local Governments to Improve the Sustainability Transparency [J]. Transylvanian Review of Administrative Sciences, 2015, 45 (45): 149-167.

(二) 规范政府行为，加强债务管理

与其他公共组织财务管理不同，对于政府债务管理而言，需按照责、权、利和借、用、还相统一原则，运用科学测算与制定政府债务中长期规划，使举债规模、可用的财力增量与财政所能承受的能力相适应。严格执行政府的担保外债管理，采用借款单位与贷款机构借贷直对方式处理市场竞争性的项目，并严格按照法律程序执行。对需要财政担保的技术性以及公益性项目，要从政府的实际财力和所能承受的能力出发，在贷款手续完善的前提下，跟踪落实配套资金和还贷资金的来源。要对权债实行专项的预算管理，真正发挥国债的应有作用。同时给予地方一定发行国债的权力，允许在限定条件下举借一定额度的债务。

(三) 建立预警指标，监控防范风险

可以参考企业债务风险防范通过具体的、可量化的指标建立一系列的公共组织债务风险预警指标体系，准确反映公共组织财务风险程度和未来的发展变化趋势。指标体系的设计应考虑以下几个方面：加强统计分析债务的总额、结构、期限和类型等，充分认识潜在的债务风险；准确判断经济发展趋势和财政形势，用收入和支出作为预算主要的参考变量，规范各组织举债的额度；充分认知不确定性的风险，谨慎、稳健地完善指标预警体系。同时，要将债务的借、用、还纳入领导干部任期经济责任审计的范围，作为评价、考核、任用干部的一项指标。

(四) 加强制度建设，健全内部控制体系

对于政府债务而言，可建立政府债务管理制度，包括借、用、还和权、责、利相统一的债务管理体制，对举债规模、项目成本和偿债渠道等进行评审论证的举债评审制度、偿债责任制和责任追究制度，明确权利、义务、责任，对盲目举债、重复建设或因工作失职造成无法按期还本付息的直接责任人追究责任。对于一般公共组织而言，在建设财务风险管理制度过程中对业务流程进行全面梳理，在流程中查找关键节点，并将其中的风险点作为主要控制点，进而建立风险控制制度，同时从融资、投资等资金管理风险入手，结合财务管理理论，建立融资管理制度、投资分析制度。对其他类型的公共组织而言，可采取风险减少策略，一是完善财务决策体系，如 Cheaitou A (2018[①]) 从风险视角对公共组织的决策框架进行研究，旨在帮

[①] Cheaitou A, Larbi R, Al Housani B. Decision making framework for tender evaluation and contractor selection in public organizations with risk considerations [J]. Socio-Economic Planning Sciences, 2018: S0038012117300307.

助公共组织作出低风险的决策。二是完善工作绩效考核制度建设,在评估组织工作绩效过程中,首先要构建多元化的评价指标体系,其次,要根据不同公共组织所面临的实际情况选取切实可行的评估模式,最后,需推进评估主体的多元化,保证评估过程的透明度和公开性。

(五) 提高财务人员素质,重视财务工作

各公共组织财务管理人员是公共组织财务风险的预测者、监督者和控制者,公共组织财务管理人员的素质直接影响风险的预知和防范控制力。公共组织财务管理人员必须具备较强的风险意识和经济管理能力,要有成本控制的能力,对各种因素带来的不确定性风险进行科学的预测,有预见性地采取防范措施,尽可能地使可能遭受到的风险损失降到最低。组织内部也应积极宣传国家颁布的各类财务管理办法,提高财务人员的工作态度,定期对财务人员进行专业培训,积极培养财务人员的职业素养,提高基层财务人员的风险意识,减少人为因素的财务风险[1]。

(六) 落实激励机制,实行财务电算化管理

公共组织要以内部财务管理的实际情况为基础,为财务管理人员提供有效的激励机制,为激发财务人员的工作效益和对财务风险的妥善规避管理,提出相应的奖励机制[2]。同时完善考核标准,不仅对财务人员的业务能力进行考核,还要增加风险管理能力考核。最后,各公共组织也要加速进行电算化管理建设,完善各种管理软件,以降低在操作过程中产生的风险。

---

[1] 潘伟. 行政事业单位财务风险防范策略探讨 [J]. 中国管理信息化,2017,20 (4):13-14.
[2] 赵士萍. 行政事业单位财务风险及控制策略 [J]. 财经界(学术版),2017 (17):107.

第十一章
公共组织财务管理的数字化建设

随着科学技术的发展,全球已经进入数字化信息高速发展时代。各国政府运用互联网、云计算、物联网、算法技术、人工智能等技术推动了公共管理的数字化发展,并在整合公共资源、促进各领域提质增效的管理和实践中得到全方位的应用。以微观货币符号计数为代表的会计、审计、评估等的数字化表达,成为为社会提供会计信息、政府预算决策、预算管理的重要依据,数字化工作也加速了公共组织财务管理信息集成的整个过程。

第一节
公共组织财务管理数字化全局协同的实现路径

党的二十大提出,"必须坚持系统观念",要"把握好全局和局部、当前和长远、宏观和微观、主要矛盾和次要矛盾、特殊和一般的关系,不断提高战略思维、历史思维、辩证思维、系统思维、创新思维、法治思维、底线思维能力,为前瞻性思考、全局性谋划、整体性推进党和国家各项事业提供科学思想方法。"而通过数字化技术手段提高各级政府、部门、单位会计信息的透明度,不仅有利于推进公共组织财务管理制度朝着权责发生制方向发展,以配合政府绩效管理,强化绩效评价结果刚性约束,而且有利于将着力点放到管理系统的集成、协同和高效上来,使公共组织财务管理体系和机制等更加成熟、更加定型。

一、总体性问题破解思路

根据建立现代财政管理制度的发展目标,公共组织财务管理数字化面临着管理不协同这一总体性问题,主要体现在:财务管理和控制方式的科学性,以及由此引发系统数据对接不及时、无法适应业务开展等系统建设问题;财务制度标准化运行引发的数据整合难题;技术、标准化滞后,导致数字化进程受阻、数据平台不能实现有效对接;全局性协同的制度建设理念仍未树立等。

因此,作为制度安排、体系构建、机制运行、算法设计,数字信息集成的公共组织财务管理都包含着管理决策依据、执行方案、管理对象是谁、在怎样的场域环境和条件中开展等问题。由于整体性是结构的标志(J. 皮亚杰;Jean Piaget,1971/1984[①]),因此数字信息技术特点和禀赋联系着公共组织各主体的行为及其组合、建构服务具体形式、目标设定和绩效评价。据此,需要进一步提出三个需要解决的基本理论问题,并由此形成总体问题解决方案主要结构内在的逻辑关系:

一是"解决什么问题"。需探索和准确把握深化改革的一个取向性问题,根据深化改革的指导思想和基本原则,提出建立与实现现代化相适应的现代财政制度多种公共资源有效匹配的治理目标。

---

① [瑞士]皮亚杰著,倪连生,王琳译. 结构主义 [M]. 北京:商务印书馆,1984./Piaget J. Structuralism [M]. 1st. Basic Books, 1971.

二是"怎样解决",即找到怎样破解管理效率不高的方法,属于规范性的范畴。它有利于系统地构建起一个目标指向明确、主体责任清晰、全社会资源配置合理和机制健全的管理体系。

三是"效果如何",属于实践应用性的问题,即形成怎样的操作模式。通过具体规则、方案等进行一系列的验证(包括场景模拟和实践评价等),并将验证结果加以反馈,用于管理体系和机制的优化调整,进一步完善数字信息集成的公共组织财务管理体系机制。

二、总体性问题的破解方法

作为一个管理应用系统,数字信息集成的公共组织财务管理体系包含了与其相关联的政治、经济、文化三大要素或三大次级系统,各子系统包括政治、制度、规则、文化、习俗以及工作生活应用等各个要素相互联结、相互作用、相互碰撞与融合,共同促进系统的完善与发展,但各子系统之间又有各自的"任务边界"和功能,与其他子系统相互渗透、相互影响、相互作用(廖楚晖,2022[①])。因而需建立全局性协同理念,从总体问题出发,将各类工具、规则、运行方案等作为一个整体,运用相关科学理论、工具和方法进行交叉融合。依据国家深化财政管理制度改革目标,将问题的组成部分进行局部分析和有机关联,探讨建立公平、公开、协调、便捷的全局性支持模式。这不仅是跨学科综合管理发展的要求,也是建立现代公共财政制度、加快政府职能转变的迫切要求,也是推进国家治理体系现代化,实现国家长治久安的重要保障。

三、破解问题的实现路径的探讨

根据协同理论的自组织原理(Haken,1982[②];2012 等[③]),需要依据数字信息集成管理内部子系统之间的特征,按照一定规则自动形成一定的功能,并依据由协同形成机制、协同实现机制及协同评价机制共同形成集成化的公共组织财务管理体系运行机制。

---

① 廖楚晖. 现代公共经济学 [M]. 北京:中国财政经济出版社,2022.
② Haken H., Synergetics: Formation of Ordered Structures out of Chaos [J]. Leonardo, 1982, 15 (1): 66 – 67.
③ Haken. H. Synergetics: Introduction and Advanced Topics [M] Berlin: Springer, 2012.

(一) 破解集成管理效率问题的方法与实现路径

在全面考察数字信息集成的公共组织财务管理体系、运行机制和效果所面临的各类问题的基础上,可将问题进行归类并看作一个整体,构建起一套以"总体问题-规则制定(顶层设计)-多资源协同(下文通指"会计信息资源")"为核心的全局性协同的数字信息集成的公共组织财务管理体系,从"平台开发应用-大数据共享融合-综合性平台运行管理"三个维度构建一套与之相适应的运行机制(Roberto, et al., 2013①),对该机制进行评价、优化和调整。其实现路径可分为几个步骤(见图 11-1):

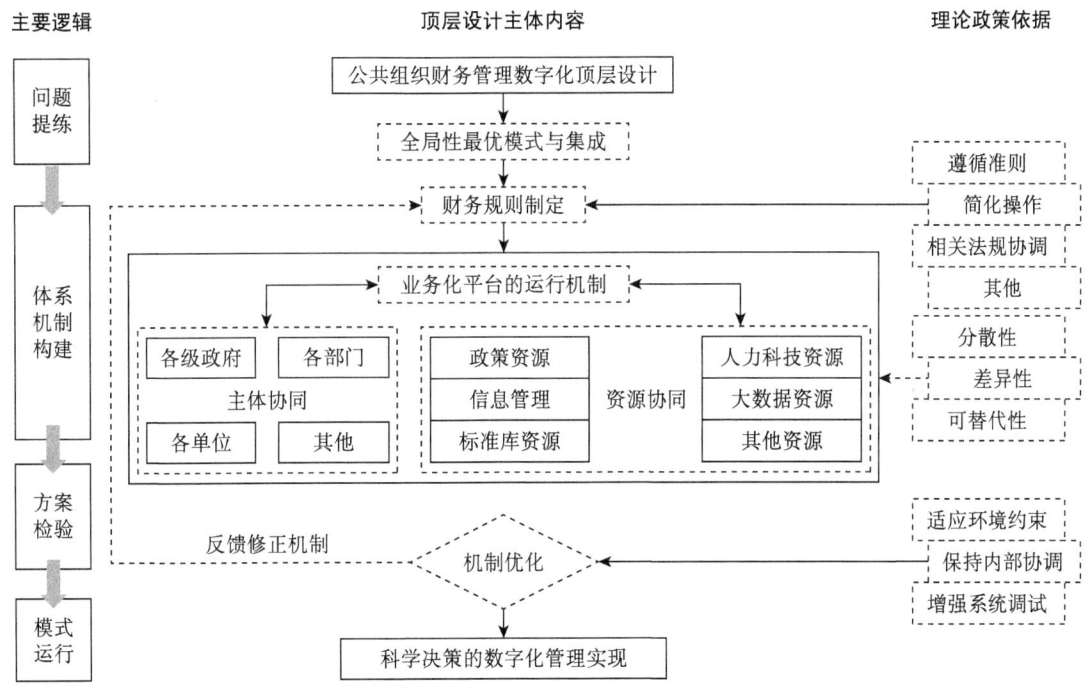

图 11-1 数字化公共组织财务管理全局性支持实现路径

第一,进行公共组织财务管理的顶层设计。论证政策推动、政府、各部门参与规则下的多主体协同和多资源协同的问题,包括如何提高公共组织财务管理信息的可靠性、全面性、相关性、可比性、及时性和可理解性等,形成全局性协同的基本构架。

---

① Roberto, Carlos, dos et al. Interoperability and Information Integration in an Early Online Academic Digital Library of Theses and Dissertations: The Case of BTD [J]. International Information & Library Review, 2013, 35 (2-4): 319-333.

第二，构建全局性最优的数字化公共组织财务管理支持的集成模式。基于公共财政资金的安全性原则，结合多主体配合、优势互补的业务流程条件下，分解各平台间多资源协同的路径层，实现数字化共享融合机制、信息平台、综合管理平台以及应用端集成。

第三，分别建立跨地区、跨部门"智慧型""信息型"业务化平台的运行机制。基于会计分类责任划分管理的分散性、差异性和可替代性的特征，通过共性数据研发与管理机制的创新来实现数据信息的共享，并对多维数据的需求关联性分析和预测等进行设计和数据处理，促使碎片化局部数据实现融合与驱动，使数字信息集成的公共组织财务管理的全局性支持模式更为可靠。

第四，建立全局性数字信息集成的公共组织财务管理实证评价和调整机制。在适应环境约束、保持内部协调、增强系统调试的前提下，通过该机制对全局性支持模式进行仿真和运行机制优化，建立全过程管理场景进行评价，以完善全局性最优管理的模式。

（二）重点考虑一些最基本的约束条件

在协同推进的数字信息集成的公共组织财务管理实现过程中，需要考虑理论和现实的约束条件，包括组织积极配合数字信息集成的公共组织财务管理的行为意愿等，建立多主体、多资源的协同机制；建立多资源共享的协同机制并进行参考，综合运用现有的信息技术、人工智能等技术条件，总结出其特征，设计综合运行平台集成及应用模式，为构建数字信息集成的公共组织财务管理机制提供参考原型；需要在多源异构、海量数据信息分析的基础上，参照场景分析，设计进入仿真模式运行，找出各类差异和问题，进而在此基础上对方案实践性进行检验等。

四、全局性协同的管理模式的构建

（一）数字化管理的顶层设计

1. 全局性协同系统的顶层设计

全局性支持模式是管理系统的顶层设计的主体部分，可考虑依据政策推动的全覆盖预算绩效管理体系规则建立起主体协同（协同对象包括中央和地方的预算部门、税政部门、监察审计部门）和资源协同的机制、反馈修整机制等，对数字化公共组织财务管理进行调整和优化。其中，全局性支持模式需要重点关注信息技术覆盖和共享区域，同时需要围绕预算管理平台模式中的子系统协同、主体协同、资源配置以及系统的全局性最优，包括需要整合哪些资源、哪些主体配合、业务流程及运行机制规则是什么等，成为综合性平台实现大数据共享融合条件下的平台开发、运营和管理的运行的基本框架。

2. 全局性协同的预算管理全局性支持模式的集成

全局性协同的综合性支持模式集成主要包括数据层、特征层、模块层、会商层和应用层（见图11－2）。其中，数据层和特征层主要进行与预算管理相关的数据的采集、多维数据的标准化、基于模块功能需求的数据结构和信息提取等工作；模块层主要进行数据分析和模型计算，对服务相关数据进行结构性分析以及基于模型对当前和设定场景进行仿真模拟；会商层和应用层则是对相关功能模块的聚合，主要是对现状模式和场景模式下的结果进行信息展布，根据数据分析结果和仿真结果，用于对决策会商，以及管理模式的实行提供全过程的仿真运行。在全局性协同支持模式集成的支撑下，可根据供需关系的大数据，结合数据特征对大数据结构性差异模块等进行分析，对管理平台的运行管理模式、机制进行决策调整，将全局性预算管理模式应用到数字化公共组织财务管理过程之中。

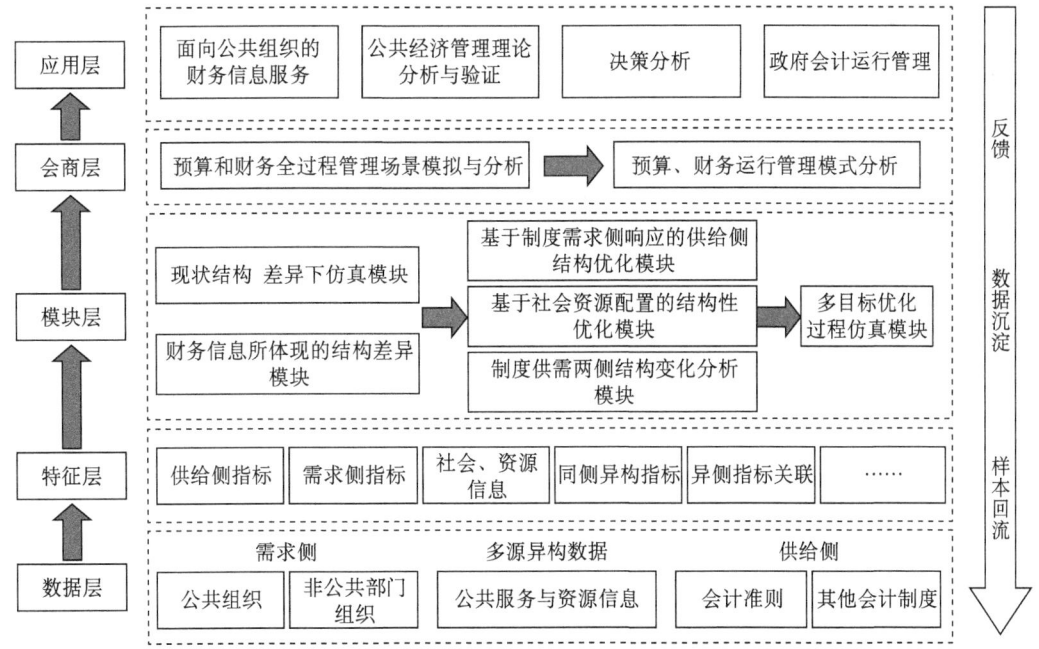

图11－2　数字化公共组织财务管理的综合平台集成

（二）业务化平台运行机制

考虑多主体、多资源协同条件下，不同预算管理对象的信息进入信息平台，运用各专业数据库归口的决策数据库、管理数据库形成信息层数据，提供决策层进行计算分析（见图 11-3），用于个体信息变化条件下的数据库联动、响应模式和应急响应模式，提供指令信息交由运行管理层运行，构建全局性协同的预算管理业务化平台的运行机制。

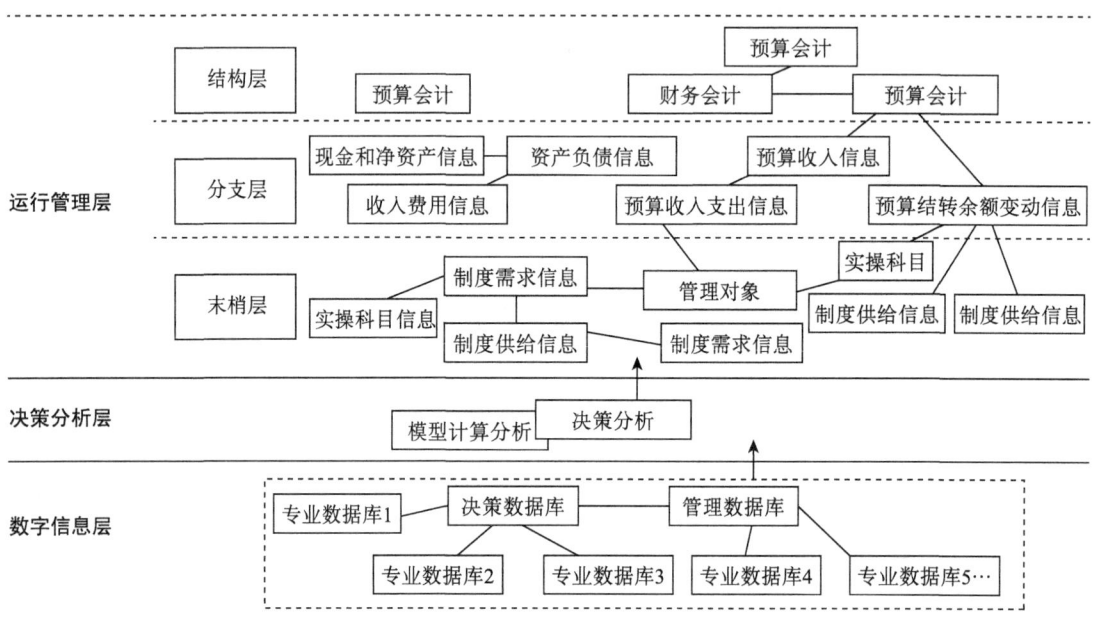

图 11-3 数字信息集成的管理机制

（三）全过程动态仿真系统评价机制的建立

1. 全过程动态仿真系统的建立

从结构视角来看，由于公共组织财务管理制度供给和运行实践都在供需两个方面存在着巨大的结构差异和个性差异，因此需要表征公共组织财务管理数字化，实现财务管理供给侧和需求侧资源的有机整合，需要基于顶层设计、信息管理综合集成、运行管理平台以及业务化的运行机制，进行管理的全过程仿真，使仿真和场景应用结果可用于多主体、多资源的协同从规则、决策到平台建立运行的优化。

2. 数字信息集成预算管理的全过程仿真

数字化公共组织财务管理全过程动态仿真主要包括三个步骤（见图11-3）：

第一步，进行多源、异构、海量信息融合与分析。确定管理的供需两侧变化的驱动机制和结构性变化影响机制，构建动态变化关系模型，并分析管理目标水平和需求侧的现状水平之间的差异，及其在多目标优化条件下的结构模式和耦合作用关系。

第二步，进行优化决策支持的仿真。基于多源分散、异构、海量信息数据融合，全局性掌握国内外运行实践和经验的特性和差异性，考虑不同地区政府和公共组织等资金需求对象的经济水平、历史传承、地区文化等特点和差异，进行管理规则供给的典型性研究。

第三步，进行运行管理模式的场景应用。基于信息数据库、管理数据库和专业数据库协同、分析预算管理运行管理的本质维度；基于预算管理滚利模式、结构动力学特征，研究公共组织财务管理系统相关属性的多元对应关系。由此，通过顶层设计模型、业务化模型以及运行管理机制，运用全局最优分析理论和方法，为全局性协同的管理运行模式分析提供全过程的场景应用。

（四）建立全局性协同的评价指标体系

基于政府会计管理制度和会计信息执行的标准化，从系统优化的视角，运用管理科学等方法，在多主体、多资源协同全局性支持模式下，在对全过程财务管理各环节进行规范和优化运行的基础上，结合管理目标的绩效组织领导、监督问责以及管理考核甚至公共服务社会认同度等构建管理评价指标体系，实现全过程公共组织财务管理的评估，使实现财务管理科学合理、定性与定量细化、可比可测、动态调整、共建共享成为可能。

五、小结

党的十八届三中全会确立了全面深化改革的总体目标，此后，党中央、国务院对改进预算管理制度都提出了明确要求。2019年9月，习近平总书记强调，落实党的十八届三中全会以来中央确定的各项改革任务，前期重点是夯基垒台、立柱架梁，中期重点在全面推进、积厚成势，现在要把着力点放到加强系统集成、协同高效上来，巩固和深化这些年来我们在解决体制性障碍、机制性梗阻、政策性创新方面取得的改革成果，推动各方面制度更加成熟更加定型。

作为一个国家治理的核心系统和操作工具，数字化公共组织财务管理改革面临着许多复杂情形。结合日新月异的信息科技发展，树立全局理念、运用集成协同的方法对公共组织管理所面临的新变化、新态势战略进行认知和方式的探讨，是积极响应党和国家号召，落实中共中央、国务院关于全面实施预算绩效管理的基本要求。

从当前对数字化工作整体性不强、碎片化方案不集中的整体问题出发，本节就多主体、多资源的数字化公共组织财务管理全局性支持模式，对当前该领域面临的总体问题、整体思路与模式构建及其运行机制进行了研究，为重新定义新型数字化管理决策方式、创新管理理念、建立健全公共服务理论体系等领域的研究提供了思路。

本节的分析表明，第一，全局性协同的数字化公共组织财务管理需从当前面临的总体问题出发，对国内外基本形式及其形成的各类风险问题、底线问题进行总体判断，在确立政府财务管理改革政策方向的条件下，进行多主体、多资源的全局性协同来增进问题的研究，以促进社会各主体间权责利关系的明确、预算管理资源合理利用以及效率的提高。第二，全局性协同的管理是一个系统性工程，需要着重考虑制度供给和制度运行系统及子系统之间的关系，以及部门与部门之间、地区与地区之间、政府与市场之间资源配置效率成本之间的结构关系，对数字化公共组织财务管理进行全局性体系机制方案的设计，第三，从实现路径来看，需结合管理系统的顶层设计、平台集成、仿真实践、最优化方法和服务评价等具体分析工具综合加以应用，展开对全局性协同的大数据共享融合、综合平台的运营管理等公共组织财务管理问题的集中研究。此外，本节还探讨了依托数字化公共组织财务数据集成信息管理，建立预算管理质量全过程的评价指标体系，以找到数字化公共组织财务管理提质增效的方案，为通过科技引领和管理创新来完善大数据驱动下的管理体系建设，实现实时、多维、多源数据处理的全过程的数字化公共组织财务管理提供了方法借鉴。

第二节
公共组织财务管理数字化的预算绩效评价支持模式

本节以公共组织财务管理数字化操作所形成的微观数据支撑宏观治理的绩效评价为例，基于政府大数据集成模式和算法模型，对公共组织财务管理数字化的支持模式进行可行性解读。作为简单的案例，该模式不仅适用于对公共组织财务管理数字化管理进行评价，也适用于财政预算和各类专项资金的绩效评价，对当今数据驱动的全方位、全过程、全覆盖预算管理、财务管理都具有借鉴意义。

一、从整体性视角看待数字化预算绩效评价的协同

各类、各项财政预算并不是孤立存在的，它不仅通过会计报表、报告等以数字化方式存在，而且预算资金在公共组织和项目之间甚至与企业财务之间存在相互关联的关系，例如，财政经济建设支出并非只考虑某一类单一的基础建设，企业外部环境以及学校和医院的外部环境等，都是财政经济建设预算支出的覆盖范围；又如社保预算负责医院的财政经费，但医院的学科建设又是与高校的学科建设紧密关联；此外，科研经费往往依托科研机构进行，但高校的教研工作也承担着大量的科学研究，科研经费和教育财政交互使用等，因此财政预算绩效评价结果与预算安排及政策调整、挂钩的问题是十分复杂的，也是公共组织财务管理在不断深化改革过程中所面临的问题。推动财政资金聚力增效、提高公共服务供给质量、增强政府公信力和执行力需要动态地从整体视角重点考虑财政预算约束、政策调整、信息科技手段应用以及不同时空的预算绩效标准等因素进行集成管理研究，形成规范透明、标准科学、约束有力、协同发展的预算管理方法，以不断健全现代财政制度。

预算管理的全过程、全覆盖、全方位治理体现在具体的财务中，以数字信息形式表达了各类预算资源的供给驱动及其驱动通量（物理上表达为财政预算资金供给侧形成的实际财政资源）的结构关系，将形成固有的或者动态变化的供给驱动—需求协同运行模型，对模型响应结构关系进行特征模拟，能表达预算的数字化财务管理的现实路径和协同支持程度，从而有利于从整体视角对科学决策和高效配置公共组织资源机理进行了探讨。

二、信息集成的预算协同支持模型

（一）资源供给的驱动通量关系模型的建立

将用于各级政府或组织财政的预算支出分为直接支出和间接性支，并由此形成公共预算资源的直接供给和间接供给两类。其中，直接供给为财政直接支出（一般公共预算支出、财政补贴预算等）；间接供给包括全预算管理体制下的税式支出等财政资金。令：

$$\nabla q = \sum \frac{\partial}{\partial x}\left[K\frac{\partial H_i}{\partial x}\right] + \sum \frac{\partial}{\partial x}\left[D_{TV}\frac{\partial T_j}{\partial x}\right] \tag{1}$$

式（1）中，$\frac{\partial}{\partial x}\left[K\frac{\partial H_i}{\partial x}\right]$表示直接供给总量及其所形成的驱动通量，$\frac{\partial}{\partial x}\left[D_{TV}\frac{\partial T_j}{\partial x}\right]$代表间接供给总量及其所形成的驱动通量；$H_i$代表直接供给，其中，$i$表示不同形式和类别的直接资源供给，$x$表示供给规模的大小，$K$表示直接供给量及因此产生的转化效率；$T_j$为间接供给，其中，$j$代表不同形式和类别的间接资源供给，$D_{TV}$反映间接供给量及因此产生的转化效率。$K$与$D_{TV}$一起描述了直接和间接供给驱动下，所形成的供给驱动通量∇q之间的关系。可见，供给驱动通量∇q的效率取决于直接和间接的公共预算资源投入量及其转化率，因此可表示为：

$$K(S_e) = K_s S_e^b \left[1 - (1 - S_e^{1/m})^m\right]^a \tag{2}$$

式（2）中，K_s代表直接供给转化效率K的理论最大值，S_e为反映直接供给满足需求程度的变量，其取值介于[0, 1]，资源供给量越低，则S_e越小，反之，S_e越大。m、b和a分别为反映直接供给的类别、协同程度及其对资源总供给及其驱动通量的影响系数。

由此，描述直接和间接资源供给驱动下，所形成的资源供给驱动通量∇q之间的关系D_{TV}可表示为：

$$D_{TV} = \alpha_T V\delta + (\alpha_L - \alpha_T)V \tag{3}$$

其中，α_L和α_T分别表示资源间接供给下的一阶和二阶转化系数，V为反映资源间接供给所形成通量转化率的参数。

这样，预算资源供给的驱动和需求响应问题就可基于海量、多源、异构数据进行分析，以描述资源总供给与驱动通量之间的主控影响因素和结构关系，以确定资源供给和需求之间的影响因素及最大关联性。

（二）驱动通量及需求响应之间关系模型的建立

为了对资源供给、驱动通量及驱动响应关系进行分析，可建立如下模型进行描述：

$$\nabla c = \frac{\partial q}{\partial x} + \frac{\partial}{\partial x}\left(D_{ij}\frac{\partial c}{\partial x}\right) \tag{4}$$

其中，c为供给驱动下产生的需求响应（包括公共组织财务管理的部门数、人数、次数等），∇表示变化速率，q为式（1）确定的驱动通量。$\frac{\partial q}{\partial x}$表示需求响应对资源驱动类别变化速度的反应，而$\frac{\partial}{\partial x}\left(D_{ij}\frac{\partial c}{\partial x}\right)$表示需求响应对于资源供给的逆向反应的程度（其中，$x$为资源供需之间的匹配程度，$D_{ij}$为反映驱动通量和需求响应效率之间的系数)。通过这一方法和步骤,就可对多资源供需的主控因子识别机制、结构特性和系统概化问题综合加以考虑。

(三) 大数据集成的计算方法

基于上述模型关系,采用多维度线性无关的向量对多源异构公共预算的数据信息进行表征,可表示为:$Y = (x_1, x_2, \cdots, x_n)^T$。考虑到数据信息的复杂程度和维数之间存在的复杂关系,需在有效控制信息量损失的条件下进行数据降维。其中,上式中 $x_1, x_2, \cdots, x_p$ 的 p 个变量的特征组合可表示为 $y_i = \sum_{j=1}^{p} u_{ij} x_j = \mathbf{U}_i^T \mathbf{X}$,其中,U 为描述 y_i 和 $x_1, x_2, \cdots, x_p$ 之间的关系矩阵,基于特征变换矩阵 A 进行正交变换 $\mathbf{Y} = \mathbf{A}^T \mathbf{X}$,以保证特征值之间不相关且特征方差越大,样本在该维特征上的差异就越大。因此 y_i 的方差需达到最大值,正交变换矩阵 A 中对应于 x_1 变换后的特征为:

$$y_1 = \sum_{j=1}^{p} u_{1j} x_j = \mathbf{U}_1^T \mathbf{X} \tag{5}$$

此时,特征方差为:

$$\mathrm{var}(y_1) = E[\mathbf{U}^T \mathbf{X} \mathbf{X}^T \mathbf{U}] - E[\mathbf{U}^T \mathbf{X}] E[\mathbf{X}^T \mathbf{U}] = \mathbf{U}^T \sum \mathbf{U} \tag{6}$$

通过拉格朗日函数求解最大化 y_1 的方差,有:

$$f(\mathbf{U}_1) = \mathbf{U}_1^T \sum \mathbf{U}_1 - \lambda (\mathbf{U}_1^T \mathbf{U}_1 - 1) \tag{7}$$

对式 (7) 的方差极值求解,有:

$$\mathrm{var}(y_1) = E[\mathbf{U}^T \mathbf{X} \mathbf{X}^T \mathbf{U}] - E[\mathbf{U}^T \mathbf{X}] E[\mathbf{X}^T \mathbf{U}] = \mathbf{U}^T \sum \mathbf{U} \tag{8}$$

式 (8) 中,$[\mathbf{U}^T \mathbf{X} \mathbf{X}^T \mathbf{U}]$ 为矩阵 U 和 X 之间的协方差矩阵。基于协方差矩阵最大特征值所对应的特征向量,确定所有维数组合中方差最大的成分,即为第一主成分;而对于第二个数据特征,除了要满足方差最大、还须与第一主成分不相关,即:

$$E[y_1 y_2] - E[y_1] E[y_2] = 0 \tag{9}$$

式 (9) 中 y_2 与 y_1 的不相关等价于 $\mathbf{U}_2$ 与 $\mathbf{U}_1$ 正交,通过 $\mathbf{U}_2^T \mathbf{U}_2 = 1$ 和 $\mathbf{U}_2^T \mathbf{U}_1 = 0$ 条件下求解 y_2 的方差最大值,可得到 $\mathbf{U}_2$,即协方差矩阵第二主成分特征值所对应的特征向量,以此类推。

协方差矩阵包括 p 个特征值 $\lambda_i, i = 1, 2, \cdots, p$(包括重复的特征值),按大小降序排列为:

$$\lambda_1 \geq \lambda_2 \geq \cdots \geq \lambda_p \tag{10}$$

依次确定 p 个特征向量以及 p 个主成分 $y_1, y_2, \cdots, y_p$,主成分方差之和为原始特征的方差之和,即:

$$\sum_{i=1}^{p} \text{var}(y_i) = \sum_{i=1}^{p} \lambda_i \tag{11}$$

通过式（11）可实现海量、多源、异构公共预算数据降维，并确定资源供给和驱动通量之间的影响因素及最大关联性。

进一步采用 LightGBM 算法构建资源供给和驱动通量的结构响应关系。该算法旨在确定初始结构函数 $f(x)$，对于资源类别变量及其主成分关联性数据系统 $X = \{(x_i, y_i)\}_{i=1}^{n}$，通过构建基于资源供给和驱动通量之间的结构性损失函数 $L(y, f(x))$ 的期望值最小，构建模型结构：

$$\hat{f} = \arg\min_{f} E_{y,x} L(y, f(x)) \tag{12}$$

LightGBM 集成 T 阶回归树 $\sum_{t=1}^{T} f_t(X)$ 近似最终模型可表示为：

$$f_T(X) = \sum_{t=1}^{T} f_t(X) \tag{13}$$

回归树中 $\hat{J}$ 表示叶数，q 代表树和的决策规则。基于式（5）—式（10）降维后所确定资源类别和主成分关联性数据系统 $X = \{(x_i, y_i)\}_{i=1}^{n}$ 以及初始目标结构和最终目标结构的决定关系亦即目标函数可表示为：

$$\Gamma_t = \sum_{i=1}^{n} L(y_i, F_{t-1}(x_i) + f_t(x_i)) \tag{14}$$

牛顿方法快速逼近目标函数 Γ_t，则式（14）可转换为：

$$\Gamma_t \cong \sum_{i=1}^{n} \left(g_i f_t(x_i) + \frac{1}{2} h_i f_t^2(x_i) \right) \tag{15}$$

其中，g_i 和 h_i 表示损失函数的一阶和二阶梯度统计量。用 $\hat{J}$ 表示叶的样本集 $\hat{J}$，可进一步将式（15）转化为：

$$\Gamma_t \cong \sum_{j=1}^{j} \left[\left(\sum_{i \in I_j} g_i \right) w_j + \frac{1}{2} \left(\sum_{i \in I_j} h_i + \lambda \right) w_j^2 \right] \tag{16}$$

对于任一树结构，各类资源供给及其驱动通量结构节点的最佳叶值 w_j^* 和衡量资源供给和驱动通量结构的目标函数优化值 Γ_T^* 分别为：

$$w_j^* = -\frac{\sum_{i \in I_j} g_i}{\sum_{i \in I_j} h_i + \lambda}$$

$$\Gamma_T^* = -\frac{1}{2} \sum_{j=1}^{J} \frac{\left(\sum_{i \in I_j} g_i \right)^2}{\sum_{i \in I_j} h_i + \lambda} \tag{17}$$

集成后的目标函数可表示为：

$$G = \frac{1}{2} \left(\frac{\left(\sum_{i \in I_L} g_i \right)^2}{\sum_{i \in I_L} h_i + \lambda} + \frac{\left(\sum_{i \in I_R} g_i \right)^2}{\sum_{i \in I_R} h_i + \lambda} - \frac{\left(\sum_{i \in I} g_i \right)^2}{\sum_{i \in I} h_i + \lambda} \right) \tag{18}$$

其中，I_L 和 I_R 分别代表经过大数据降维分析后不同分支所确定的样本集。

这样，通过式（12）—式（17）并基于式（4）—式（10）可在海量和多元异构数据降维处理的基础上，确定资源供给和驱动通量的影响因素及其最大关联性，同时，也可通过目标结构损失函数对资源驱动通量结构的有效性进行分析，从而基于对初始目标结构迭代计算，最终确定驱动通量结构关系。

通过上述模型和算法，基于式（1）—式（4）就可表征在既有条件下，资源供给、驱动通量及其所形成的需求响应之间的资源配置结构性关系，而通过式（5）—式（17）就可基于大数据集成对上述模型进行模拟。

三、数据的模拟分析

（一）变量与定义

将预算资源配置协同的模拟实验变量分为主体类别和资源类别，每个类别又有进一步分类，共计30个变量进行模拟，这些变量的定义依据王泽彩（2016[①]），以及王克强、马克星、刘红梅（2019）以及李红霞、周全林（2019[②]）综合整理而得（见表11-1）。

表11-1　　　　　　　　　　　　实验变量与定义

	变量	编码	变量定义
主体协同变量	主体类别	M1-M3	M1＝财政预算管理部门与预算资金监管部门协同程度； M2＝预算资金监管部门（包括国库支付管理和其他预算资金监管部门）与公共组织协同程度； M3＝预算管理部门与公共组织的协同程度
资源配置变量	预算投入（R1）	R11-R16	R11＝绩效目标合理性；R12＝绩效目标明确性；R13＝绩效目标可操作性；R14＝在职人员控制率；R15＝"三公经费"变动率；R16＝重点支出安排率
	预算执行（R2）	R21-R24	R21＝预算完成率；R22＝支付进度率；R23＝结转结余率；R24＝公用经费控制率
	预算管理（R3）	R31-R34	R31＝预算管理制度健全性；R32＝资金使用合规性；R33＝预决算信息公开性；R34＝基础信息完善性
	资产管理（R4）	R41-R44	R41＝资产管理制度健全性；R42＝资产管理合理性；R43＝资产管理安全性；R44＝固定资产利用率

[①] 王泽彩.绩效：政府预算的起点与终点[M].上海：立信会计出版社，2016.

[②] 李红霞，周全林.中期预算框架下预算绩效改革：逻辑起点与路径选择[J].当代财经，2019（1）.

续表

	变量	编码	变量定义
资源配置变量	职责履行（R5）	R51 – R55	R51 = 实际完成率；R52 = 完成及时率；R53 = 质量达标率；R54 = 监管及时率；R55 = 重点工作办结率
	履职效益（R6）	R61 – R64	R61 = 经济效益增长率；R62 = 社会效益增长率；R63 = 生态效益增长率；R64 = 社会公众满意度增长率

在综合考虑以上因素的情况下，本书通过有关财政部门、财政监管部门和财政审计部门提供的可公开分类数据得到8361个有效样本，同时针对调查中的货币数值、行为感知数据、模拟专家打分数值等数据进行了归一化处理，并基于式（4）—式（10）在两种情形下进行模拟和结果比较：

一是区分预算资源配置的主体协同变量和资源协同变量进行模拟，其中，主体协同变量包括财政预算管理部门与预算资金监管部门协同、预算资金监管部门（包括国库支付管理和其他预算资金监管部门）与公共组织的协同和财政预算管理部门与公共组织的协同三类，对该情形进行模拟可实现将三种协同预设一个固定值，如三种主体协同情形可设为"1"，以体现预算资源在既定的规则下的协同关系。

二是不区分主体协同变量和资源协同变量，把这两类变量中的所有资源类别作为样本一并进行模拟。

（二）模拟结果

依据上述大数据算法进行模拟时发现，基于缩放因子、交叉因子和最大决策树数的阶和最小样本数对参数进行样本数量的确定，缩放因子是用于控制差分向量对变异个体的影响，取值太大虽能保持预算资源数据变量群范围具有广泛的覆盖性，但算法近似随机搜索，模拟过程效率低下，求得的协同关系最优解精度低；反之，算法由于覆盖性有限易于陷入局部最优。而当交叉因子值较小时，所需的函数的评价次数较大，收敛速度较慢，但成功率较高，算法的稳定性好；当交叉因子值较大时，常常会加速收敛，同样易于陷入局部最优，造成给定精度的成功率低。最大决策树数的阶到一定的数量后，如果再进一步增大，模型精度的提升将较为有限。

在区分预算资源配置的主体协同变量和资源协同变量进行模拟的情形下，最大关联性和影响性因素指标模拟结果如图11 – 4（a）所示。各变量之间的连线粗细不同，代表了不同维度的预算资源配置因素影响程度各有差异。可以看出在考虑主体协同规则的情形下，各类别主体M1—M3连线粗细程度一致，体现了"财政预算管理部门与预算资金监管部门协同程度"（M1）、"预算资金监管部门与公共组织协同程度"（M2）以及"预算管理部门与公共组织的协同程度"（M3）三者之间协同关系等量。当其中任一个主体因素产生变化时，将引起其他两个主体之间的协同变化。其中,"资产管理"(R4)与"预算投入"(R1)、"预算执行"(R2)之间表现出显著的关联性。从关联节点集中性来看,"预算投入"(R1)、"预算管理"(R3)、"资产管理"(R4)、"履行职责"(R5)、"履职效益"(R6)均为重要的关联节点,同时与资源系统内的多个预算因素具有较强的关联性。但是各协同主体与资源系统内部各维度之间的关联性程度差异较大,"财政预算管理部门与预算资金监管部门协同程度"(M1)与和"履行职责"(R5)之间具有较强的关联度,"预算管理部门与公共组织的协同程度"(M3)与"需求分类"(R1)之间具有较强的关联度,但"预算资金监管部门与公共组织协同程度"(M2)与其他资源配置变量之间的关系均不显著。此外,资源系统内的各预算维度之间的关联度均不强。这说明在主体协同规则下,各主体之间的协同度较高,资源系统之间协同的优势并未充分发挥。

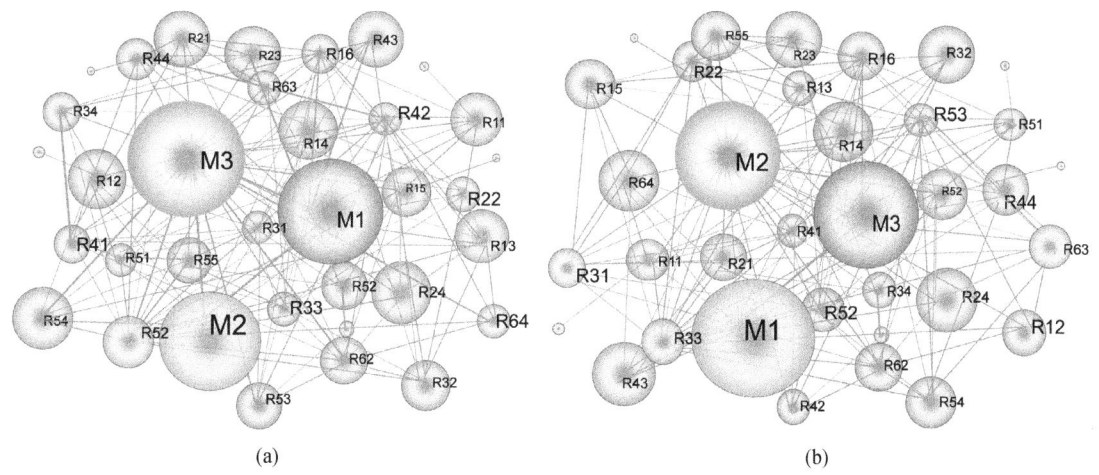

图11-4 最大关联性和影响性因素指标模拟结果

注:(a)为区分预算资源配置的主体协同变量和资源协同变量的模拟结果;(b)为不区分主体协同变量和资源协同变量的模拟结果。

图11-4(b)为不考虑主体协同规则情形下,基于式(4)—式(10)所有主体与资源系统的预算维度相关性分析的模拟结果。结果显示,"财政预算管理部门与预算资金监管部门协同程度"(M1)、"预算资金监管部门与公共组织协同程度"(M2)以及"预算管理部门与公共组织的协同程度"(M3)这三个协同主体之间的协同关系有所弱化,尤其是"预算资金监管部门与公共组织协同程度"(M2)与其他两个协同主体之间的协同关系不明显。但相较于考虑主体协同规则的情况,在不考虑主体协同规则的情况下,各协同主体与资源系统之间,以及与资源系统内部各预算维度之间的关联关系更多、更明显。尤其是"预算资金监管部门与公共组织协同程度"(M2)与更多的资源系统内部预算维度因素相关联。资源

配置因素与资源系统内部多个预算维度因素之间的协同关系显著,如"预算投入"(R1)、"预算管理"(R3)、"资产管理"(R4)、"履行职责"(R5)等与其他资源系统内部预算维度之间的关联性均较强。各个资源系统内部预算维度之间的关联性也较强。此外,各资源系统内部预算影响因素之间的连线较密,表明不考虑主体协同规则的情况下,各资源系统之间的协同关系更为显著。

(三) 模拟结果的可靠性

采用 LSTM 方法确定资源供给驱动的通量后,我们进一步采用式(18)并在考虑主体协同规则和不考虑该规则情形下,对公共组织资源服务响应模拟结果进行模拟(模型模拟参数见表 11-2)。得到公共服务供给驱动通量与需求响应模拟结果和调查数据的比较,以及能体现公共组织服务资源影响模拟结果和调查数据在最优参数下,模型在迭代过程中模拟误差变化模拟方法的迭代收敛过程(结果见图 11-5)。

表 11-2　　　　　　　　　　　　　模型参数

模块	公式	变量	参数取值	
			考虑主体协同	不考虑主体协同
供给侧能力~驱动转化结构方程	(2)	K_s	154.8	95.14
	(2)	m	2.57	0.58
	(2)	b	0.11	0.07
	(2)	a	0.54	0.38
	(3)	αL	0.574	0.119
	(3)	αT	0.014	0.127
供给侧能力~驱动转化关联性和影响性分析方程	(15)(16)(17)	λ	1.832	4.584
资源供给驱动通量~公共组织资源服务响应	(18)	D_{ij}	0.0458	0.127

可以看出,尽管由于驱动侧、通量侧及公共服务影响存在着多元复合非线性关系,但由于模型的结构具备描述多元非线性响应的能力,当参数取值合理的情况下,能够有效地对资源供给驱动条件下的预算资金结构特征进行有效把控。

图 11-5 为模拟结果和模型迭代误差变化比较图,用于体现模拟结果和模型迭代误差的变化情况。其中,图 11-5 (a) 的模拟结果显示,当考虑主体协同的情形下,调查结果与模拟结果存在一个系统性的偏移(图中的模拟值和调查值的最优拟合直线与 1:1 直线存在偏移)。原因在于大数据的样本来源于不同地区和时段,而我国预算制度更多地由中央提供指导,地方参照执行,经济的区域差异形成资源配置水平差异,因预算所形成的公共资源配置也会因政策执行标准、力度、效果平台运算和共享模式等差别,影响实验数据略有差异或形成对预算绩效评价的

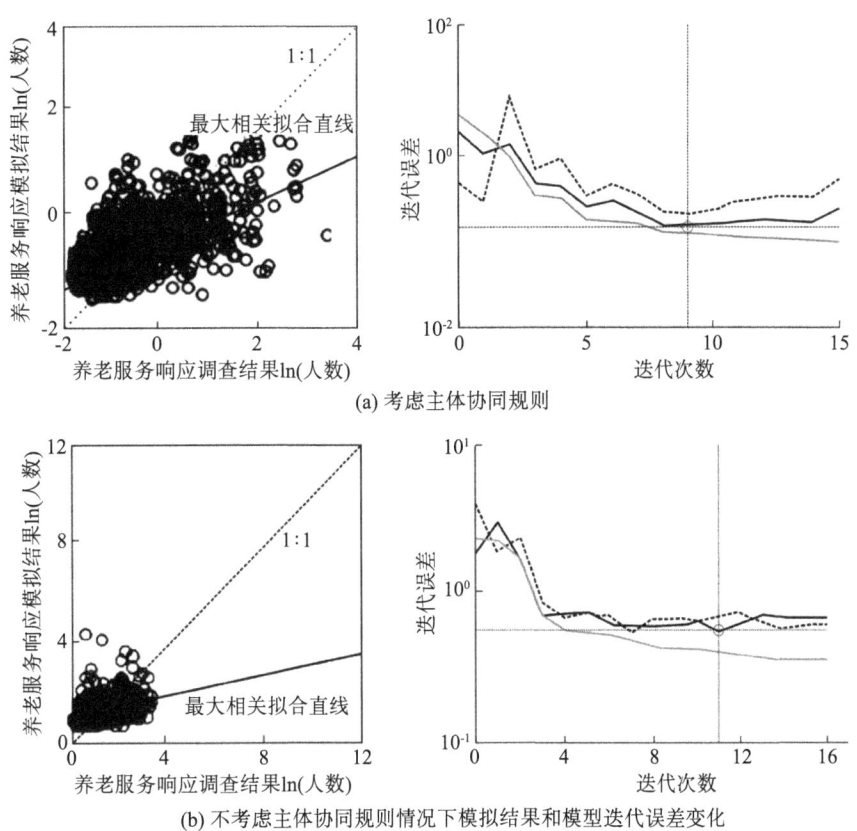

图 11-5 模拟结果和模型迭代误差变化比较

影响，造成需求的模型响应关系不同，因此参数确定应考虑这种差异性并采用分布式的参数结构。

图 11-5（b）的模拟结果显示，模拟结果和调查值的相似程度增加，表现出整体偏差性加大，相关性增强的趋势。这一结果表明，在不考虑主体之间协同的情况下，资源在无规则游离状态下的集中程度将加大，并且不同因素对于预算资源供给转化为驱动通量，并最终形成预算的趋势性也增加，造成当数据样本按照统一驱动条件下主体偏差的加大。

从图 11-5（a）和图 11-5（b）中可以看出，在确定主体规则的前提下，通过现有的政策统一和业务流程的制定，反而不利于各类资源的有效整合，这意味着依靠现有资源配置规则不利于预算决策；而通过大数据信息管理覆盖下预算资源自由配置，再来制定大数据引领下的预算资源共享规则，更加有利于资源配置的优化。

需要指出的是，考虑主体协同的情况虽然较为复杂和不均衡，通过多主体和多资源信息的集成决策，也可以根据重点需要解决的资源配置的协同要素，确定需要优化的协同关系，通过调整系数，以有利于调整预算管理的业务化模式，增进其业务顶层设计的科学性。

四、结论与探讨

本节将数字化财务条件下预算资金决策和管理纳入全局性协同的分析框架,从供需匹配角度,构建了全局性支持模型,并进行了仿真实验。结果显示,在主体规则确定的大数据集成的情况下,数字财务所体现的预算资金管理的协同关系有所体现;而在不区分主体协同和资源协同变量,把这两类变量中的所有资源类别进行模拟,所有数字化预算管理信息都进入相对的协同状态,并能较好地刻画系统资源之间不同的协同关系。

第一,在公共组织财务管理领域,当出现公共预算资源供给侧结构性矛盾时,政府可依据预算硬约束对各级政府部门和公共组织进行绩效评价;第二,复杂的各级、各类预算需要进行科学的顶层设计,确定好预算规则、会计规则,协调好公共服务的利益各方的关系,依据系统协同理论和方法,运用资源信息集成的方法进行合理判断,将有限的预算资源合理配置到国家治理和公共服务等各个领域;第三,实现集成精准的预算资源配置方式,需要各类信息资源的共享,因而信息平台的搭建、管理和共享机制的完善具有十分重要的意义。

本节以数字化公共组织财务管理所呈现的预算资源供给驱动的结构响应模型,以预算资源供给侧驱动和社会各项投入为驱动变量,基于二元非线性关系描述了资源供给与通量(供给侧所形成的用于公共组织的实际预算支出)的二元关系模型,其方法能体现多层次、多元化资源配置特征的结构性响应关系,也为其他数字化治理在方法上提供了借鉴。

第三节
公共组织财务管理数字化与资源配置协同度评价

本节以公共组织财务管理数字化所形成的微观数据信息为例,匹配行为感知数据,对社会各方参与国家治理各领域的资源配置效率进行协同度评价。其中,协同度直接体现公共预算安排的结构、执行和效果;行为感知数据来源于人的行为和心理,可表征微观行为决策和效果(廖楚晖,2022[①])。由于中国财政管理层级和公

---

① 廖楚晖. 现代公共经济学 [M]. 北京:中国财政经济出版社,2022.

共组织类别较多，考虑城乡社区管理在国家治理中的综合性、基础性地位，本节基于协同评价方法，以一般预算单位中的基层社区为案例，对公共支出的协同度进行评价，提供一种数字化表达的局部性管理优化方案。

一、公共支出与资源配置

社区公共服务资源数字化信息在一定的会计核算规则下动态演绎，公共资源配置供需结构性矛盾将得以动态显现，容易使各项社区管理服务在有限的公共资源配置条件下不能高效协同。

由于中国预算管理体制机制在不断完善的进程中，变化较快，社区建设中的公共资源配置格局和配置机制发生了改变，新的社区治理模式也呼之欲出。针对社区公共服务资源配置问题，张贵群（2018[①]）的文献指出，中国社区公共服务资源精细化是公共服务供给侧改革的必然要求，公共服务应更好地适应社区服务需求变化；张鹏（2017[②]）提出应紧密联系各社区治理主体参与社区治理，加强对社区各方面资源的配置，促进社区治理的良好发展；Urquhart et al.（2008[③]）、陈纪（2018[④]）等文献指出，促进社区治理的发展离不开社区公共资源的供给，而社区公共资源的配置对社区治理的建设则尤为重要。基于社区公共资源配置供需匹配的视角，一些研究认为应将社区公共资源融入社区公共服务中去，将公共资源与居民需求相紧密结合才能促进社区公共资源的高效配置（端木一博、柴彦威，2018[⑤]）。而针对具体项目对改进社区服务资源配置效率进行的研究，如建构社区公共体育资源配置的政府绩效评价体系（唐晓辉、李洪波、孙庆祝，2012[⑥]）、结合产权理论，对产权约束下的基层养老服务资源的优化配置的研究（贾海彦、张红凤，2016[⑦]）

[①] 张贵群. 社区服务精准化的实践困境与实现机制 [J]. 探索, 2018, 204（6）: 148-155.

[②] 张鹏. 智慧社区公共服务治理模式、发展阻碍及整体性治理策略 [J]. 江淮论坛, 2017（4）: 72-78.

[③] Urquhart B., C. Mitton, and S. Peacock, Introducing priority setting and resource allocation in home and community care programs, Journal of Health Services Research & Policy, no. 13, 2008, pp. 41-45.

[④] 陈纪. 京津冀地区民族互嵌式社区建设与公共资源支持保障研究 [J]. 中国行政管理, 2018, 400（10）: 64-69.

[⑤] 端木一博, 柴彦威. 社区设施供给与居民需求的日控间匹配研究——以北京清上园社区为例 [J]. 地域研究与开发, 2018, 37（6）: 76-81.

[⑥] 唐晓辉, 李洪波, 孙庆祝. 城市社区公共体育资源配置的政府绩效评价体系研究 [J]. 天津体育学院学报, 2012, 27（5）: 386-390.

[⑦] 贾海彦, 张红凤. 基于产权约束的基层养老服务资源优化配置研究 [J]. 中央财经大学报, 2016（1）: 16-22.

以及结合社区治理模式转变对社区图书馆资源行政配置的研究（王宗义，2012[①]）等。

上述研究分别基于公共资源配置的社会治理、社区治理现状及社区中具体服务项目资源配置存在的问题等进行了有效的探索，分别从社区公共资源的供给和需求来研究社区公共资源的配置问题，少量研究提出需从协同思维出发进行社区治理，而针对社区公共资源配置系统预算协同关系进行分析的还没有。因此本节将对社区公共资源配置系统及其5个子系统进行界定，对子系统间协同度、社区公共资源配置整体协同度进行研究，以期为创新预算决策和管理、提高公共资源配置提供可参考的研学方案。

二、基于会计信息与行为分析共融的资源配置协同评价模型

（一）公共资源配置预算协同机理

作为一个预算单位，社区公共资源是政府为满足基层社区社会治理需要而提供的公共产品，涉及社区公共安全、社区养老服务、社区文化服务、社区教育服务等内容，具有正外部性等特征。在中国完善社区治理的过程中，这些公共资源的配置不仅需要政府投入大量财政资金，许多领域也需要市场主体参与投资运营，协同发展，以促进资源优化配置，增进社区治理服务管理质量的提高。因此，将社区公共资源配置看作一个系统，在以政府主导的资源配置作用下，形成既定的公共资源配置规则，在这一过程中，通过预算绩效管理评价体系进行资源配置评价，择优和筛选，对现有机制下资源配置融合进行事后的优化和调整，这样才能体现动态预算管理所形成良性机制，使各领域、各时间节点的预算决策、预算执行调整能有效配置公共资源，各子资源系统间能相互协同发挥公共预算的最大效用。

（二）社区公共资源配置协同度模型

根据 Koberg et al.，（2003[②]）等的协同度评价方法，本节将复合系统定义为

[①] 王宗义. 社区图书馆资源行政配置与自主集聚和交流的模式选择——基层图书馆从行政模式转向公共模式的思考之二 [J]. 图书馆，2012（6）：24-26+32.

[②] Koberg C S., Detienne D R, Heppard K A, An Empirical Test of Environmental, Organizational, and Process Factors Affecting Incremental and Radical Innovation, The Journal of High Technology Management Research, vol. 14, no. 13, 2003, pp. 21-45.

$S = \{S_j\}$，其中 S_j 是复合系统 S 中的第 j 个子系统，$j \in [1, 6]$，S_1，S_2，S_3，S_4，S_5、S_6 分别为各类社区公共资源配置类别所对应的子系统。为方便后文计算两两子系统间的协同度，将 S_k（$k \in [1, 6]$）设为复合系统中除 S_j 的另外一个子系统，即 $S_j \neq S_k$。

将社区公共资源配置所形成的子系统定义为 S_1，其一个序参量变量 $\partial_1 = (\partial_{11}, \partial_{12}, \cdots, \partial_{1n})$，$n \geq 1$，并且变量有其上限和下限：$\alpha_{1k}$ 和 β_{1k}，$\beta_{1k} \leq \partial_{1k} \leq \alpha_{1k}$。

在系统动态过程中的序参量变量为 $\partial_j = (\partial_{j1}, \partial_{j2}, \cdots, \partial_{jk})$，$n \geq 1$，且都存在上限和下限，即 $\beta_{jk} \leq \partial_{jk} \leq \alpha_{jk}$，$k \in [1, n]$。

在系统动态过程中各子系统的序参量变量为 $\partial_j = (\partial_{j1}, \partial_{j2}, \cdots, \partial_{jk})$，$n \geq 1$，且都存在上限和下限，即 $\beta_{jk} \leq \partial_{jk} \leq \alpha_{jk}$，$k \in [1, n]$。若假定 $\partial_{j1}, \partial_{j2}, \cdots, \partial_{jk}$ 的指标作用为正向，则 $\partial_{j1}, \partial_{j2}, \cdots, \partial_{jk}$ 的取值越大，系统的有序程度越高，反之就越低；若假定 $\partial_{j1}, \partial_{j2}, \cdots, \partial_{jk}$ 的指标作用为逆向，则 $\partial_{j1}, \partial_{j2}, \cdots, \partial_{jk}$ 的取值越大，系统的有序程度越低，反之就越高。在本节中的 $\partial_{j1}, \partial_{j2}, \cdots, \partial_{jk}$ 属于正向性指标，$\partial_{jk+1}, \partial_{jk+2}, \cdots, \partial_{jn}$ 属于逆向性指标。

令 1：社区公共资源配置子系统序参量 ∂_{ji} 的系统有序度为：

$$U_j(\partial_{ji}) = \begin{cases} \dfrac{\partial_{ji} - \beta_{ji}}{\alpha_{ji} - \beta_{ji}} & (i = 1, 2, 3, \cdots, k) \\ \dfrac{\alpha_{ji} - \partial_{ji}}{\alpha_{ji} - \beta_{ji}} & (i = k+1, k+2, \cdots, n) \end{cases} \tag{19}$$

α_{ji}、β_{ji} 分别作为 j 个子系统在第 i 指标的上下限值，并由式（19）可知，$U_j(\partial_{ji}) \in [0, 1]$ 并且值越大，序参量 ∂_{ji} 对社区公共资源配置系统有序程度贡献越大。如果各序参量对子系统影响程度不均等，还需对各序参量赋权重 ω。

令 2：社区公共资源配置下所形成的子系统有序度为：

$$U_j(\partial_i) = \sqrt[m]{\prod_{i=1}^{m} U_j(\partial_{ji})}, \quad j = 1, 2, 3, 4, 5 \tag{20}$$

由式（20）可知，$U_j(\partial_i) \in [0, 1]$，$U_j(\partial_i)$ 值越大，代表 ∂_{ji} 对子系统有序度影响越高，反之就越小。同样，当社区公共养老资源配置其他子系统有序度在初始时刻 t_0 时为 $U_j^0(\partial_j)$，当系统演化到时刻 t_1，其他各子系统的有序度为 $U_j^1(\partial_j)$，则复合系统协同度为：

$$U' = \sqrt[\delta 7]{\left| \prod_j^7 [U_j^1(\partial_j) - U_j^0(\partial_j)] \right|} \tag{21}$$

式（21）需满足条件：

$$\delta = \frac{\min[U_j^1(\partial_j) - U_j^0(\partial_j)]}{|\min[U_j^1(\partial_j) - U_j^0(\partial_j)]|}$$

式（21）可知，$U' \in [-1, 1]$，其取值越大，整个系统的协同度越高，反之则越低;且整个复合系统的协同度 $U^{\cdot}$ 是由所有子系统共同决定的,如一个子系统的有序程度系数较大,而另一子系统的较小,则整个复合系统的协同则为 $U^{\cdot} \in [-1, 0]$,其取值范围就会缩小,也表明该复合系统的协同度不高。

令 3:社区公共资源配置下子系统间协调度为:

$$C = \left| \frac{U_j(\partial_j) U_k(\partial_k)}{\left[\frac{U_j(\partial_j) + U_k(\partial_k)^2}{2} \right]} \right|^e \tag{22}$$

由于本节协同度不仅只研究 5 个子系统自身的有序度来观测子系统是否有序发展,同时也包括了对子系统之间协同度的研究。为更直接地观测子系统间协同度,本节将运用离差来观测子系统之间的协同性,建立评价子系统间的模型式(22),这样该模型能较好地刻画两子系统间的协同度关系。其中,离差系数 C 值越小,子系统间的协同度就越高,反之则协同度越低,将子系统 S_j 和 S_k 的系统的有序度分别记为 $U_j(\partial_j)$ 和 $U_k(\partial_k)$。其中式(22)中的 e 是辨别系数,一般情况下都取值为 1。

三、协同度评价及结果分析

(一) 评价指标设计

由于社区一级财政投入在各预算年度或预算执行节点都形成不同公共设施、资产和服务,因此,将社区的公共资源按其配置方向细分为社区养老资源子系统、社区教育资源子系统、社区医疗卫生资源子系统、社区文化资源子系统、社区法治公共安全资源子系统。采用多指标综合分析法度量社区公共资源配置的协同度,通过文献整理来构建指标体系。

在社区养老资源子系统方面,陈莉、卢芹、乔菁菁(2016[①])提出构建智慧养老服务平台,鼓励老年人使用智能终端等在内的信息化手段来进一步推进社区养老进程。吴芳、冯冬燕(2018[②])将社区养老服务需求项目具体描述为疾病陪护、日间托管、家务服务等。温海红、王怡欢(2017[③])对西安市社区养老质量进行评

[①] 陈莉,卢芹,乔菁菁. 智慧社区养老服务体系构建研究 [J]. 人口学刊, 2016, 38 (3): 67 - 73.
[②] 吴芳,冯冬燕. 城市空巢老人社区养老服务需求类型及其差异化分析——基于陕西省的调研数据 [J]. 调研世界, 2018 (6): 40 - 43.
[③] 温海红,王怡欢. 社区养老服务政策实施效果评价体系构建及其应用——以西安市为例 [J]. 社会保障研究, 2017 (1): 14 - 22.

价，将基础设施提供的机械数量作为其评价指标之一。因此，本节将社区养老资源子系统的序参量定为养老设施、养老工作人员，其中养老设施的评价指标分为养老设施数量和养老智能终端数量，养老工作人员评价指标为养老服务人员数量。在社区教育资源子系统方面，吴遵民、赵华（2018①）认为中国社区教育存在困境的原因之一在于教师队伍建设，因此，本节用专职和兼职老师数量作为教师队伍的评价指标，冯锐、董利亚、李闻（2016②）将社区教育注册学员和社区教育资源作为研究社区的一级指标，本节用学员数量和电脑及投影数量来评价学员和社区教育资源。社区医疗卫生资源子系统方面，梅兹勒.M等（Metzler M et al.，2008③）研究了美国社区健康指标项目，其中包含了社区医疗环境和卫生服务的可用性，社区医疗环境可由社区医疗卫生设施体现，卫生服务可由医护队伍和健康活动体现，塞布丽娜·T.W等（Sabrina et al.，2010④）也基于社区卫生设施来研究加强中国初级卫生保健的有效方法。本节通过病床使用次数和医疗卫生器具使用数来评价医疗设施，用医护人员数来评价医护队伍，用健康讲座咨询开展数来评价健康活动。社区文化资源子系统方面，周凯、吕万刚、聂应军等（2012⑤）对中国城市社区的体育文化进行评价，其评价指标之一是健身体育设施是否齐全，本节在此也将健身体育设施使用次数作为文化设施的评价指标。图书资源、心理服务和社区文化活动的举办都属于社区文化建设的部分，因此也将其作为文化资源的序参量，用图书资料册数、心理疏导服务人员数量和文化活动举办次数来评价上述序参量。社区法治公共安全资源系统方面，颜慧娟（2016⑥）从制度建设、队伍建设及服务体系等对中国农村社区治理的法治保障进行了研究。本节在结合实际情况，将社区法治公共安全资源子系统的序参量定为安全情况和法治宣传，用出警人次和安全检查人次来评价安全情况，用法治与党建讲座次数来评价法治宣传。最后，考虑每项子系统的运行都离不开财政支持，本节将经费支出（决算数）作为每个子系统的序参量之一。本节建立的子系统和序参量及其评价指标体系如表11-3所示。

---

① 吴遵民，赵华.我国社区教育"三无"困境问题研究［J］.中国远程教育，2018，525（10）：65-71+82.

② 冯锐，董利亚，李闻.专题教育社区评价指标体系建构的方法研究［J］.中国电化教育，2016（12）：44-51.

③ Metzler M, Kanarek N, Highsmith K, et al. Community health status indicators project: the development of a national approach to community health. ［J］. Preventing Chronic Disease, 2008, 5（3）: A94.

④ W. Sabrina T., D. Yin, and O. Bhattacharyya, et al. Developing a Performance Measurement Framework and Indicators for Community Health Service Facilities in Urban China, Bmc Family Practice, no.1, 2010, pp.91.

⑤ 周凯，吕万刚，聂应军，郑湘平.我国城市社区体育文化评价的指标体系［J］.武汉体育学院学报，2012，46（8）：54-60.

⑥ 颜慧娟.民生法治：党的十八大以来农村社区治理创新的法治保障研究［J］.社会主义研究，2016（4）：129-135.

表 11-3　公共资源配置协同度评价指标体系

子系统	序参量	评价指标	观测单位
养老	养老环境	养老设施数量	件
		养老智能终端数量	件
	养老工作人员	养老服务人员数	人
	经费支出	养老支出（决算数）	万元
教育	教育设施	电脑及投影仪数量	件
	学生数	学员人数	人
	教师队伍	专兼职老师数	人
	经费支出	教育支出（决算数）	万元
医疗卫生	医疗卫生设施	病床使用次数	次
		医疗卫生器具使用次数	次
	医护队伍	社区医护人员数	人
	健康活动	健康讲座、咨询开展次数	次
	经费支出	医疗卫生支出（决算数）	万元
文化法治公共安全	图书资源	图书资料册数	册
	心理服务	心理疏导服务人员数量	人
	文化设施	体育、健身设施使用次数	次
	文化活动	文化活动举办次数	次
	经费支出	文化支出（决算数）	万元
	安全情况	出警人次	人次
		安全检查人次	人次
	法治宣传	法治与党建讲座次数	次
	经费支出	法治公共安全支出（决算数）	万元

（二）数据来源与整理

本节例举 2018—2019 年抽样跟踪调查数据，其中，东部的杭州市抽取 3 个社区、华南的广州市抽取 3 个社区，西部的成都市抽取 3 个社区、北方的沈阳市抽取 3 个社区以及中部的武汉市抽取 4 个社区，共计 16 个社区为样本采集点进行数据调查。为保持样本的动态连续性，我们根据已建立的评价指标体系对这 16 个社区的第一年第一季度至第二年第二季度的数据进行收集整理。在数据收集整理过程中，由于各子系统的指标项的衡量单位不一，导致各个指标的测量值相差较大，无法直接进行计算,为消除量纲影响,本节利用 spss 软件对各原始数据进行了标准化处理,标准化处理后的数据如表 11-4 所示。

表 11-4　　　　　资源配置协同度评价指标标准化处理数据表

子系统	评价指标	第一年一季度	第一年二季度	第一年三季度	第一年四季度	第二年一季度	第二年二季度
养老	养老设施数量	-0.879	0.122	0.968	-0.367	-0.684	0.489
	养老智能终端数量	0.673	-0.542	-0.857	0.562	0.745	-0.642
	养老服务人员数	0.227	0.326	-0.178	0.145	0.183	-0.211
	养老支出(决算数)	-0.421	0.268	0.374	-0.194	-0.206	0.351
教育	电脑及投影仪数量	0.475	0.287	-0.371	0.465	-0.384	0.541
	学员人数	-0.483	0.295	0.385	0.276	-0.173	-0.261
	专兼职老师数	0.287	-0.179	-0.231	0.122	0.232	0.348
	教育支出(决算数)	0.396	0.289	0.315	0.297	0.578	0.794
医疗卫生	病床使用次数	0.467	0.389	0.431	0.639	0.597	0.602
	医疗卫生器具使用次数	-0.196	0.253	0.294	0.341	0.263	0.398
	社区医护人员数	0.136	-0.267	0.184	0.238	0.471	0.395
	健康讲座、咨询开展次数	-0.374	-0.286	0.163	0.378	0.547	0.284
	医疗卫生支出(决算数)	0.402	0.397	0.296	0.178	0.301	0.509
文化	图书资料册数	-0.304	-0.289	0.103	0.217	0.297	0.201
	心理疏导服务人员数量	-0.293	-0.197	0.089	-0.103	0.139	0.207
	体育、健身设施使用次数	-0.307	-0.271	0.009	0.013	0.007	0.326
	文化活动举办次数	-0.582	-0.373	0.187	0.395	0.401	0.583
	文化支出(决算数)	0.102	0.183	0.297	0.205	0.302	0.321
法治公共安全	出警人次	0.295	0.347	0.209	0.313	0.284	0.406
	安全检查人次	-0.408	-0.395	0.006	0.173	0.382	0.569
	法治与党建讲座次数	0.007	0.038	0.197	0.207	0.341	0.598
	法治公共安全支出(决算数)	0.572	0.398	0.407	0.391	0.538	0.692

在评价模型的建构中,不同子系统对中国社区资源配置整体系统的影响度不一,因此,本节采用相关矩阵赋权法对模型中的各指标权重进行赋值,权重值见表 11-5。

表 11-5 资源配置协同度评价指标权重

子系统	评价指标	指标权重	子系统	评价指标	指标权重
养老	养老设施数量	0.309	文化	图书资料册数	0.212
	养老智能终端数量	0.193		心理疏导服务人员数量	0.163
	养老服务人员数	0.239		体育、健身设施使用次数	0.192
	养老支出（决算数）	0.259		文化活动举办次数	0.186
教育	电脑及投影仪数量	0.188		文化支出（决算数）	0.247
	学员人数	0.243	法治公共安全	出警人次	0.248
	专兼职老师数	0.261		安全检查人次	0.261
	教育支出（决算数）	0.308		法治与党建讲座次数	0.203
医疗卫生	病床使用次数	0.207		法治公共安全支出（决算数）	0.288
	医疗卫生器具使用次数	0.205			
	社区医护人员数	0.234			
	健康讲座、咨询开展次数	0.102			
	医疗卫生支出（决算数）	0.252			

（三）评价结果与分析

1. 评价结果

将标准化处理后的数据代入上文式（19）可得出表 11-6 中的各序参量的有序度，对于含有两个评价指标的序参量我们将其两个评价指标的权重视为相同。

表 11-6 各序参量有序度

子系统	序参量	第一年一季度	第一年二季度	第一年三季度	第一年四季度	第二年一季度	第二年二季度
养老	养老环境	0.398	0.304	0.379	0.486	0.597	0.603
	养老工作人员	0.153	0	0.385	0.432	0.393	0.599
	经费支出	0.782	0.892	1	0.761	0.733	0.981
教育	教育设施	0.395	0.481	0.401	0.507	0.683	0.617
	学生数	0.291	0.382	0.587	0.672	0.432	0.508
	教师队伍	0.583	0.641	0.784	1	0.824	0.903
	经费支出	0.187	0.203	0.497	0.379	0.581	0.742
医疗卫生	医疗卫生设施	0.203	0.198	0.347	0.409	0.372	0.562
	医护队伍	0.793	0.697	0.705	0.801	1	0.892
	健康活动	0.109	0.231	0.127	0	0.329	0.609
	经费支出	0.504	0.486	0.573	0.671	0.689	0.787

续表

子系统	序参量	第一年一季度	第一年二季度	第一年三季度	第一年四季度	第二年一季度	第二年二季度
文化	图书资源	0.407	0.501	0.564	0.479	0.582	0.606
	心理服务	0.104	0	0.214	0.309	0.134	0.322
	文化设施	0.623	0.778	1	0.682	0.703	0.729
	文化活动	0.343	0.406	0.384	0.506	0.611	0.679
	经费支出	0.402	0.329	0.413	0.497	0.605	0.621
法治公共安全	安全情况	0.672	0.581	0.607	1	0.889	0.878
	法治宣传	0.302	0.331	0.207	0.407	0.674	0.654
	经费支出	0.447	0.385	0.495	0.503	0.498	0.539

将标准化处理后的数据代入上文的式（20）和式（21）中得出表 11-7 中的各子系统有序度及社区公共资源系统协同度。

表 11-7　　　　各子系统有序度及社区公共资源系统协同度

	第一年一季度	第一年二季度	第一年三季度	第一年四季度	第二年一季度	第二年二季度
养老	0.438	0.583	0.572	0.609	0.502	0.614
教育	0.183	0.209	0.241	0.403	0.391	0.521
医疗卫生	0.309	0.381	0.407	0.531	0.462	0.571
文化	0.296	0.375	0.397	0.315	0.408	0.623
法治公共安全	0.308	0.274	0.511	0.492	0.503	0.601
社区公共资源	-0.221	-0.227	-0.213	-0.107	0.006	0.094

利用式（22）计算各子系统间的协同度，以此来观测各子系统有序度，子系统间协同关系对社区公共资源配置系统的协同度影响。计算结果如表 11-8 所示。

表 11-8　　　　各子系统间协同度

子系统	第一年一季度	第一年二季度	第一年三季度	第一年四季度	第二年一季度	第二年二季度
养老与教育	0.562	0.638	0.723	0.739	0.802	0.911
养老与医疗卫生	0.702	0.813	0.822	0.837	0.894	0.932
养老与文化	0.629	0.703	0.771	0.598	0.862	0.993
养老与法治公共安全	0.701	0.698	0.891	0.794	0.998	0.995
教育与医疗卫生	0.658	0.507	0.786	0.831	0.887	0.923
教育与文化	0.734	0.804	0.831	0.873	0.897	0.814
教育与法治公共安全	0.659	0.898	0.497	0.873	0.739	0.847
医疗卫生与文化	0.902	0.539	0.932	0.673	0.904	0.889
医疗卫生与法治公共安全	0.993	0.623	0.834	0.864	0.879	0.902

2. 基于评价结果的分析

表11-8显示了社区公共资源各子系统有序度及整体协同度在第一年一季度至第二年二季度动态变化情况，可看出在东部、南部、西部、北部和中部五个地区的抽样样本的社区公共资源各子系统的有序度状况不一。其中，5个资源子系统中养老资源子系统有序度变化较为平缓，这是由于中国在推进社会化养老过程中，受传统养老理念的影响，老年人较多选择以居家养老为主，以社区养老为依托的养老方式。社区在养老方面的公共资源配置发展较为稳定，对社区公共资源系统协同度的变化影响不大。教育资源子系统有序度有平稳向上的趋势，与国家近年来积极推行社区教育的政策息息相关。医疗卫生、文化和法治公共安全有序度虽有波动但总体保持增势，这也表明现阶段对于社区医疗，文化及安全的重视。在中国有关政策的指引下，政府工作重心下移，社区公共资源系统协同度从总体看来虽保持增长态势，但其协同程度仍然较低，还有进一步提高的空间，这是受政府公共资源总体不足的影响所造成的。此外，从5个子系统的有序度中比较可以看出（见图11-6），文化和法治公共安全的有序度波动较大，也是影响社区公共资源协同度波动较大的原因，而教育有序度稳定增长，发展比较好，对提高社区公共资源系统协同度有着较大的影响作用。

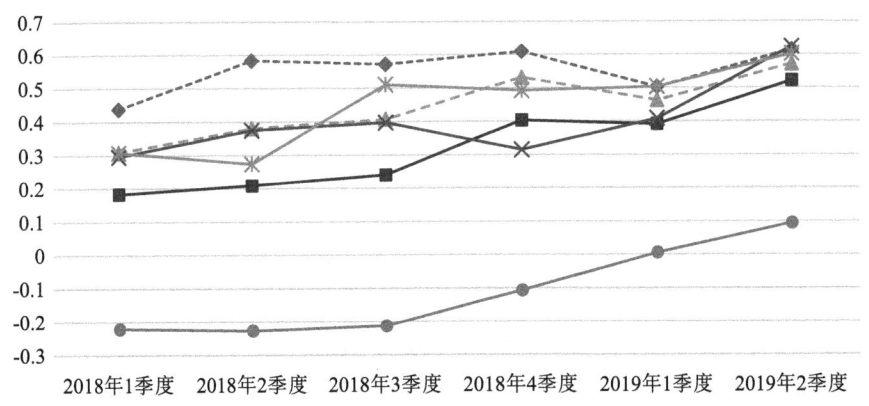

图11-6 第一年一季度—第二年二季度社区公共资源各子系统有序度及整体协同度变化

此外，本节对于社区公共资源配置协同度的研究不仅只研究了各子系统的有序度变化，也观测了各子系统间的协同度变化。从整体数据来看，两两子系统间的协同度都较高，但养老与教育子系统间，教育与医疗卫生子系统间的协同度呈现出稳定增长状态，这与中国居家养老和社区养老两大养老模式的稳定状态和国家对于社区教育的重视以及医疗卫生条件的日益改善息息相关。教育与文化子系统间的协同度较为稳定，并未出现大的波动，教育事业与文化事业本是相辅相成的关系，所以两子系统间一直保持着较高的协同状态。各子系统间的协同度波动最为明显是文化与医疗卫生子系统和文化与法治公共安全子系统，这两组子系统间协同度的起伏变化也是影响社区公共资源系统的协同度未能大幅度增长的重要因素。

四、小结

基于中国东部、南部、西部、北部及中部 5 个地区的抽样调查样本，本节运用协同理论，根据复合系统特点，以预算约束下所形成的社区公共资源配置为例，用数字财务和行为感知数据对公共资源协同度进行了评价。结果显示，社区公共资源中部分子系统有序度较高，发展较为平缓；部分子系统有序度初始偏低，但在不断增长；大部分子系统间的协同度都保持增长态势，但某些子系统间的协同度也出现波动（如文化与医疗卫生）；社区公共资源配置系统整体协同度虽在增长，但从其协同度仍然偏低。因此，一要尽力做好社区治理过程中公共资源配置的顶层设计，完善预算管理机制的建设，平衡协调好地区之间公共预算；二要精准定位社区服务的需求导向，使公共资源配置满足社区居民的职业和身份的多样性、需求多元化、多层次化以及动态化；三要强化政府资源配置的能力，加强基层政府与非政府主体间的联系和协同发展，充分利用市场资源，合理利用信息技术进行资源配置，提高对有限的社区公共资源的利用率，满足社区居民的不同利益需求，提升社区服务质量；四要加强对各子系统资源的统筹管理，社区治理主体应紧密联系各子系统资源间关系，力求在资源配置上做到 $1+1>2$ 的效果，以达到各子系统资源运作协调，资源配置最优的目标。

在对社区公共资源配置协同度研究中，该方法也存在几点不足，一是所获取的样本数量还未做到"大而全"，在这一方面有待增进；二是将收集来的数据进行统一处理，没有考虑地区间存在的各种差异，此研究结果也无法观测各地区间社区资源配置协同度的不同，往后的研究可以考虑扩大样本范围和分地区进行差异化研究。

第十二章
公共组织财务管理责任与廉政建设

公共组织财务管理廉政建设当前面临的总体性问题是：制度供给与局部的权力管控和从业人员自我约束之间的矛盾。主要表现在违纪违规现象在公共管理的某些领域还时有发生，少数公职人员财经纪律约束意识不强，行政管理监督体系还有待完善等。因此需要以习近平新时代中国特色社会主义思想和社会主义核心价值观为指导，加强研学，提高公共部门执业人员整体的廉政意识、责任意识，建立健全全局性、系统性的财务廉政风险防范机制，以形成决策科学、执行坚决、监督有力的公共组织财务管理运行机制，增强公共组织财务管理体系在实现全面预算绩效管理、推进国家治理体系和治理能力现代化新征程中的自我净化、自我完善、自我提高能力，并焕发出生机活力。

第一节
价值观与公共组织财务管理责任

哲学和价值观对我们的认识活动具有指导作用,并随着社会的变迁而不断发展和演化,价值观指导下的公共组织财务管理,是哲学在财务管理学科中的具体体现,是一般哲学世界观和方法论的理论体系的一部分,是价值观念、管理哲学等的融合体,蕴含着丰富的哲学理论。但由于公共组织所固有的特殊性质和地位,其财务管理伦理也具有着特定的内在规定,并且在具体的财务管理实践中,公共组织还要承担相应的责任与义务。

一、价值观与公共组织财务管理

(一) 哲学与价值观

关于"哲学"(Philosophy)的含义,目前还存在各种各样的概念和对这一术语的不同理解。例如,G. F. 黑格尔(G. F. Hegel)认为:"哲学一般是思维的认识活动"(黑格尔,1817/1996①),认为"哲学的事实已经是一种现存的知识,哲学的认识方式只是一种反思—意指跟随在事实后面的反复思考"。伯特兰·罗素(B. Russell)将哲学区别于科学和神学(罗素,1945/2001②),认为:"哲学是介于神学与科学之间的东西"。冯友兰(1990)也区别了哲学与宗教,并借《老子(第四十八章)》:"为学日益,为道日损"的说法(冯友兰,2011③),认为哲学属于"为道"的范畴,是一种能提高精神境界的、超道德的……,是对于人生的有系统的反思思想。卡尔·马克思(K. H. Marx)对于"哲学"一词的理解,直接说道:"任何真正的哲学都是自己时代精神的精华",它集中了"人民最精致、最珍

---

① [德] 格奥尔格·威廉·弗里德里希·黑格尔著,小逻辑 [M]. 贺麟,译. 北京:商务印书馆,1996.
② [英] 伯特兰·罗素. 西方哲学简史 [M]. 赵敦华,译. 北京:北京大学出版社,2001.
③ 冯友兰. 中国哲学史 [M]. 北京:商务印书馆,2011.

贵和看不见的精髓"①。通过上述对于"哲学"一词的理解，我们可以粗略地了解到，哲学不是物质，也区别于神学和宗教，哲学是能提高人的思想境界的一种思想基础和思维方式，例如，现代科学都认为，阿尔伯特·爱因斯坦（A. Einstein, 1879—1955）也是通过重新研究牛顿科学的哲学基础，才创立了相对论。而马克思和弗里德里希·恩格斯（F. V. Engels, 1820—1895）甚至直接将哲学看作"一种思维方法和思维活动"。②

关于"世界观"（World Views），也称"宇宙观"（Cosmology），通常被认为是人们关于世界的根本观点和根本看法，它决定了一个人的人生追求和价值取向。这里所指的世界，是一种人与人之间关系的现实世界；这里所指的看法，不仅是对"世界"有什么看法，而更应该包含有如何看待"世界"的根本问题。因此，世界观也具有阶级性，例如，马克思主义的世界观表达了其对于全世界的基本看法。资本主义社会关系在扩张成为全球社会关系，建立、发展、膨胀了世界市场，不断地改变世界历史面貌的同时，也造就了各民族国家关系的体系（程光泉，2003③）。基于对上述概念的简要释义，根据一般哲学常识，哲学是一种思维模式，哲学就是世界观，是世界观的理论体系。在对现代西方科学产生深刻影响的法国哲学家亨利·柏格森（Henri Bergson, 1859—1941）看来，"哲学是真正的世界观"④，而世界观是哲学的基本内容，世界观决定方法论，哲学是世界观和方法论的统一。

关于"价值观"，简单地说是人们认定事物、辨定是非的一种思维或价值取向，是哲学观的有机组成部分。价值观有特定的阶级导向和历史文化特征，不是僵死的、固化的价值形态。在阶级社会里，占主导地位的社会价值观，即核心价值观，是统治阶级的意志体现，且具有鲜明的价值取向和阶级立场，不同阶级有不同的价值观念。价值观内在于特定生产关系的活生生的历史发展过程，并随着社会变迁而不断发展和演化，是人类历史发展的成果。而在当代中国，核心价值观都有其固有的根本，培育和弘扬社会主义核心价值观必须立足中华优秀传统文化（习近平，2014⑤）。由于哲学作为一种观察问题的方法论维度，而方法论又是由各种具体事务的处理方法组成的一种体系或系统，因此，哲学是我们一切认识和实践活动不可或缺的思想指南（左亚文、刘争明，2019⑥），有什么样的哲学就有什

---

①② ［德］卡尔·马克思. 马克思恩格斯全集［M］（第一卷）. 中央编译局，译. 北京：人民出版社，1998.

③ 程光泉. 全球化与马克思主义世界观的发展［J］. 东岳论丛，2003（3）：106-109.

④ 柏格森. 创造进化论［M］. 南京：译林出版社，2014.

⑤ 习近平. 把培育和弘扬社会主义核心价值观作为凝魂聚气强基固本的基础工程［N］. 人民日报，2014-02-26（1）.

⑥ 左亚文，刘争明. "哲学是什么"再探——基于方法论向度的考察［J］. 江西社会科学，2019（5）：26-34.

样的方法论;而从逻辑意义来讲,有什么样的世界观和价值观,也将指引着什么样的方法论。

(二)价值观导向下的公共组织财务管理

中国共产党是马克思主义政党。党的十八大以来,以习近平同志为核心的党中央高瞻远瞩立足时代特点,用不断发展和创新的马克思主义观察时代、解读时代、引领时代。习近平新时代中国特色社会主义思想是马克思主义中国化的最新理论成果,是全面指导中国现代化建设的重要理论支撑。在公共管理领域,马克思主义和习近平新时代中国特色社会主义的价值观也是"全覆盖、无死角"的,公共组织财务管理要在马克思主义和习近平新时代中国特色社会主义思想的指导下进行管理创新,自觉用党中央治国理政新理念新思想新战略指导实践。

党的十八大明确提出"三个倡导",即倡导富强、民主、文明、和谐;自由、平等、公正、法治;爱国、敬业、诚信、友善,对社会主义核心价值观作出了最新概括,公共组织的财务管理价值观应该也蕴含在社会主义核心价值观之中(孙向军,2013[①])。

"富强、民主、文明、和谐"是中国社会主义现代化国家建设的目标,也是从价值目标层面对社会主义核心价值观基本理念的凝练,在社会主义核心价值观中居于最高层次,对其他层次的价值理念具有统领作用。公共组织财务管理应围绕社会主义建设积极协调相关部门,严格遵守国家财税法规,构建信息通畅、规范高效的财务管理体系,及时解决公共组织在财务管理中出现的问题,随时把握公共组织财务收支进度,加强国家财税政策的学习和研究,掌握财税经济的运行规律,做到依法理财、依法管理公共组织的财务资金,从源头上预防以权谋私和贪污腐败行为的发生。

"爱国、敬业、诚信、友善"是公民基本道德规范,是从个人行为层面对社会主义核心价值观基本理念的凝练,也是公共组织财务人员应该培育和践行的道德情操,具体来讲应该做到如下几个方面:第一是要加强政治理论学习,崇尚爱国主义精神,要深刻体会爱国精神的向心力和凝聚力,公共组织财务人员在面对诱惑时首先要想到的是国家利益,不能为诱惑所动;第二是恪尽职守,对本职工作心存敬畏之心,财务工作是一项专业性和业务性较强的工作,需要公共组织财务工作者在工作中崇尚服务,敬业守责;第三是诚实守信,"内不欺己,外不欺人"这是财务工

[①] 孙向军.论社会主义核心价值观及其培育[J].中共中央党校学报,2013,17(2):14-19.

作者必要的品质（张家伦，2008①）。

在国家治理意义上，公共组织的财务管理价值观作为公共组织财务管理的灵魂，必须要以正确的价值选择和价值追求来协调公共组织与人民群众、公共组织与社会、公共组织与国家之间的相互关系，要更好地去包容、协调、协同多元利益。公共组织在财务管理工作中，需要就公共组织财务预（决）算、资产、负债、财务风险等多方面进行管理，财务管理的价值观也要对应公共组织财务管理中的每项内容（陶新元，2011②）。

二、公共组织财务管理伦理

（一）公共组织财务管理伦理的含义

伦理是一种特殊的社会意识形态，是依靠社会舆论、传统习俗和人们内心的信念来维系的，表现为善恶对立的心理意识、原则规范和行为活动的总和（石里克，1997③）。伦理作为社会的产物，源于社会物质资料的生产，广泛遍及社会的各个领域，渗透在各种社会关系中。公正、公平、正义都是伦理所关注的内容，思考我们应该做什么，哪些应该从我们的实际生活中消除。由于公共组织所固有的特殊性质和地位，这决定了公共组织财务管理伦理既具有社会一般伦理规范的相关规定，又具有公共组织自身的特性和内在规定。

公共组织财务伦理是针对公共组织财务行为和活动的规范和约束机制。公共组织作为一个社会化的角色，其财务管理活动在社会生活中具有特殊的地位和影响力，如果决策失误，就有可能使国家和人民遭受灾难。因此，公共组织财务管理接受责任、义务、伦理规范的约束是十分必要的。公共组织财务伦理还要求公共组织要具备对自己的财务活动承担后果的责任能力，公共组织一旦出现财务问题损害人民群众的利益，就会使自身陷入严重的社会信任危机之中，因此要严防公共组织财务管理中伦理道德缺少问题（朱元午，2013④）。

公共组织财务伦理代表的是人民群众的利益和社会的利益，公共组织财务管理

---

① 张家伦．论财务价值观的经济学基础——基于劳动价值论的分析 [J]．审计与经济研究，2008（2）：62-65．
② 陶新元．财务管理学 [M]．成都：西南财经大学出版社，2011．
③ 石里克．伦理学问题 [M]．北京：商务印书馆，1997．
④ 朱元午．财务理论中的伦理道德缺失与财务伦理道德体系的建设 [D]．厦门：厦门大学当代会计评论编辑部，2013．

系统虽然是人建立的，也是人在运行的，但其本身却是非人格化的，是社会多种"合力"的糅合（杨妍，2019①）。正因为如此，公共组织财务伦理会与社会的所有成员发生关系，整个财务管理过程对整个社会所有人都关系甚大，这就要求公共组织财务伦理不仅需要道德良知和舆论约束还需要社会制度的约束。而最后公众对公共组织财务伦理进行评价时，主要还是看公共组织财务管理系统的实际功能和作用，看它实际指向什么基本价值，遵循什么正义原则，实际上在提倡什么，保护什么。

（二）公共组织财务伦理的构成

公共组织财务管理伦理作为公共组织管理的特定伦理观念体系，是一个有机的整体，调节着公共组织内部和外部的关系，具有诸多层面的要素。

1. 观念意识

公共组织财务管理观念意识包含伦理准则意识、伦理责任意识和伦理目标意识。伦理准则意识是公共组织财务管理的原则立场和根本态度，只有坚持正确的伦理准则才能达到公共组织财务管理由内及外的目标；伦理责任意识是关于公共组织财务管理的责、权、利的认识，是公共组织财务管理伦理的核心。公共组织财务管理人员对责任的认识不同，对公共组织财务管理活动的态度就不一样（石国亮，2010②）；目标意识对公共组织财务管理系统起着调节、内驱和导向的作用，公共组织从业人员追求什么样的目标和理想就会选择什么样的社会价值和自我价值。

2. 实践形态

公共组织财务管理伦理实践就是在一定的伦理原则指导下进行日常的财务管理活动，在实践中要将公共组织财务管理所承担的义务以及这些义务所导向的最终目标统一起来，公共组织财务管理伦理实践通过具体的财务预算、财务审计、资产和负债管理、财务信息披露等体现出来。

3. 评估准则

公共组织财务管理评估准则就是将观念意识和实践形态结合起来检验公共组织

---

① 杨妍. 基于"中国发展悖论"的中国公共行政组织再审视——一个"理性——政治"的分析框架[J]. 中国行政管理，2019（7）.

② 石国亮. 论私人组织、公共组织与社会组织[J]. 中国行政管理，2010（10）.

财务管理的正确性、公平性和合理性（张成福等，2012①）。在进行评价之前先要制定一定的评价标准，在实际操作中一般通过社会舆论、传统习惯和内心信念三种主要形式对公共组织财务管理人员和整个公共组织财务管理系统进行判断和评价。社会舆论是来自整个社会对公共组织财务行为的监督，具有明显的行为约束优势，也代表了整个社会的价值取向和对公共组织财务管理的客观要求；传统习惯则具有较强的稳定性，是在长期发展中积淀而成的，是民族情绪和社会心理的交织，也成为准则评估中最重要的组成部分；内心信念受个人主观因素影响较大，但也是评估准则的一种形式。

公共组织财务管理伦理必须通过公共财务管理行为得到落实和体现，行为和实践都是受观念意识支配的，而科学合理的公共组织财务管理观念意识又依赖于先进的和切合实际的公共组织财务管理评估准则的确立和执行，这三者联系紧密。

三、公共组织财务管理责任

公共组织财务管理责任具有广义和狭义之分，广义的财务管理责任是指公共组织财务管理人员在工作中要对国家权力主体负责，要通过切实履行自身职责来为国民谋利益。而狭义的财务管理责任侧重于公共组织财务管理人员违反行政法规所规定的义务和职责时所必须承担的责任，根据违反规定的不同，可能面临经济、政治、法律、伦理等责任。

公共组织财务管理的责任义务，都是与公共组织具体的财务管理活动相对应的，并且有一个法律责任义务与行政责任义务向道德责任义务转化的过程（张康之，2003②）。虽然在实践发展中，公共组织财务管理的责任并不是由孤立的行政责任义务、法律责任义务与道德责任义务三部分组成，但外加责任义务内化为自身的道德责任义务这一转化过程却是公共组织责任发展的特点。此外政治责任义务也是公共组织财务管理的责任义务的重要组成部分，是公共组织在制定和执行公共财务政策时是否履行好这些职责时所应承担的谴责和制裁（张贤明，2000③）。公共组织财务管理要对人民负责，要由人民来评价其不能履行应当承担的责任及公共责任的履行水平，评价的标准与指标都由人民来决定，这才能真正保证公共组织财务管理责任义务的实现。"官员问责制"原本是西方政治的产物，责任政府要求政府必须对民众有所交代，人民也可就政府的履职情况提出批评且政府必须要有所回应

---

① 张成福，李丹婷，李昊城. 公共组织及运行评价的国际经验与启示 [J]. 北京行政学院学报，2012 (2)：35 - 41.
② 张康之. 公共管理伦理学 [M]. 北京：中国人民大学出版社，2003.
③ 张贤明. 论政治责任——民主理论的一个视角 [M]. 长春：吉林大学出版社，2000.

和作出说明（毛寿龙，2005①）。在公共组织财务管理中，也可对公共组织财务管理人员实行问责制，当然这要求必须在技术上完善问责的相关责任制度安排，并在制度上重视从行政性问责走向程序性问责。

通过对以上公共组织财务管理责任的分析，具体到现阶段中国公共组织财务管理的责任内涵，我们认为应涉及以下几个方面（见图12－1）：首先是政治责任，公共组织财务管理中如果出现失职、渎职等行为，要向权力机关负责并接受处罚，这是由政治制度所决定的；其次是法律责任，包括刑事责任、民事责任和经济责任，公共组织财务管理凡是违反了财经法律规定的都要受到法律的追究；再次是职业责任，公共组织财务执业人员要明确自己的职责和义务，即为人民服务，追求公共利益的最大化；然后是行政责任，公共组织财务管理部门，属于行政组织构架中的一部分，必然要对其所属的内部系统负责；最后是道义责任和道德责任，如果人民群众对公共组织的财务管理不满意，或者公共组织财务管理自身出现重大错误和问题，公共组织财务执业人员基于道义，都会受到良心的谴责。

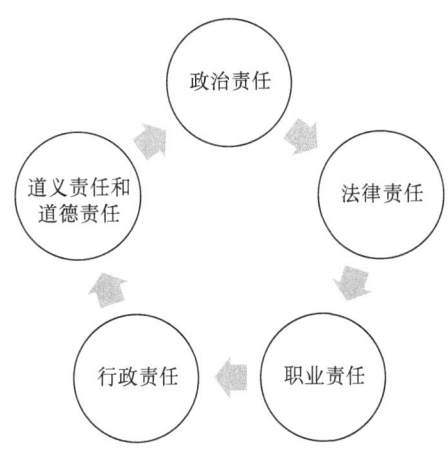

图12－1 公共组织财务管理责任内涵

第二节
公共组织财务管理廉政建设

腐败与廉政建设贯穿历史发展始终，而廉政建设是一项庞大的系统性工程，且不可能一劳永逸，需要结合时代发展变化和国家廉政建设的客观需要，自觉转换与

---

① 毛寿龙. 引咎辞职、问责制与治道变革 [J]. 浙江学刊, 2005 (1): 46-50.

创新廉政建设模式使之适应变化的形势。财政作为"国家治理的基础和重要支柱",在新时代中国特色社会主义廉政建设中要积极探索财经领域以管控公共财产为中心的新型廉政模式,形成"人财并重"的完整廉政网格[①]。

一、腐败行为与公共组织财务廉政可及的问题

(一) 廉政与腐败的相关界定

1. 关于廉政的认识

在中国相关文献的记载中,最早出现的是"廉正"一词,但"廉"带有廉洁、不贪的意思,如屈原的《楚辞·招魂》中写道:"朕幼清以廉洁兮,身服义而未沫,主此盛德兮,牵于俗而芜秽,上无所考此盛德兮,长离殃而愁苦。"《汉书·东方朔传》也写道:"割之不多,又何廉也!"。而由于"正"与"政"在古汉语中是通用的,所以《荀子·非相》中讲:"起于上,所以道于下,正令是也。"可见,古人关于廉政的思考也较为广泛,对廉政的认识也可以基本概括为廉洁从政,即掌握社会公共权力的组织及其个人客观公正地执行公务和履行自身义务,为社会公众服务。

而在国外关于廉政的认识中,马克思把"廉政"等同于"廉价",这是从经济学的角度对廉政进行定义。在对巴黎公社运动进行经验总结时,马克思认为巴黎公社取消了两项最大的开支,即常备军和官吏,这首次实现了所有资产阶级革命都提出的廉价政府,因为绝大多数农民是受政府压迫的,是渴望推翻资产阶级的统治而建立"廉价"政府的。[②] 但这里的"廉价"政府并不等于政府机构的缩减和政府开支的减少,而是政府行为和服务必须是有效率的,应当为人民提供一个安全、稳定的社会环境,具体执行过程应该是客观、公正、有效率的,而政府机构臃肿、人浮于事,政府工作人员以权谋私、化公为私、贪污浪费,都是与廉价政府的要求背道而驰的,因此廉政也就意味着勤政。虽然说,将廉价政府等同于廉政政府具有一定的局限性,但表达了当时人们对建设廉政政府的渴望,廉政政府是无产阶级在建立国家政权上的追求。

廉政自古以来都是历朝历代的焦点和难点,纵观中华文明五千年历史进程,腐败与反腐败的较量就一直没有停止过。中国当前的廉政建设,不仅需要借鉴中国传

---

① 陈立诚,刘剑文. 财税制度反腐:一种源头治理的新进路 [J]. 政治学研究,2015 (1):61-72.
② 中共中央马克思恩格斯列宁斯大林著作编译局. 马克思恩格斯文集 [M]. 北京:人民出版社,2009.

统政治文化中儒家思想所倡导的"德治""仁政""民本""正己"等思想，还要立足现实结合国情，把当代廉政建设中制度建设、思想道德建设、制度文化建设严密结合起来。在《习近平谈治国理政》中提到，在当前和今后一个时期，中国廉政建设和反腐败工作的总体要求是：坚持全面从严治党、依规治党，忠诚履行党章赋予的职责，聚焦监督执纪问责，深化标本兼治，创新体制机制，健全法规制度，强化党内监督，把纪律挺在前面，持之以恒落实中央八项规定精神，着力解决群众身边的不正之风和腐败问题，坚决遏制腐败蔓延势头，建设忠诚干净担当的纪检监察队伍，不断取得党风廉政建设和反腐败斗争新成效[1]。

2. 关于腐败的认识

腐败是一种历史现象，贯穿了中国社会发展的整个过程，主要有权钱交易、行贿受贿、敲诈勒索、腐化堕落等表现形式，历代的统治阶级为了维护阶级利益都要对统治范围内出现的腐败行为进行惩治和管理。明太祖朱元璋是中国历史上治理贪污腐败力度最大的皇帝之一，据《大明律》记载凡是贪污六十两以上的官员一律处死，并且鼓励广大农民去揭发贪官，还提出了有名的"青菜论"和"小葱豆腐论"，即好官为民办事两袖清风如同青菜，不徇私枉法为人当如小葱豆腐汤清白分明。在其执政期间，"低限度、重处罚、大众化"成为朱元璋治理腐败的基本原则。而在新中国成立前期毛泽东就将党执政后反腐蚀的问题提到了全党面前，在党的七届二中全会上毛泽东提出了"两个务必"的重要思想，要高度警惕资产阶级糖衣炮弹的袭击，反对脱离群众的官僚主义[2]。全会还根据毛泽东提议规定了六条：不做寿；不送礼；少敬酒；少拍掌；不以人名作地名；不要把中国同志同马、恩、列、斯并列。邹薇（2006）指出，新中国成立以后，中国从改善政治体制、提高道德水平、完善干部选拔、教育和监督制度以及打击惩罚力度等方面完善对腐败的治理[3]。

2017年，习近平总书记在中国共产党第十九次全国代表大会上提到"人民群众最痛恨腐败现象，腐败是我们党面临的最大威胁。只有以反腐败永远在路上的坚韧和执着，深化标本兼治，保证干部清正、政府清廉、政治清明，才能跳出历史周期率，确保党和国家长治久安。"在中国现阶段的反腐败斗争中要做到"坚持无禁区、全覆盖、零容忍，坚持重遏制、强高压、长震慑，坚持受贿行贿一起查，坚决防止党内形成利益集团[4]。"可见，在新时期反腐仍是一场长期的、全面的、制度

---

[1] 习近平. 习近平谈治国理政[M]. 北京：外文出版社，2014.
[2] 毛泽东. 毛泽东选集[M]. 北京：人民出版社，1991.
[3] 邹薇. 腐败的经济学分析及其治理[J]. 学习与实践，2006（10）：13-22.
[4] 习近平. 决胜全面建成小康社会，夺取新时代中国特色社会主义伟大胜利——在中国共产党第十九次全国代表大会上的报告[EB/OL]. http://www.qstheory.cn/llqikan，2017-12-03/2019-12-22.

性的努力，而对腐败进行管理和消除的过程，也是进行廉政建设的过程，因此，腐败和廉政可以说是一个过程的两个方面。

（二）公共组织财务管理中腐败行为的形成原因

1. 个人逐利思想，财务廉政意识淡薄

根据辩证唯物主义的观点，内因在事物变化发展的过程中处于主要地位，起决定作用，因此，腐败的产生与人自身也有很大的关系。《朱子语录》中也有提到"今世有二弊：法弊、时弊。法弊但一切更改之，却甚易；时弊则皆在人，人皆以私心为之，如何变得！"。① 朱熹认为尽管腐败的产生受制于特定的历史环境和时间因素，以及外部制度所存在的固有弊端，但人的私心也是很难控制的。如果处于礼仪崩溃，世风贪鄙的社会背景下，再精致的制度设计也会由于人的问题而出现问题②。因此个人的逐利思想和私心在反腐败中起着举足轻重的作用，腐败也就产生于人自身的贪婪、自私中。

在公共组织内也存在财务人员廉政意识薄弱，贪图享乐等思想。在平常的财务管理活动中，存在不按照预算执行、开支不合理、超预算执行、挪用资金等情况，最终导致收支账目不清，私自销毁票据，隐匿收入，出现贪污等严重后果。公共组织财务人员在践行服务职能的同时，有时监督管理职能被削弱了，会造成财务控制和廉政防范执行力度的缺失。

2. 财务内控不健全，贯彻执行不到位

一些公共组织在日常的发展过程中，更多只重视组织规模的扩大和日常活动的开展，而忽视了组织财务内控制度的建立和完善，对财务内控制度的重要性认识还存在误区，认识水平也参差不齐，这直接导致了公共组织在财务内控上的执行力度不够。一些公共组织的领导层片面地认为财务内控管理只是财务部门内部事务，参与内控管理的也仅是财务人员，没有把财务内控放在整体框架中考虑，相关职能部门内控管理松懈甚至不建立内部管理制度，使已制定的财务内控制度流于形式，或者建立的内控体系缺乏整体性和系统性。而在具体执行过程中出现不按财务管理制度办事，碍于人情，原始凭证不真实、不合法等执行不到位等问题。

3. 财务监督力度不够

在公共组织现阶段的发展过程中，仍存在部分公共组织的经费使用审批人对经

---

① 黎靖德. 朱子语类：第7册 [M]. 北京：中华书局，2018.
② 陈丽影. 基层腐败问题的法伦理学探索 [J]. 伦理学研究，2016（4）：104-108.

费审批的随意性较大的问题，有时候会由于过于强调灵活性从而忽视了原则性。而随着公共组织经济活动的多样性和复杂性，财务部门对经费使用的监督力度仍然不够深入和广泛。财务监督很多时候局限于就某一项资金运作进行单方面监督，而没有对公共组织的预算管理、收支管理、资产管理等资金运作做到全过程跟踪，缺乏对各岗位、各环节做到全方位的监督。不受监督的权力必然走向腐败，而监督的疏漏和不全面就有可能成为腐败产生的源头。

4. 财务信息不对称

公共组织内的财务信息是不对称的，财务腐败者往往拥有信息优势，可获得专有信息，进而利用这些信息为自己谋取利益，其手段不限于人为地篡改财务信息以掩盖其财务腐败行为。因此，财务信息的不对称让财务腐败者获得了信息优势，而这一优势是财务腐败的主要心理支柱。而现在，大数据时代的到来改变了公共组织财务管理的外部环境，如果能够用信息化、技术化的手段使财务信息能够做到充分共享，则来自财务监控、舆论等的外界压力可能会使财务腐败者望而却步。

二、推动公共组织财务廉洁奉公的基本思路

党的十八届三中全会就曾将财政定位为"国家治理的基础和重要支柱"，党的十八届四中全会进一步提出了全面推进依法治国的宏伟目标，结合两次全会精神来看，财税法治建设在中国国家治理中具有基础性、制度性、保障性作用，堪称"理财治国之重器"①。党的十九大也强调要推进反腐败国家立法，建设覆盖纪检监察系统的检举举报平台。应当看到，财税法治建设并不单单具有传统的经济功能，还具有政治功能、社会功能和文化功能，是能够成为从机制上、源头上防治腐败的重要举措。财务制度反腐，是一种以管控公共财产为中心的反腐思路，其要义在于通过完善财税法治体系来规范公共财产收入、支出与监管的全过程，由此规范公共组织行为，实现腐败的源头治理。自改革开放以来，中国也探索出了一条中国特色的财务反腐斗争道路，形成了符合中国国情的财务反腐思路。结合党的十九大以来，习近平总书记全面从严治党的系列重要论述，全面深化国家监察体制改革的思路以及全国纪检监察机关的治理实践，可将中国公共组织财务廉洁奉公的基本思路概括为如下五个方面。

（一）围绕中心、服务大局

新时期反腐倡廉建设的根本要求是围绕党和国家的中心任务和大局来开展工

---

① 刘剑文. 论国家治理的财税法基石 [J]. 中国高校社会科学，2014 (3)：146-157+161.

作,要推动公共组织财务廉洁奉公建设,同时也要紧紧围绕发展这个党执政兴国的第一要务。公共组织从业人员要自觉地把财务廉政建设放在党和国家工作全局中来思考、谋划和部署,要把财务廉洁奉公始终贯穿于社会主义经济、政治、文化、社会以及生态文明等的领域。

(二) 以人为本、执政为民

以人为本、执政为民是马克思主义政党的生命根基和本质要求,是我们党的性质和宗旨的集中体现,也是检验我们党一切工作的根本标准。[1] 人民是党领导和执政的力量源泉,我们做一切工作,都要始终把人民放在心中最高位置,在推进财务廉洁奉公的过程中,必须坚持以人民为中心,对于人民群众反映的财务腐败的问题要严格查处,凡是因财务腐败而损害群众利益的行为要坚决纠正,公共组织财务有没有做到廉洁奉公要以人民群众说了算。在治理财务腐败的过程中,要把加大惩治腐败力度与依纪依法结合起来,既要做到严惩腐败又要维护公共组织工作人员的合法权益。

(三) 标本兼治、惩防并举

习近平总书记在第十九届中央纪律检查委员会第二次全体会议的讲话中提到,要深化标本兼治,夺取反腐败斗争压倒性胜利。标本兼治,既要夯实治本的基础,又要敢于用治标的利器。要坚持无禁区、全覆盖、零容忍,坚持重遏制、强高压、长震慑,坚持受贿行贿一起查,坚决减存量、重点遏增量,"老虎"要露头就打,"苍蝇"乱飞也要拍。由于中国的腐败文化根植于宗法制和人情大国的深厚土壤,其影响不容小觑,因此在治理过程中尤其要注意标本兼治,切勿治标不治本[2]。治标就是要严惩各种腐败行为,要有效遏制一些领域腐败多发的势头,治本是要在源头上铲除腐败滋生的土壤,从根本上杜绝腐败,不断巩固已取得的反腐成果。在治理腐败的过程中还要坚持惩罚并举,通过严惩腐败可以起到警示震慑作用,但同时也要抓苗头,严防"堤溃蚁穴",要做到防范在先、关口前移,可以根据腐败发生发展的规律做到有针对性的防范,深入准确掌握干部苗头性、倾向性问题,坚决防止"小毛病"演变成"大问题"。惩治于已然、防患于未然已成为中国公共组织财务廉政治理的新常态。

---

[1] 赵洪祝. 把以人为本、执政为民贯彻到全部工作中去 [J]. 求是,2011 (5):20-22.
[2] 戴焰军. 坚持全面从严治党 [J]. 理论与改革,2018 (1):1-8.

（四）与时俱进、改革创新

为适应时代和实践的需要，解决发展过程中出现的新问题、新情况，中国的反腐倡廉理论和机制也在不断创新，因此在财务廉政建设中要加强对廉政理论、政策和重大现实问题的研究，进一步完善和创新公共组织财务反腐败领导体制和工作机制。随着大数据和信息化时代的到来，可有效借助物联网、大数据等智慧化手段建立公职人员廉政信用动态管理系统，实现对公职人员的信用化、信息化管理，建立起一个"制度+科技+信息+信用"的财务廉政信用机制[①]。这既是中国公共组织廉政建设与时俱进，顺应信息化发展的必然选择，也是推进公共部门执业人员反腐倡廉体制机制制度创新的趋势走向。积极利用现代科技手段探索新办法、掌握新手段、开辟新途径，才能不断增强公共组织财务管理腐败预防和惩治的有效性。

（五）统筹兼顾、注重建设

公共组织财务廉政治理是一个系统性工程，需要与公共组织思想建设、组织建设、作风建设、制度建设有机统一起来，统筹推进，要把公共组织执业人员反腐倡廉建设纳入经济社会发展和党的建设的全局之中，寓于各项改革和重要政策措施之中，不断增强财务反腐倡廉建设的整体性、协调性、系统性。在建设中要多做打基础管长远的工作，从预算编制、预算执行、预算评价这三个阶段都要严格落实，做好内部控制、资产管理、财务监督三个方面的建设工作。

第三节
中国公共组织财务廉政风险防范机制建设

随着社会经济的发展，腐败等不廉洁行为越来越呈现出隐蔽的特征，廉政工作的开展受到一定的阻碍，在中国公共组织财务管理领域也面临这样的问题。而廉政风险防范机制，是在新形势下推进廉政建设和预防腐败体系构建的新的方式方法，是改革开放以来，中国在廉政建设实践中探索创新出的一种制度，它有助于规范和约束权力的运行与公职人员的行为，将不廉政现象防患于未然。因此在公共组织财

[①] 徐祥军，廖晓明. 我国反腐的既有模式与制度创新［J］. 江西社会科学，2014（5）.

务管理中，也要按照一定的路径积极加快财务廉政风险防范机制建设。

一、财务廉政风险防范机制建设的意义

党的十八大以来，中国一直致力于建设扎牢不能腐的笼子，全面从严治党永远在路上，以零容忍的态度惩治腐败，加大整治群众身边的腐败问题。习近平总书记在接受《华尔街日报》采访时答记者问中提到，关于中国目前的反腐败制度建设，他有两句话，一句是"把权力关进制度的笼子里"，另一句是"阳光是最好的防腐剂"。随着反腐败斗争向纵深推进，中国正着力形成不敢腐、不能腐、不想腐的体制机制，各个领域都要通过改革和制度创新切断利益输送链条，加强对权力运行的制约和监督。中国公共组织财务领域，也要以党的政治建设为统领，全面推进财务廉政风险防范机制建设，这对于深入开展财政系统反腐败斗争，完善财务责任落实机制，做到权责统一有着重要意义。

公共组织廉政风险防范机制建设的主要目的是预防廉政风险的出现，该机制通过采取不同类型的预防办法，将不廉政现象防患于未然（徐雅芬，2016①）。中国公共组织财务领域，积极开展财务管理和廉政风险防范机制建设的意义主要表现在：预防财务工作者廉政风险的发生，让更多的财务管理工作者明确并认知自身的责任，使其内心充满廉政风险观念与廉政风险防范观念，尤其是对公共组织财务领域的党员而言，加强廉政风险防范机制建设更有助于提升其自身的使命感与廉政风险防范观念；预防财务管理机制廉政风险的发生，增强公共组织财务管理的成效，保障公共组织财务管理的有序进行；预防公共组织财务领域腐败文化的滋生和腐败环境的形成，将财务腐败扼杀在萌芽阶段；增强公众对财务反腐败的信心，做到财务信息公开化、透明化。

二、财务廉政风险防范体系建设的主要目标

围绕公共组织财务廉政风险防范体系建设，其主要目标是：针对公共组织财务管理中关于财务资金使用权、资金运行环节、财务监管等开展廉政风险防控工作，打造"全过程、全覆盖、全方位"的监管体系，提高资金使用绩效和监管水平，实现财政资金统筹和阳光财政。

根据习近平新时代中国特色社会主义廉政思想和2019年2月财政部召开的全

---

① 徐雅芬. 以制度创新推进党风廉政建设主体责任的落实 [J]. 贵州社会科学，2016 (4)：24–28.

国财政党风廉政建设工作会议要求,建设公共组织财务廉政防范机制要重点做好以下几项工作:一是加强作风建设,要持之以恒贯彻中央八项规定精神,把反"四风"紧紧扭住、抓住不放,让公共组织财务执业人员知敬畏、存戒惧、守底线。二是深化财税体制改革,在健全制度上着力,最大限度减少权力寻租空间和利益输送,提高预决算透明度,加大清理、整合、规范专项资金工作力度,减少"跑部钱进"的制度诱因。三是切实规范财政权力运行,努力形成有权必有责、用权必担责、滥权必追责的约束机制,定期在全国财政系统部署开展专项整治工作,坚决防止和有效避免财政领域乱象丛生问题发生。四是加强和改进选人用人工作,财务工作与钱、财、物紧密相连,财务工作者必须熟悉财经政策方针和各种会计法律法规与制度,要把好关口,依法理财,组织内建立干部使用问责机制,把好政治关和廉洁关,防止"带病提拔""带病上岗"。[①]

三、财务廉政风险防范机制建设的路径

(一)将财务廉政风险防范机制纳入国家总体规划

党的十八大以来,随着中国反腐倡廉工作的深入推进,各项廉政建设逐渐完善,而为适应经济全球化和激烈的市场竞争,各行各业对财务风险的识别、监控、化解能力也不断增强,但财务廉政与廉政风险防控还缺少有机结合,各层级的公共组织都是在具体的财务工作中去摸索如何查找财务廉政风险点,如何制定具体的防控措施等,缺乏全局性的、系统性的引领和指导。因此要完善公共组织的财务管理廉政风险防范机制,就要将财务廉政风险防范机制建设纳入中国经济社会发展的总体规划中,纳入惩治和预防腐败体系的整体建设中,与党风廉政建设一起纳入廉政建设的整体大视野、大格局中,进一步统筹完善廉政建设的高端整合机制,谋划廉政风险防范机制的长远发展。

(二)建立内外结合的财务廉政风险防范监督体系

只要公权力存在,就必须有监督。公共组织财务管理是代表人民群众对公共资源、公共财产进行配置,也是公权力的一种表现。在中国现有的财务廉政风险防控内部监督中,主要依靠中央纪检委、国务院监察部和国家预防腐败局发挥主导作

---

① 高琰,李景平.廉政治理新思维:法治反腐的内涵及战略价值[J].学术界,2019(5).

用，还设有全国性的廉政风险防控工作领导小组下驻到各地基层进行巡查。从表 12-1 中可以看出改革开放以来，中国监察体制的改革和完善，有利于实现对公权力监督的全覆盖，尤其是党的十八大以来设立的合署办公，实现了党内监督和国家监察有机统一，这是中国推进法治反腐的重大里程碑。国家监察体制的完善是推动公共组织财务廉政风险防范监督的前提和根本，但落实到对公共组织的财务廉政风险防范监督实践中还要做到明确财务廉政风险防范监督的内容和对象，如图 12-2 所示，才能严格落实财务廉政风险防范的内部监督。

表 12-1　　　　　　　　　改革开放以来反腐败机构变革历程

时间	改革内容
1978 年 12 月	中共十一届三中全会成立中央纪律检查委员会
1979 年下半年	中央和地方分别成立经济检查机构
1987 年 7 月	中华人民共和国监察部成立
1989 年上半年	中央经济检查厅更名为贪污贿赂检查厅
1995 年 11 月	最高人民检察院成立反贪污贿赂总局
2007 年 9 月	国家预防腐败局成立
2018 年 2 月	中央纪律检查委员会合署办公
2018 年 3 月	《中华人民共和国监察法》通过，国家监察委员会正式揭牌，同时中央纪委监察部网站更名为中央纪委国家监委网站
2019 年 1 月 24 日	中央纪委国家监委内设机构从 27 个增加到 31 个

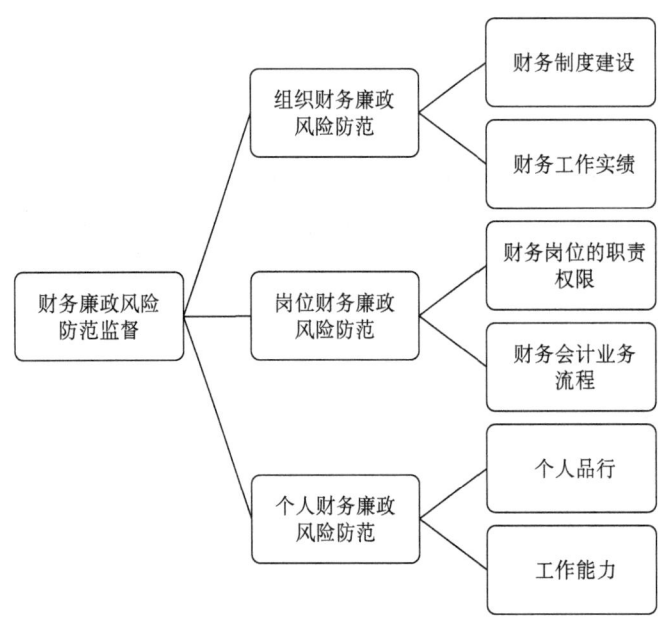

图 12-2　财务廉政风险防范监督的内容和对象

而在外部监督中,要充分发挥群众监督、舆论监督等监督方式的作用。要积极搭建群众监督有效平台,保证群众的监督渠道畅通,为群众参与监督提供多渠道、多方式,如网络、电话、信访等途径;发挥舆论监督可以借助电视、报纸、广播等新闻媒体形成的舆论力量对财务权力主体的偏差行为进行披露、建议乃至批评,吸引各方关注对廉政风险节点和廉政风险防控工作的监督。

(三)完善财务廉政风险防控配套协调机制

1. 推行财务全面公开制度

党的十九大报告指出,要推进权力运行公开化、规范化,让人民监督权力,让权力在阳光下运行(谭海波等,2019①)。信息技术的迅速发展及广泛应用让增强公共组织财务透明度成为可能,公共组织应积极借助互联网、大数据、云计算等智慧化手段,在遵循国家相关规定、不泄露国家机密、不危害国家社会安全的原则下实时公开财务信息。真实地向社会公开公共组织财务资金流向、资产结构、投资运营等情况,接受社会公众和舆论的广泛监督,防止公共财权被乱用、滥用,使公共财权在公开透明的环境中运行,才能确保财务廉政风险得到有效防控。②

2. 建立财务廉政风险防范联动机制

公共组织财务管理的运行涉及多个层次、多个幅度的部门,尤其是在会计制度由收付实现制向权责发生制转变以及全面推进预算绩效改革的过程中,财务廉政风险防范机制建设需要多部门协同参与。因此,在财务廉政风险防控机制的建设过程中,要建立财务廉政风险防控联动机制,综合考虑各系统部门、各行政级别的关系,缩小各系统、各级别部门的廉政风险防控机制之间差异性,增强防控工作的联动性和系统性,防止出现财务廉政风险防控脱节的现象,确保财务廉政风险防控机制的综合性与协调性③。

---

① 谭海波,蒙登干,王英伟.基于大数据应用的地方政府权力监督创新——以贵阳市"数据铁笼"为例[J].中国行政管理,2019(5).

② 周伟,李和中.历史变迁与理念嬗变:我国党风廉政建设中公众参与模式的回顾与展望[J].社会主义研究,2014(6):49-54.

③ 蓝志勇.在公权与私权之间:权力法治的探索——评《权力法治与廉政治理》[J].中国行政管理,2019(5).

主要参考文献

[1] Atkinson, Anthony & Stiglitz, Joseph. Lectures on Public Economics [M]. New York: McGraw-Hill Book Company, 1980: 322.

[2] Blais, Andre & Dion, Stephanie. eds. The budget-maximizing bureaucrat: Appraisals and evidence [M]. Pittsburgh: University of Pittsburgh Press, 1991.

[3] Barro, R. Government spending in a Simple model of endogenous growth [J]. Journal of Political Economy, 1990, 98 (5): 68-88.

[4] Gerald J. Miller. Government Budgeting and Financial Management in Practice: Logics to Make Sense of Ambiguity [M]. Boca Raton: CRC Press, 2017.

[5] [英] 珀威兹·加瑞, [挪威] 谢尔·格朗霍格. 经管研究方法实践指南 [M]. 熊剑, 江伟等, 译. 大连: 东北财经大学出版社, 2007.

[6] 财政部预算司. 中央部门预算编制指南 [M]. 北京: 中国财政经济出版社, 2019.

[7] 白景明. 深化事业单位预算管理改革, 亟须破解三大难题 [J]. 中国党政干部论坛, 2016 (12): 17-20.

[8] 北京大学党委宣传部. 社会主义核心价值观十二讲 [M]. 北京: 北京大学出版社, 2017.

[9] 廖楚晖. 经济学方法论: 公共经济学的应用 (第二版) [M]. 北京: 中国财政经济出版社, 2016.

[10] 廖楚晖. 现代公共经济学 [M]. 北京: 中国财政经济出版社, 2022.

[11] 吴俊培. 公共经济学 [M]. 武汉: 武汉大学出版社, 2009.

[12] 王金秀. 国家预算管理 [M]. 北京: 科学出版社, 2019.

[13] 习近平. 习近平谈治国理政 [M]. 北京: 外文出版社, 2014.

附件：问题与探讨

第二章　问题的进一步探讨

［1］公共组织财务管理与私人组织财务管理的区别是什么？

［2］请阐述政府会计制度与政府会计准则的区别并试述公共组织财务管理的职能。

［3］公共组织财务管理的重要性体现在哪些方面？

［4］中国公共组织财务管理体系有什么特点？

第三章　问题的进一步探讨

［1］各国公共组织财务管理改革给中国以怎样的经验启示。

［2］试述中国公共组织财务管理改革的发展趋势。

［3］公共组织财务管理人员如何在改革中发挥主观能动性推动改革进程。

第四章　问题的进一步探讨

［1］请简要介绍政府预算的原则。

［2］请解释瓦格纳法则的具体内涵。

［3］试述完善预算稳定调节基金运行一系列制度规则出台的意义。

［4］试述预算管理信息化改革的重点和方向是什么？

第五章　问题的进一步探讨

［1］请从不同角度对政府预算进行分类。

［2］试述预算准备的步骤。

［3］试述预算执行审计成果的利用方式。

［4］试述预算绩效评价在公共组织管理中的作用。

第六章　问题的进一步探讨

［1］试述中国政府出台的《准则》（第78号）、《会计制度（2017）》等政府

会计改革方案，对公共组织财务支出管理的影响。

［2］十八大以来，中国出台了一系列建立健全公共支出运行机制的措施，试述如何进一步完善政府购买服务的支出管理。

［3］请举例说明如何建立基于新政府会计模式与支出管理的衔接机制。

［4］请简要概括行政收入的责权利之间的关系。思考公共组织财务风险的界定、识别、衡量、评估、控制各部分间的内在逻辑关系。

第七章 问题的进一步探讨

［1］党的十八大以来，中国政务透明度不断提升。请简述公共受托责任制下的公共组织会计信息披露的形式和内容要求。

［2］2019年12月，财政部颁布了《事业单位成本核算基本指引》（以下简称《基本指引》），请简述《基本指引》对公共组织会计的影响。

［3］请简要概述权责发生制与会计实现制会计核算模式在中国公共组织会计中的应用范围。

［4］请分别列举出政府通过不同方式取得固定资产的财务会计分录和预算会计分录。

第八章 问题的进一步探讨

［1］英国是立法型财政审计制度的鼻祖，请简要概括考察其财政审计模式的形成过程的意义。

［2］随着信息技术飞速发展，请简述大数据对财政审计的意义。

［3］虽然中国的财政审计体系已经不断完善，但仍然存在改进空间，请对完善中国现代化财政审计体系建设提出可行性建议。

［4］党的十八大以来，中国不断探索完善财政审计组织方式，为加大审计资源整合力度，采取了一系列措施，请列举支撑财政审计机制运行的法律文献。

第九章 问题的进一步探讨

［1］在当前中国经济社会发展进入新阶段，改革进入攻坚期和深水区的宏观背景下，全面加强公共组织资产管理，着力构建覆盖全面的公共组织资产管理体系，是深化公共组织财务管理的重要举措，也是国家治理体系和治理能力现代化建设的重要保障，请从不同角度概述中国公共组织资产管理改革的成就。

［2］在政府资产管理改革的过程中，澳大利亚的政府资产管理体制得到重塑，形成了"节约、高效"的政府资产改革模式，请简要介绍澳大利亚政府资产管理机构结构。

［3］政府公共基础设施规模庞大，为经济社会发展提供了强有力的基础支撑

条件,请简要概括中国公共基础设施的含义和特征。

[4] 20世纪90年代开始,英国对政府资产管理进行了一系列调整和改革,请简述英国政府资产管理实践的主要特征。

第十章 问题的进一步探讨

[1] 简述公共财务风险管理理论的发展趋势。

[2] 思考公共组织财务风险的界定、识别、衡量、评估、控制各部分间的内在逻辑关系。

[3] 如何结合定量和定性的方法对公共组织财务风险进行衡量与评估?

[4] 试对公共组织财务风险评估方法的优缺点进行比较。

[5] 请设计一个化解公共组织财务风险的方案。

第十一章 问题的进一步探讨

[1] 试阐述公共组织财务预算绩效管理体系设计与运行机制间的矛盾。

[2] 如何推动公共组织财务预算绩效管理向集成协同及高效方向发展。

[3] 试论公共组织如何通过大数据集成来实现对预算绩效进行评价。

[4] 基于系统理论视角,试对公共组织预算管理的总体性问题提出解决办法。

[5] 试选择一个大数据公共支出项目,运用协同理论,对公共支出项目资源配置的协同度进行评价。

第十二章 问题的进一步探讨

[1] 公共组织从业人员的价值导向与普通盈利组织工作人员价值追求有何异同?

[2] 公共组织从业人员价值观对于强化反腐倡廉,净化社会风气有什么启示?

后 记

党的十九届四中全会审议通过了《中共中央关于坚持和完善中国特色社会主义制度、推进国家治理体系和治理能力现代化若干重大问题的决定》（以下简称《决定》），深刻阐明了国家治理现代化的中国道路。财政治理现代化是国家治理现代化的重要支柱和基础，《决定》对于指导深化财政体制改革、建立现代财政制度具有重大而深远的理论和现实意义。党的二十大报告进一步强调了财政工作的重要性，并提出了"健全现代预算制度，优化税制结构，完善财政转移支付体系"等具体要求，为财政会计工作的高质量发展提供了根本遵循和指引方向。我国政府围绕财政治理现代化的目标，展开了绩效预算、国库制度、会计制度等方面的改革，为财政体制现代化的全面改革拉开帷幕。

深化财政体制改革、建立现代财政制度是一种制度安排和机制建设，它要求各级政府和部门、政府资助的事业发展领域的单位、财政以出资人身份参与管理的国有企业以及经政府认可的非营利性组织等，通过优化财务管理，实现资源高效配置和公共服务质量的提高，将绩效管理理念渗透、辐射、影响全社会各个领域。

在当前和未来一段时期，公共组织财务管理将面临制度改革要求快速推进与管理科学化之间的矛盾，亟须进行高质量集成改革，以实现管理制度运行的协同高效。因此，研究工作需围绕国家政策目标和改革方向，结合国际公共部门财务管理标准进行基础性理论探讨，尤其需要注重创新和时效，进行深入研究，避免交叉重复的方案让读者产生过时的解读，以增强读者对基础知识、学科交叉知识的掌握，提高对管理学领域的研究兴趣。

我国公共组织财务管理的研究起步较晚，在20世纪80年代以前主要是对计划经济条件下的预算会计制度进行研究，到了90年代才初步形成系统的预算会计知识体系。而随着社会主义市场经济体制改革的深入推进，我国财政领域也在20世纪90年代进行了预算改革，一些研究结合了经济学和公共经济学基本原理，就预算会计主体、会计目标和管理要求等进行了探讨，并对比中外政府会计提出政府会计的环境性前提与规范性前提等概念。

21世纪以来，伴随着世界范围内公共组织会计权责发生制改革的新动态，关于公共组织会计的研究步入一个新的阶段。一些研究通过对比两种会计基础得出应借鉴国际经验，循序渐进推进改革；一些研究认为应加快建立具有中国特色、与国际公共部门会计可比的、科学规范的公共组织会计与财务报告体系；还有一些研究跳出会计视野，从公共经济学、公共管理学等学科角度研究公共组织财务管理。

后 记

近年来，公共部门预算绩效、管理会计、成本核算、会计业务、资产管理、数字化整合、全局性业务流程和规范等成为公共组织财务管理新的研究重点，这对提高公共部门效率，完善公共组织财务管理体系具有重要意义。但转型经济中复杂多变的整体环境给公共组织财务管理实践带来了层出不穷的新问题，为积极响应国家治理体系和治理能力现代化的要求，本书在我国公共组织财务管理实践和理论研究的基础上，设计了适合中国特色的公共组织财务管理理论研究框架。

本书主要涉及经济学、财政学、公共管理、信息管理、数理分析等领域的基础知识，也借鉴了哲学、系统科学理论、数理统计、信息技术及其他科技的方法和应用。如果作为核心课程教材，在本科、研究生前期阶段进行学习时还应初步了解经济学方法论、制度经济学、数理统计等知识，需要浏览并知晓财政部会计司、国库司官方网站最新的管理制度和操作指南的变化情况。这些对于学习《公共组织财务管理》的基础理论和进行进一步的理论和实证研究是必不可少的，教学进度可安排18周36课时。

本书是在党的十八届三中全会提出全面实施预算绩效管理的背景下，为适应教育部公共管理学科建设，在专著《公共组织财务管理概论》（2000年）的基础上完成的。《公共组织财务管理》的完成还归功于诸多对公共组织财务管理相关领域产生过卓越影响的经济学家思想和研究方法的启迪；冯丽坤、李蕾、李易颖、刘研、卢军任、陈超、杨唐小雨、王康、陈功、谢智彬、刘海英、周哲然、管润基等在本书的撰写过程中给予了许多研究工作的支持。此外，会计学专家李玉环研究员还提出了许多珍贵意见；我国著名财政经济学家吴俊培教授还专门为此书做序，在此一并表示感谢。

2024年11月